노인과 웰다잉

노년학 전공자들이 고민하는 웰다잉 이야기

노인과 웰다잉

Well-dying in Ageing

한수연 외 지음

좋은땅

● 인하대학교 정책대학원장 **변병설**

우리는 누구나 노년을 맞이하고, 결국 삶의 끝을 마주하게 됩니다. 그러나 많은 사람은 죽음에 대해 이야기하는 것을 꺼리고, 준비 없이 맞이하는 경우가 많습니다. 죽음은 한 사람의 삶의 여정을 정리하는 과정이며 남아 있는 가족에게는 지난날의 기쁘고 즐거웠던 시간을 회상하며 고마움을 나눌 수 있는 기회의 시간이기도 합니다. 노년에 접어들면 죽음을 준비하는 것이 필요합니다. 이 책은 웰다잉(Well-Dying), 즉 '잘 죽는 방법'을 통해 그간의 삶을 잘 정리할 수 있는 방법을 알려줍니다.

저자는 노년의 삶을 존중하며, 남은 시간을 보다 의미 있고 품위 있게 보낼 수 있도록 다양한 통찰과 실질적인 조언을 제공합니다. 죽음을 준비하는 것이 생의 마지막을 정리하는 과정이지만, 남은 삶을 더욱 의미 있고 가치 있게 만드는 길이라는 점을 강조합니다. 이처럼 웰다잉을 단순한 죽음 준비가 아닌 '온전한 삶의 완성'으로 바라보는 시각이 돋보입니다. 노년을 맞이한 분들은 물론, 인생의 유한함을 깨닫고 삶의 방향을 고민하는 모든 이들에게 깊은 울림을 줍니다.

이 책을 통해 독자는 웰다잉의 사회 시스템의 문제점은 무엇이고, 노년층을 겨냥한 새로운 서비스 산업은 무엇이며, 죽음에 대한 정부의 정책 방향은 어떻게 가고 있는지 종합적이고 체계적으로 학습할 수 있습니다. 웰다잉에 대한 탄탄한 이론과 실무적인 내용을 포함하고 있어 '좋은 죽음'을 이해하는 데 많은 도움이 될 것입니다.

이 책은 노년학에 대해 전문적인 지식을 얻고자 하는 미래 전문가들에게 매우 유익한 교재입니다. 병원의 환자가 치료를 계속 받아야 할지, 어느 시점에 중단해야 할지 연명 치료에 대한 의료결정제도의 필요성, 살아 있을 때 작성하는 사전연명의료의향서, 호스피스는 어떤 역할을 하며 그 법적 근거는 무엇인지, 완화의료의 문제점은 무엇이고 어떻게 개선해야 할지, 웰다잉 법률 지원 제도와 정책, 유언이 법률적으로 효력을 갖추기 위한 조건들, 장사 제도와 상조 사업의 실체, 미래 주목받는 웰다잉 산업의 종류, 디지털 기술을 이용한 산업 등 전문적인 내용을 포함하고 있어, 웰다잉 정책을 수립하는 공직자에게는 노인 정책 수립의 세부적인 지침서 역할을 할 것이며, 대학에서 노년학을 가르치고 배우는 노년학 전문가들에게는 훌륭한 교재가 될 것입니다.

노년을 맞이한 분들뿐만 아니라 부모님과 함께 웰다잉을 고민하는 가족, 노인 돌봄을 하는 분들, 노년학 전문가가 되고자 하는 분들, 그리고 인생의 의미를 깊이 성찰하고 싶은 모든 분께 이 책을 추천합니다. 이 책을 통해 우리는 죽음을 두려워하기보다 받아들이고, 더 나은 삶을 위해 준비하는 지혜를 배울 수 있습니다. 죽음이 두려움이 아닌, 삶을 더욱 의미하게 만드는 계기가 될 것입니다. 마지막 순간까지 존엄과 평온을 지키고 싶은 분들께, 그리고 사랑하는 이들과 함께 '아름다운 이별'을 원하는 모든 분께 이 책을 추천합니다.

추천사

● 인하대학교 정책대학원 노인학과 주임 교수 **남상요**

삶을 살아가면서 우리는 수많은 계획을 세웁니다. 성장과 학업, 일과 결혼에 대한 계획을 마련하듯이, 인생의 마지막 순간까지도 존엄하고 의미 있게 맞이하기 위한 계획이 필요합니다. 그러나 그동안 우리는 죽음에 대한 준비를 뒤로 미루고, 웰다잉의 중요성에 대해 충분히 고민하지 못했던 것이 사실입니다. 초고령 사회로 진입한 우리 사회에서 웰다잉은 더 이상 피할 수 없는 중요한 화두가 되었으며, 이에 대한 학문적 접근과 체계적인 교육이 절실합니다.

이 책 『노인과 웰다잉』은 웰다잉을 단순한 개인적 선택의 문제가 아니라, 사회적·제도적 차원에서 준비해야 할 중요한 영역으로 다루고 있습니다. 연명 의료 결정과 호스피스·완화의료, 상속과 유언, 장례 문화, 공영 장례, 디지털 기술을 활용한 웰다잉 서비스까지, 노년기 삶의 질을 높이고 죽음의 과정에서 인간의 존엄성을 보장하기 위한 다양한 논의들이 체계적으로 정리되어 있습니다.

특히, 본서는 인하대학교 정책대학원 노인학과 학생들이 교수님과 함께 연구하고 토론하며 완성한 결과물이라는 점에서 더욱 뜻깊습니다. 노인학과는 2020년 신설된 이래, 초고령화 사회에 대비하는 다학제적 교육과 연구를 통해 우리 사회에 필요한 전문 인재를 양성하고자 노력해 왔습니다. 한수연 교수님께서는 학과 신설 당시부터 웰다잉 과목을 맡아주셨으며, 지금까지 강의를 진행하시면서 학생들과 함께 웰다잉을 심도 있게 연구하고 논의하며, 교재를 집필하는 데에도 헌신해 오셨습니다.

지난여름, 학생들이 교수님의 지도 아래 발표와 토론을 거듭하며 원고를 다듬고 완성해가는 과정을 지켜보면서 이처럼 어려운 작업을 성공적으로 이끌어 주신 교수님의 헌신과 지도력에 깊이 감명받았습니다. 또한, 학생들이 협력과 탐구를 통해 성과를 이루어 내는 모습을 보며 노인학과가 지향하는 학문적 성취와 실천적 학습의 가치를 다시 한번 확인할 수 있었습니다.

이제 학문적으로도, 실무적으로도 노인학을 선도하는 첫걸음을 내디딘 만큼, 앞으로도 더욱 정진하여 우리나라 노년학 분야의 발전에 기여하는 리더로서 더욱 발전해 나가길 기원합니다.

노인학과의 의미 있는 첫 성과물인 『노인과 웰다잉』의 출간을 다시 한번 축하드리며 이 책이 웰다잉 연구와 정책 발전에 있어 중요한 자료로 자리매김하기를 기대합니다.

● 한국노인종합복지관협회장 **박노숙**

우지직~우지직~

부럼이 깨지는 소리입니다.

정월 대보름 새벽에 호두 몇 알을 깼습니다. 껍질이 딱딱한 견과류가 깨지며 내는 소리는 새해를 맞는 평화의 소리라고 합니다. 호두는 사람의 뇌와 비슷하고 영양이 풍부하여 매일 먹으면 웰빙에 도움이 된다고 합니다.

최근 노인복지관 이용자 사이에서 회자되는 단어는 선배시민과 웰다잉입니다. 선배시민은 선배로서 후배시민에게 귀감이 되고 국가를 이롭게, 가족과 이웃을 위해 작은 일에도 감사하며 실천하는 넓은 의미의 웰빙이고 웰다잉은 개인의 존엄한 죽음을 결정하는 높은 의미입니다.

웰빙과 웰다잉은 살아온 미래에 대한 성찰이자 고백입니다.

우리나라는 매년 30만 명 정도 죽습니다. 사망자 80% 이상이 노인입니다. 국가와 사회, 가족과 개인이 죽음 준비를 얼마나 어떻게 했느냐에 따라 정서와 재정이 달라질 수 있습니다. 사람은 누구나 지금까지 살아온 집에서 가족이 지켜보는 가운데 임종을 원합니다. 현실은 그렇지 않습니다. 우리나라의 경우 2023년 현재 OECD 가입 국가 중에서 병원에서의 사망률이 가장 높습니다. 병원에 들어가는 순간 본인과 가족의 의사와는 상관없이 병원 시스템에 의해 전전하다 죽음을 맞습니다. 따뜻한 죽음을 기억할 수 있는 『노인과 웰다잉』의 제3장 생애말기 돌봄에서 '재택임종'은 누구나에게 새로운 희망이 될 것입니다.

노인복지관을 이용하는 이용자 중에서 연령이 낮을수록 죽음에 대해 '나는 아직 멀었어' 말씀하시고, 연령이 높을수록 '안 죽어져 죽겠어' 하십니다. 노인 인구 1천만 명 시대, 노인 인구 20%로 초고령 사회의 신호탄을 쏘아 올린 바로 이때, 인하대학교 정책대학원 노인학과 교재로 발간된『노인과 웰다잉』책이 참으로 반갑게 다가옵니다. 저자 모두는 아직도 젊기에 웰다잉에 대한 문화가 전국 노인복지관 이용자 3백만 명의 언덕을 넘어 전 국민이 참여하는 문화 운동으로 승화하길 바랍니다.

정현종은 〈방문객〉 시에서 '사람이 온다는 건 실은 어마어마한 일이다. 그는 그의 과거와 현재와 그리고 그의 미래와 함께 오기 때문이다'라고 했습니다. 죽음을 맞는 그의 과거와 현재와 미래가 어떠했더라도 존엄한 죽음을 맞길 바랍니다. 호두의 딱딱한 껍질이 부서질 때 내는 평화의 소리와 우리의 어깨를 부드럽게 토닥이는 죽비 소리가 같은 느낌이길 바랍니다.

『노인과 웰다잉』, 독자에게 큰 영감을 얻는 기회가 되길 바랍니다.

● 한국죽음교육협회장 **서이종**

안녕하십니까? 인하대학교 노인학과의 교재『노인과 웰다잉』의 발간을 진심으로 축하합니다.

우리 사회는 2024년부터 초고령 사회에 본격적으로 진입했으며 세계적인 초저출산과 함께 빠르게 초초고령 사회로 나아갈 전망입니다. 이러한 초고령화의 사회 변화에도 불구하고 이에 맞는 웰다잉 관련 법 제도 환경 조성은 이제 시작 단계에 머무르고 있으며 이에 걸맞은 문화 형성은 이제 걸음마 상태입니다. 법 제도 환경 조성에서 가장 첫걸음은 2016년도에 제정되어 2018년 본격 시행된 연명의료결정법입니다. 날로 발전되는 의생명 기술과 특히 연명 의료 기술 앞에서 인간의 자연스런 생로병사, 특히 자연스러운 죽음을 맞이하는 것은 거의 불가능하게 되어 있습니다. 중환자실에서 인위적인 생명 연장 장치들 속에서 의식 없는 상태로 살아가는 것이 과연 인간의 품위 있는 죽음인가 하는 의문은 피할 수 없는 상황이며 그런 인위적인 생명 연장이 인간의 행복 추구권에 부합하는지 의심스러울 수밖에 없기 때문입니다. 사전연명의료의향서 작성이 큰 호응을 얻고 있고 연명의료계획서 작성도 임종기 환자에게 점차 일상적 절차가 되고 있지만 연명 의료 결정 이후 전인격적 호스피스 서비스는 여전히 활성화되고 있지 않습니다. 더군다나 죽음 문화에 큰 변곡점이 된 연명의료결정법조차 2년 유예 이후 전면 시행된 지 이제 6년밖에 되지 않은 시점에서 다시 안락사법을 법제화하는 것이 노인 자살 1위 국가인 우리 사회에서 섣부른 것이 아닌지 하는 점도 검토되어야 합니다.

이러한 상황에서 우리 사회에서 웰다잉 문화에 대한 깊이 있는 정책적 학술적 연구뿐만 아니라 학교 및 현장 교육 활동에 대한 깊은 이해가 그 어느 때보다 시급합니다. 특히 교재 출간은 매우 중요합니다. 저희 한국죽음교육협회도 그러한 요구에 따라 현장죽음강사를 교육하는 등 현장 활동을 위하여 창립되어 『죽음교육의 이론과 실제』라는 교재를 출판하였습니다. 인하대학교의 노년의 웰다잉에 대한 교재 출판을 다시 한번 축하드립니다. 끝으로 초고령 사회의 웰다잉문화를 발전시키는 데 인하대학교와의 협력도 기대해 봅니다. 감사합니다.

노년학을 전공하는 전문인과
함께 나누는 '노인과 웰다잉' 이야기

한수연

1. 초고령사회가 준비하지 못한 웰다잉 이야기

2023년 기준 통계청의 자료에 의하면 광역자치단체의 만 65세 이상 노인인구 수는 경기 210만, 서울 170만, 부산, 경남, 경북, 인천은 50만 이상으로 집중되어 있지만, 인구 소멸 지역의 초고령화는 가속되고 있다. 하지만 초고령화로 전환되는 중요한 시기임에도 불구하고 웰다잉에 대한 정부와 지방자치단체의 준비도는 매우 저조하다.

다행히 노인이 스스로 죽음의 질을 확보하려는 의지는 훨씬 뚜렷해져 김세진(2023)의 연구에 의하면 '연명의료', '재산상속', '장례에 대한 결정'을 적극적으로 준비하고 싶어 한다고 하였다.[1] 노인생활실태조사(2024)에서도 웰다잉의 중요성을 강조하여 임종 전후에 스스로 정리(85.8%)하거나 신체적, 정신적으로 고통 없이 죽음을 맞이하고 싶어 하며(85.4%), 가족이나 지인에게 부담을 주고 싶지 않다고 했다(85.4%).[2]

일반인을 대상으로 하는 조사에서도[3] 60대(51.2%), 70대(47.1%)의 2명 중 한 명은 죽음을 준비하고 있다고 하였으며, 서울대 고령사회연구단(2018)의 조사에서도[4] 노인 70% 이상은 말기상황에서 적극적인 치료보다는 호스피스·완화의료, 대체의학, 한방의 도움을 받으면서 임종하고 싶다고 하였다. 최근 국회 웰다잉 연구회의 조사에서도(2023)[5] 80% 이상이 연명의료결정제도, 사전연명의료의향서, 호스피스·완화의료제도를 알고 있으며, 67~80%는 이용 의향이 있다고 하였다.

2. 웰다잉 정책서비스의 진단과 다잉인플레이스 서비스

정부의 웰다잉 사회시스템 운영의 문제점을 크게 두 가지 영역으로 요약하면, 첫째, 법 제도에 근거하여 웰다잉 사회시스템을 구축하였지만, 정부가 제대로 운영하지 못하여 발생하는 문제이다. 첫째, 정부의 웰다잉 사회시스템 개선방안을 요약하면 다음과 같다. ① 정부의 관련 부서 간에 웰다잉 사회시스템 운영을 위하여 원활한 협력이 이루어져야 한다는 점이다. ② 정부는 웰다잉 사회시스템 운영에 필요한 예산을 충분하게 편성하려는 의지를 보여야 한다. ③ 웰다잉 사회시스템 표준화된 서비스를 제공할 수 있는 운영 지침서, 평가 도구 개발 및 감독이 이루어지지 못하고 있어 지역별 서비스의 질이나 수준에 심각한 차이점이 발생하고 있다. 정부가 법에 근거한 정책서비스 전달체계 안에서 표준화된 서비스를 제공할 의무가 있으며, 웰다잉 사회시스템의 효과적인 운영을 위하여 연구와 인력을 확보할 수 있어야 한다.[6] 둘째, 지자체장의 웰다잉 사회시스템 불균형 문제를 해소하려는 의지가 부족하여 발생하는 문제점의 개선방안을 요약하면 다음과 같다.[7] 개선방안을 요약하면 ① 인구 소멸지역이나 고령인구비율이 높은 시, 군, 자치구의 지자체장은 지역의 특성을 고려하여 웰다잉 사회시스템 운영의 필요성을 정부에게 알리고 설득하여야 한다. ② 지자체장은 지역주민을 위하여 웰다잉 자치법규인 조례를 제정하고 예산을 편성하려는 의지를 보여야 한다.[8]

팬데믹 이후 세계적인 관심은 말기 환자가 병원이나 의료기관이 아닌 본인이 거주하는 곳에서 임종하기를 원하는 경우 가족 서비스는 물론 지역사회의 의료 및 돌봄서비스를 확장하는 일이다.[9], [10] 노인 정책에서도 노인 환자가 응급실이 아닌 거주하던 곳에서 편안하게 임종할 수 있도록 지역사회의 사회시스템을 구축하는 일이 시급하다는 의견에 따라 '다잉인플레이스(Dying-in-Place; DIP)'에 대한 논의가 활발하다. 다잉인플레이스는 '에이징인플레이스(Ageing-in-Place; AIP)'와 연속선상에서 이해하여야 한다. 에이징인플레이스는 나이가 들어서도 본인의 집이나 지역사회에 머물며 살아갈 수 있는 기회와 가능성을 제공하는 사회를 의미한다. 물론 여기서 지역사회란 단지 물리적이고 공간적인 개념으로만 이해하기보다는 정책사회시스템, 기술, 개인의 가치와 자원을 모두 반영할 수 있는 통합적 개념으로 이해하여야 한다.[11] 그러므로 다잉인플레이스란 정부와 지역사회가 누구나 스스로 준비하여 원하는 곳에서, 임종을 맞이할 수 있도록 웰다잉 관련 제도와 정책서비스를 구축하고 지역의 시민참여 및 활동을 지원하는 사회로 정의할 수 있다.

세계보건기구는 지역사회의 노인에게 다잉인플레이스를 제공하려면 미시적 차원(MICRO), 중간 차원(MESO), 거시적 차원(MECRO)에서 상호 의존성을 높여야 한다고 하였다.[12] 구체적으로 미시적 차원에서는 개인이 스스로 결정하여 준비할 수 있도록 지원하며, 중간 차원에서는 지역 주민의 요구를 반영한 정책서비스 운영과 다양한 문화 프로그램 개발 및 참여를 지원하여야 하며, 마지막으로 거시적 차원에서는 지역 간 불균형을 최소화할 수 있도록 제도와 정책을 마련할 수 있어야 한다고 했다. ([그림 0-1] 참고) 다잉인플레이스가 이루어지지 못하는 경우 말기 환자와 가족은 빠르게 취약한 그룹으로 전락하게 된다. 특히 의사결정능력이 부족한 어린이와 장애인, 노인의 죽음의 질이 크게 저하되기 쉽다. 물론 일반 개인도 예외는 아니어서 웰다잉 사회시스템을 통해 연명의료결정 등 중요한 의료결정이 지연되면 병원 응급실에서 사망하는 확률도 높아질 수 있다. 실제로 영국은 정부가 개입하여 병원 사망률을 지난 10년 동안 70%에서 44%로 줄일 수 있었다. 구체적으로 가정 호스피스 서비스를 확대하고, 요양보호사 예산을 확대하여 재택 돌봄을 병원 수준으로 높였으며, 암 외에도 모든 말기 환자를 대상으로 의료진과 환자가 생애말기돌봄을 미리 세울 수 있도록 하였다.[13] 또한 지자체와 시민단체도 협력하여 데스카페 활동이나 죽음 문화 프로그램, 호스피스 자원봉사활동을 활성화하였다.

[그림 0-1] WHO 돌봄 구조 모델

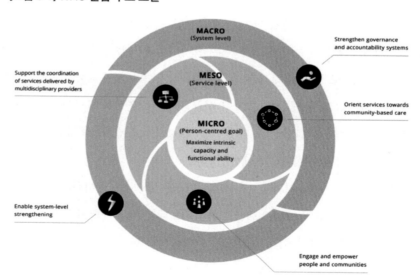

출처: WHO Intergrated care for older people(ICOPE) implementation framework

3. 웰다잉 전문가의 관심과 참여가 필요한 새로운 서비스 산업

이 책은 '노인과 웰다잉'을 강의하는 교수와 수업에 참여했던 노년학 전공의 전문 저자들이 함께 전문가의 관심과 참여가 필요한 새로운 서비스와 산업을 고민하면서 제작한 첫 번째 작업 결과물이다. 인하대학교 정책대학원의 노년학과 전공자들은 각 전문 분야에서 경험했던 전공지식과 통합적 사고를 훈련받은 전문가들이다. 저자들은 수업에서 웰다잉 사회시스템의 문제점을 진단하고, 새로운 서비스 산업이 필요하다는 아이디어를 모았으며, 현장 중심의 신속한 문제해결 능력을 바탕으로 다양한 의견을 교환하였다. 그러므로 이 책의 목적은 웰다잉을 고민하는 첫걸음으로 향후 정부와 지자체의 적극적인 개입과 웰다잉 정책을 제안하는 기초 데이터의 역할을 제공하는 일이다.[14] 이 책에서는 웰다잉을 '삶의 아름다운 마무리를 위하여 스스로 결정하고 준비하는 실천 행위'로 정의하였으며, '웰다잉 사회시스템'은 정부가 법률 제도와 정책전달체계 안에서 운영지침을 마련하고 감독할 수 있는 정책서비스로 정의하였다. 세부적으로 웰다잉 사회시스템의 하위 정책서비스로 의료정책서비스, 법률정책서비스, 장사정책서비스, 문화정책서비스로 분류하였다.

이 책의 구성은 제1장 노인의 사망통계와 현황, 제2장 웰다잉을 준비하는 노인으로 문제점을 진단하였으며, 제3장, 제4장, 제5장, 제6장, 제7장, 제8장, 제9장은 웰다잉 사회시스템의 세부 정책서비스로 의료정책(연명의료결정 및 호스피스), 법률정책(상속과 유언 및 유언장 작성), 장사정책(사전장례의향 및 공용장례와 유품정리)에 대한 정책 서비스 현황과 문제점을 분석하였다. 제10장은 기존의 웰다잉 사회시스템 안에 들어오지 못하는 취약한 노인을 위한 정책과 서비스를 제안하였으며, 제11장은 웰다잉 전문가를 필요로 하는 새로운 기술과 산업을 소개하였다. 마지막으로 제12장은 웰다잉의 마지막 고민인 존엄사(의사조력사망) 제도와 문제점을 정리하였다.

앞으로 '노인과 웰다잉' 교재 제작에 참여한 저자들은 이번에 다루지 못한 ① 개인과 사회의 상실과 죽음, ② 애도와 남은 사람들을 위한 서비스, ③ 웰다잉문화 콘텐츠 개발, ④ 펫 장례, ⑤ 데스카페와 죽음교육, ⑥ 임종의 물리적 장소와 건물에 대한 고민을 포함할 수 있는 주제로 연구를 지속하며 결과물을 만들어 갈 계획이다.

p.s. 집필에 참여한 저자들은 한국노인종합복지관협회에서 실시한 '웰다잉 강사' 교육을 이수하였으며, 전국 소재 노인복지관에서 웰다잉 강사로 활동하며, 연구하고 있다.

1) 김세진 외(2022) 한국 노인의 삶과 인식 변화: 노인실태조사 심층분석, 보건사회연구, https://repository. kihasa.re.kr/handle/201002/39783

2) 보건복지부(2023) 노인생활실태조사 https://www.mohw.go.kr/react/jb/sjb030301vw.jsp?PAR_MENU_ID=03&MENU_ID=032901&CONT_SEQ=366496&page=1

3) 서울신문(2019), 40세 이상 41%만 '죽음대비'… '작은 장례식염두' 92% https://www.seoul.co.kr/news/newsView.php?id=20191004020015

4) 김순은, 서이종 등(2018) 노인의 건강한 노화 및 웰다잉에 관한 연구 결과보고서, SSK 학술지원 연구사업 보고서

5) 국회 존엄한 삶을 위한 웰다잉 연구회(2023), https://assembly.go.kr/portal/cmmn/file/fileDown.do?atchFileId=979ba0b50a2c4305ac3135366240b71f&fileSn=1

6) 한국보건사회연구원(2019) 웰다잉을 위한 제도적 기반 마련 방안 https://www.kihasa.re.kr/publish/report/research/list?page=33

7) 웰다잉문화운동(2021) 노인의 웰다잉 자기결정권에 대한 연구, 국회법제처

8) 웰다잉문화운동(2019) 웰다잉 정책 개선 방안 마련에 대한 연구, 국회보건복지위원회

9) https://link.springer.com/referenceworkentry/10.1007/978-3-030-22009-9_640

10) https://bmcpalliatcare.biomedcentral.com/articles/10.1186/s12904-024-01340-7

11) https://www.cambridge.org/core/journals/ageing-and-society/article/definitions-key-themes-and-aspects-of-ageing-in-place-a-scoping-review/91206401288CAB4E9AB97EDB5D479AB8

12) World Health Organization(2021) https://iris.who.int/bitstream/handle/10665/325669/9789241515993-eng.pdf?sequence=1

13) OECD(2023) Time for better care at the end of life, https://www.oecd.org/health/end-of-life-care.htm

14) 저출산고령사회위원회(2022) 스스로 결정하는 삶의 마무리 필요성 및 종합적 제도 지원 방안 https://www.betterfuture.go.kr/front/policySpace/publicReleaseDetail.do?articleId=111&listLen=50&searchKeyword=&position=M

목차

제1장 통계와 데이터로 보는 노인의 죽음

제2장 노인의 '좋은 죽음', 웰다잉에 대한 이해

제3장 생애말기돌봄

제11장 웰다잉 산업과 디지털을 활용한 기술산업

제12장 웰다잉의 마지막 고민: 존엄사법(의사조력사망법)

부록편

제1장

통계와 데이터로 보는
노인의 죽음

———

이은월

1 세계 인구 통계와 전망[1]

과거의 인구를 정확하게 파악하기란 어려우며 현존하는 신빙성 있는 기록도 없다. 인구통계는 신뢰할 만한 사료 및 관련 연구를 밑바탕으로 삼아 근대 초기부터 집계되었다. 14세기 당시 유럽에 불어닥친 흑사병으로 인해 약 2천에서 2천 5백만 명이 사망하였다고 하나 이 통계는 제한된 표본이나 추정에 의한 것이었다. 그 기록은 특정 지역에 국한되었고, 부분적으로만 수량화할 수 있는 사료들을 바탕으로 산출되었다고 한다.[2] 18세기 중반 영국에서 시작된 산업혁명은 기계화를 통해 농업 생산성을 증가시켰으며 식량 공급이 안정되었다. 이후 기술적 도약과 지속적인 의학 발전으로 세계 인구는 급속히 증가하였다.

1-1. 세계 인구 통계 추이

유엔경제사회국(Department of Economic and Social Affairs)이 정기적으로 발간하는 "2024 세계 인구전망 보고서(2024 World Population Prospect)"에 의하면 2023년 기준 전 세계 237개 국가의 총 인구는 80.9억 명으로 추계된다. 지역별로는 아시아가 47.8억 명으로 전체의 59%이고 아프리카는 14.8억 명(18.3%), 유럽은 7.5억 명(9.2%), 중남미는 6.6억 명(8.1%), 북미는 3.8억 명(4.7%), 오세아니아는 0.5억 명(0.6%)이다. 237개 국가 중 상위 10개국은 인도(14.4억 명), 중국(14.2억 명), 미국(3.4억 명), 인도네시아(2.8억 명), 파키스탄(2.5억 명) 나이지리아(2.3억 명), 브라질(2.1억 명), 방글라데시(2.1억 명), 러시아(1.5억 명), 멕시코(1.3억 명)로 세계 인구의 57.1%를 차지한다고 하였다.

세계 인구 27%를 차지하는 60개 국가는 정점을 지나 인구가 감소하고 있으며 2000년대까지는 동부, 중부 유럽 국가들, 2010년대 이후는 동아시아와 남유럽 국가들을 중심으로 감소하고 있다.

2080년대 중반에 이르면 세계 총인구는 감소하기 시작하여 2084년 102.9억 명을 기록한 후 2100년까지 101.8억 명으로 전망하고 있다. 특히 2023년 세계 인구의 17.6%를 차지하는 중국 인구가 2100년 6.3억 명까지 급감하면서 세계 인구 감소에 영향을 미칠 것이다. 중국 외에 브라질은 2100년에 1.6억 명, 러시아는 1.3억 명으로 각각 0.5억, 0.3억 명이 감소하는 것으로 전망하고 있다.

세계 총 인구는 점진적으로 감소세를 전망하지만 대륙별로 증감을 살펴보면 다음과 같다. 아프리카와 중앙 남부 서부 아시아 국가를 중심으로 인구가 늘어나 세계 인구 감소세를 늦출 것으로 전망한다. 아프리카는 세계 총 인구에서 차지하는 비중은 18.3%에 불과하나 2100년에는 37.5%까지 높아질 전망이다 이는 현재 14.8억 명에서 2100년 38.1억 명으로 증가를 예상하고 있다. 아시아의 경우 동아시아 지역의 급격한 인구 감소가 이루어지지만 중앙아시아와 서아시아를 중심으로 인구가 늘어나 현재 47.8억 명에서 2100년 46.13억 명으로 전 세계 인구에서 차지하는 비중은 현재 59%에서 2100년 45.3%으로 감소할 것으로 예상된다. 유럽은 전반적인 인구 감소세가 유지되면서 전 세계에서 차지하는 비중은 9.2%에서 5.8%까지 감소할 전망이다. 북미가 차지하는 비중은 4% 중반대로 높지 않으나 꾸준한 인구 증가세로 3.7억 명에서 2100년 4.7억 명으로 전망한다. 중남미 경우는 2050년까지 증가세를 보이지만 2080년 후반에 이르러 인구가 6억 명으로 감소할 전망이다.

[그림 1-1] 세계 10대 인구 상위 국가 추이 (2024, 2054, 2100년 기준)

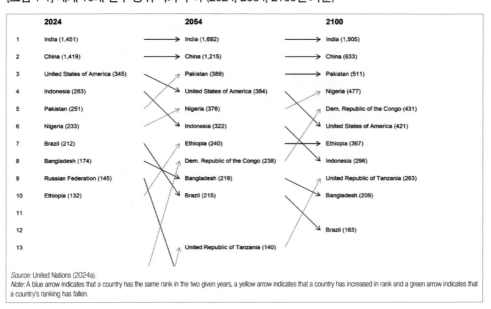

출처 : https://population.un.org/wpp/

1-2. 세계 인구 중위 연령 및 기대여명*

중위연령은 2023년 30.4세에서 2100년 42.1세까지 높아지고, 동기간 평균 기대여명도 73.2세에서 81.7세까지 8세가량 늘어날 전망이다. 중위 연령은 2022년 30세를 넘기고 이후 완만히 상승하여 2100년 42.1세까지 높아질 전망이다. 2023년 대륙별 중위연령은 유럽 42.2세, 북미 38.3세, 오세아니아 32.9세, 중남미 30.9세, 아시아 31.7세, 아프리카 19.0세 순이며 2100년에 이르러서는 중남미 49.1세, 유럽 48.6세, 아시아 46.8세, 북미 45.5세, 오세아니아 42.4세, 아프리카 35.1세로 전망한다. 특히 중남미, 아프리카, 아시아는 각각 18.2세, 16.1세, 15.1세로 그 증가세가 매우 높다.

세계 인구 기대여명은 2023년은 73.2세, 2100년은 81.7세로 전망되며 동기간 남성은 70.5세에서 79.8세, 여성은 75.9세에서 83.7세로 증가할 것으로 보인다. 평균 기대여명은 코로나 팬데믹 시기인 2020~2021년 동안 소폭 감소했다가 2022년에 이전 수준으로 회복, 상승하였다. 기대여명이 80세를 넘는 시점은 2080년으로 여성은 2055년, 남성은 2100년 이후로 예상되며 이러한 남녀 간 기대여명 격차는 지속적으로 줄어들 전망이다.

[그림 1-2] 세계 인구 중위연령과 기대여명

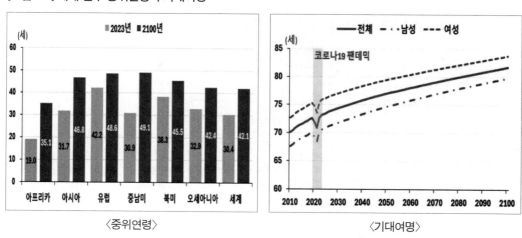

〈중위연령〉　　　　　　　　　〈기대여명〉

출처: 현대경제연구원, 현안과 과제, 세계 인구구조 분석 -UN의 '2024년 세계인구전망 보고서'를 중심으로

....
* 0세의 출생자가 향후 생존할 것으로 기대되는 평균 생존연수

1-3. 세계 인구 연령 계층별 구조

연령 계층별 구조는 15세 미만 인구는 감소하며 그에 대비 65세 이상 인구는 증가할 것이다. 15세에서 64세 사이의 인구의 증가율은 정체가 보다 확연해질 전망이다. 2023년에서 2100년까지 0~14세 인구는 20.2억 명에서 16.8억 명까지 감소 예정이며 반면에 65세 이상 인구는 8.1억 명에서 24.4억 명까지 증가될 전망이다. 15세에서 64세 인구는 2023년 52.6억 명에서 2070년 62.9억 명까지 증가하다 감소세로 전환되어 2100년 60.6억 명까지 줄어들 전망이다. 0~14세 인구 비중은 2023년 25%에서 2100년 16.5%까지 감소하는 한편 65세 이상 인구 비중은 동기간 10.0%에서 23.9%까지 증가되며 15~64세 인구 비중은 2023년 65.5%에서 2100년 59.6% 감소될 전망이다.

연령계층의 구조 변화 요인으로 전 세계적 출산율 감소를 들 수 있다. 2023년 전 세계의 합계 출산율[*]은 2.25명, 순재생산율[**]은 1.04명으로 하락 중이며 2100년 합계 출산율은 1.84, 순재생산율은 0.88명으로 전망하고 있다. 순재생산율이 1.0 이상이어야 현재 인구규모를 유지할 수 있으나 2039년 0.99명으로 금세기 중반에 이르면 출산에 의한 인구 유지나 증가가 어려울 것으로 보인다. 지역별 합계 출산율은 2023년 아프리카 오세아니아를 제외한 모든 지역이 2.1명 미만이며 2100년도에는 모든 지역이 2.1명을 하회할 전망한다.

한편 전체 가임기(15-49세) 여성 비중은 2023년 49.1%이나 2006년 이후 하락세로 2100년 41%까지 줄어들 전망이다. 가임기 여성 인구의 비중 감소는 합계 출산율 감소와 함께 출산기반을 약화시켜 연령 계층별 구조에 영향을 미치게 된다. 특히 선진국에서 출산율은 인구 대체 수준(2.1명 미만)을 크게 밑돌고 있으며 의료기술 발달은 평균수명 증가시켜 고령층 비율을 높이고 있다. 현재 중국, 이탈리아, 대한민국, 스페인을 포함한 국가들이 "초저" 출산율 수준을 경험하고 있는데 이는 여성 1인당 평생 출산 수가 1.4명 미만인 까닭이다.

....

[*] 한 여성이 가임기간(15세~49세)에 낳을 것으로 기대되는 평균 출생아 수
[**] 일생동안 낳은 여아의 수 가운데 출산 가능 연령에 도달한 생존여아의 수

[그림 1-3] 연령계층별 인구 수와 인구 비중

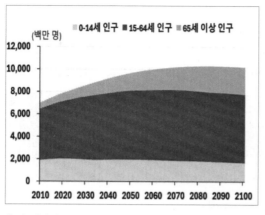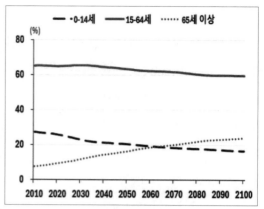

출처: 현대경제연구원, 현안과 과제, 세계 인구구조 분석 -UN의 '2024년 세계인구전망 보고서'를 중심으로

1-4. 세계인구 고령화 추이

전 세계 인구는 이미 2002년에 고령화 사회* 진입했으며 2039년에 고령사회 2070년 초 고령 사회에 접어들 것으로 전망된다. 2023년 현재 세계 총인구 중 65세 이상 고령인구 비중은 10%이다. 2100년 65세 이상 인구 비중의 경우 2024년 전망은 23.9%로 나타나 1.2% 증가하였다. 2100년까지 고령인구 중 80대 이상 인구 비중이 증가할 전망이다. 세계 총인구 중에 80세 이상 비중은 1950년~ 2023년간 0.6%에서 2.0%로 증가하는 데 그쳤으나 그 이후 2100년까지 9.3%로 대폭 증가할 것으로 보인다. 2023년 65세 이상 인구에서 이어 65~69세 비중은 35.7%, 70~79세 비중은 44.5%, 80~89세 비중은 16.9%, 90세 이상 비중은 2.9%이다. 2100년에 65~69세 비중은 22.5%, 20~79세는 38.6%, 80~89세는 28.3%, 90세 이상은 10.6%로 80대 이상 비중이 매우 높아질 전망이다.

인구 고령화는 의료기술 발달로 인해 기대수명이 연장된 반면 출산율은 둔화된 데서 원인을 찾을 수 있다. 건전한 사회 보장 및 보편적 의료 서비스 등 사회 기반 시스템이 필수 요건이나 각 국가의 상황에 따라 그에 대한 대비는 격차가 매우 심할 것으로 예상된다. 고령화의 추이는 각 나라의 인구 규모와 당면한 상황에 따라 다르다.

인구 규모가 이미 정점에 도달했거나 앞으로 수십 년 안에 정점에 도달할 것으로 예상되는 국가

....
* 전체 인구에서 65세 이상이 차지하는 비중이 7%이면 고령화 사회, 14%+ 고령사회, 20%+ 초고령사회로 구분

에서는 어린이 인구와 65세 이상 인구의 교차가 더 빨리 진행되며 인구가 여전히 급속히 증가하고 비교적 젊은 인구를 보유한 국가에서도 65세 이상 인구의 수는 향후 30년 동안 증가할 것으로 예상된다. 특히 인구가 이미 정점에 도달했거나 향후 수십 년 안에 정점에 도달할 국가는 자동화를 포함한 기술을 활용하여 모든 연령대의 생산성을 개선하는 것을 고려해야 하며 또한 평생 학습 및 재교육을 위한 더 많은 기회를 설계하여 다세대 노동력을 지원하고, 계속 일하고 싶어 하는 노인을 위한 고용 기회를 창출해야 한다.

　인구가 빠르게 증가하고 있는 국가의 경우 위에 나열된 정책 외에도 오늘날과는 매우 다른 연령구조를 가진 사회에 대비하기 위한 선견지명이 필요할 것이다. 여기에는 건강 및 장기 요양 시스템 강화, 사회 보호 시스템의 지속 가능성 개선, 신기술에 대한 투자가 포함될 것이다.

[그림 1-4] 대륙별 고령화 진입시점과 65세 이상 고령인구의 연령대별 비중

구분	고령화	고령	초고령
세계	2002년	2039년	2070년
아프리카	2059년	2096년	2100년~
아시아	2012년	2035년	2054년
유럽	1950년 이전	1996년	2023년
중남미	2012년	2037년	2053년
북미	1950년 이전	2014년	2029년
오세아니아	1950년 이전	2026년	2058년

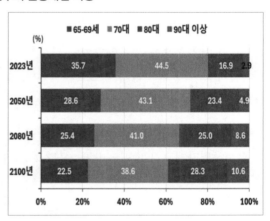

출처: 현대경제연구원, 현안과 과제, 세계 인구구조 분석 -UN의 '2024년 세계인구전망 보고서'를 중심으로

2   세계 인구 사망통계와
원인 및 장소

2-1. 세계인구 사망통계

세계 평균 사망률은 인구 1,000명당 약 7.7명이며 매일 평균 약 16만 명이 사망하고 있다. 지난 70년간 세계 인구 사망자 추이는 2020년을 기점으로 연 사망자 수가 약 5천만 명에서 6천만 명으로 증가하였다. 2000년부터 2020년까지 누적 세계 인구 총 사망자 수는 약 11억 6천만 명이며 출생인구와 사망 인구를 비교하면 2022년까지 출생자는 사망자의 약 2배에 달하지만 2040년까지 증가하다가 그 이후 완만하게 감소로 전망된다. 출생과 사망은 2087년을 기점으로 사망자 수가 출생자 수를 추월할 것으로 예상된다.

2019년 말부터 전 세계로 퍼진 코로나로 인하여 사망자 수가 일시적으로 증가하다가 2022년부터 감소하였다. [그림 1-5]는 1950년부터 2023년까지 각 지역별 사망자 통계로 아시아, 아프리카/

[그림 1-5] 세계 대륙별 연간 사망자 수

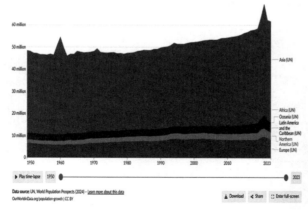

출처 : www.ourworldindata.org

오세아니아, 라틴아메리카, 북미, 유럽 순이다. 2022년 기준 49억 명으로 세계인구 60%인 아시아의 사망자 수는 매우 높다.

사망자 예측은 과거의 사망률 데이터를 분석, 현재와 미래의 추세를 파악, 연령별 인구 분포와 고령화 추세, 각국의 보건 시스템의 발전 정도와 의료 접근성, 의료 기술의 발전과 예방접종 프로그램 등을 고려하여 전망을 한다. 또한 경제적 안정성, 교육 수준, 생활 환경 등도 사망률에 영향을 미치는 중요한 요소로 코로나19와 같은 전염병의 발생 및 확산도 사망률을 증가시킨다.

2-2. 세계 인구 사망원인

세계보건기구(WHO)는 전 세계 지역별, 국가별, 연령, 성별 및 원인별로 사망 및 장애 자료인 글로벌 건강 추정치(Global Health Estimates)를 제공한다. 2019년 발표한 내용에 의하면 첫째, 치매(알츠하이머), 당뇨 등 비전염성 질환(Noncommunicable disease)이 질병 상위 10위권에 진입하면서 더욱 두드러진 반면 전염성(Communicable disease) 질환인 HIV/AIDS와 결핵이 하락세를 보이고 있다. 둘째, 허혈성 심장병은 2000년과 2019년 모두 사망원인 1위였다. 셋째, 호흡기 질환은 2000년과 2019년 모두 전염병 범주에서 가장 많은 사망자를 발생시켰지만 총 사망자 수는 감소하였다고 발표했다. 즉 심혈관(허혈성 심장병, 뇌졸중), 호흡기(만성 폐쇄성 폐 질환, 하기도 감염), 출생 관련 질환(출생 질식, 출생 외상, 신생아 패혈증 및 감염, 조산 합병증)들이 주된 사망원인이었다.

지역적 특성은 아프리카 대륙을 제외한 대부분 지역의 질환은 비전염성 질환이 매우 높았고 비전염성 질환의 경우 2019년 기준 상위 10대 사망 원인 가운데 7개로 전체 사망의 44%를 차지하며 상위 10위권에서는 80%의 높은 사망률을 보였다. 세계보건기구(WHO)는 2022년 전 세계에서 질병으로 사망하는 사람의 4명 중 3명은 암이나 뇌졸중과 같은 비전염성 질병이라고 밝혔다.

가. 질병에 의한 사망

질병은 사람과 사람 사이에 직간접적으로 전파 확산되는 전염성 질환과 병원체의 침투와 무관하게 여러 가지 내재적, 외재적 요인에 의해 발병되는 비감염성 질환으로 구분된다. 아래 [그림 1-6]은 비전염성과 전염성 질환의 추이를 나타내고 있다. 상단의 비전염성 질환은 2019년으로 갈

수록 증가하는 추세이며 반면 비전염성 질환은 상대적으로 감소하는 추이를 보여 주고 있다.

세계보건기구(WHO)가 발표한 질병 사망에 대하여 구체적으로 살펴보면 첫째, 허혈성 심장병은 가장 많은 사망을 초래했으며 전체 사망의 16%를 차지했다. 2000년 이후 사망자가 가장 많이 증가해 2019년 200만 명 이상 증가하여 거의 900만 명에 이르렀다. 둘째, 하부호흡기 감염은 전염병 카테고리에서 가장 많은 사망자 수를 차지했다. 이는 2000년 이후에도 변하지 않았고 2019년 사망원인 4위였다. 사망자 수는 2000년 300만 명에서 2019년 260만 명으로 감소했다. HIV/AIDS는 2000년 사망 원인 8위에서 2019년 19위로 떨어졌다. 이는 시기적절한 진단과 효과적인 치료 및 통제로 가능하였다. 결핵 역시 2000년 7위에서 2019년 13위로 떨어졌고 전 세계 사망자도 30% 감소했다. 그러나 아프리카 및 동남아시아 지역에서는 여전히 사망원인 상위에 속하며 아프리카에서는 2000년 이후 사망자가 약간 증가한 후 최근 몇 년간 감소하기 시작했다.

셋째, 2000년 상위 10대 사망원인 중 신생아 질환과 설사병으로 인한 사망은 절대 수치에서 전 세계적으로 가장 큰 감소를 보였다. 각각 2000년 이후 100만 명 이상 감소했다. 전염병 예방 및 치료의 발전으로 비전염성 질병 및 부상에 비해 전염병이 감소했다. 이러한 노력으로 전 세계 인구가 노령화되고 있으며 이러한 추세는 더 많은 사람들이 더 오래 살 수 있도록 계속될 것이다.

넷째, 전 세계적으로 2019년 사망원인 상위 10가지 중 7가지가 비전염성 질병이다. 이는 2000년 상위 10가지 원인 중 4가지에 비하여 증가한 수치이다.

[그림 1-6] 세계 사망 원인(비전염성 vs 전염성)

Leading causes of death globally

2000   2010   2019

■ Noncommunicable ■ Communicable ■ Injuries

출처 : www.ourworldindata.org

상위 10대 사망원인 1위는 심혈관 질환, 2위는 뇌졸중, 3위는 만성폐쇄성폐질환으로 주로 흡연에 의하여 발생하는 만성호흡기 질환이다. 4위는 소아 생명을 위협하는 폐렴과 세기관지염 등을 포함한 하부호흡기 감염이며 5위는 출산 시 질식·외상·패혈증·감염·합병증으로 사망하는 신생아 질환으로 2000년 대비 120만 명이 감소하였다. 6위는 호흡기암·폐암, 7위는 알츠하이머병과 기타 치매로 환자의 65%가 여성이었다. 8위는 설사병으로 아동사망 원인 2위였던 2000년에 비해 사망자는 2000년 260만 명에서 2019년에는 50만 명으로 급격하게 감소했다. 9위는 당뇨로 2000년 이후 80%가 증가하여 10대 원인 중 남성 사망자가 가장 많이 증가한 병이다. 10위는 신장질환이다.

나. 소득수준에 따른 사망 원인

세계은행(The World Bank)은 총 국가별 소득을 기준으로 고소득, 중상위소득, 저중소득, 저소득 국가로 분류하여 사망원인에 대한 추이를 연구하였다. 경제적 여건, 식습관, 의료 시설 및 서비스 접근성, 국가 공공보건 시설과 지원 체제 등의 차이로 인한 사망원인들은 조사하였다.

고소득 국가 - 허혈성 심장질환과 뇌졸중이 감소한 반면 다른 주요 원인들은 모두 증가하였다. 빈혈성 심장질환과 뇌졸중은 사망 원인 상위에 머물러 있으며 고혈압 심장병으로 인한 사망자가 증가하고 있다. 알츠하이머 등 치매로 인한 사망자 증가가 뇌졸중을 추월해 고소득 국가의 주요 원인이 됐고, 중 상위 소득국들과 마찬가지로, 전염성 질병에 의한 사망은 낮은 사망원인 순위에 있다.

중상위소득 국가 - 폐암으로 인한 사망이 제일 높다. 위암은 중상위소득 국가에서 유일하게 나타난 질병으로 다른 소득국가에는 10대 질병에 들지 않았다. 사망자의 절대적인 숫자 측면에서 가장 큰 감소는 만성 폐쇄성 폐질환이나 허혈성 심장질환이다. 사망원인 상위 10개 중 전염성 질환은 하부호흡기 감염 단 하나뿐이다. 이 소득 범주에서 2000년 이후 자살로 인한 사망이 31% 감소하였다.

저중소득 국가 - 사망원인 상위 10개 질환이 가장 많다. 5개의 비전염성, 4개의 전염성, 1개의 부상이다. 당뇨병은 이 소득계층에서 증가하여 사망자의 수가 2000년 이래로 거의 두 배로 늘었다. 설사병은 절대 사망자가 감소하고 있지만 여전히 주요 사망 원인이며 해결하여야 하는 과제로 남아 있다. 절대 사망자의 가장 큰 증가는 허혈성 심장질환으로 2000년 이후 100만 명 이상 증가하였다. HIV/AIDS는 2000년 사망 원인 상위 10개 중 순위가 8위에서 15위로 가장 낮다.

저소득 국가 - 전염되지 않는 질병보다 전염 가능한 질병으로 사망할 가능성이 훨씬 더 높다. 세계적인 감소에도 불구하고, 저소득 국가의 10대 사망 원인 중 6개가 전염성 질병이다. 말라리아, 결핵, HIV/AIDS는 모두 상위 10위 안에 머물러 있다. HIV/AIDS는 2019년에 사망률이 2000년보다 59% 감소했다. 설사 질환은 저소득 국가에서 주요 사망 원인으로 상위에 있으나 사망률은 점점 감소 추세이다. 민성 폐쇄성 폐질환으로 인한 사망은 다른 소득층에 비해 저소득 국가에서 특히 드물다.

[그림 1-7] 소득에 따른 상위 질병 순위

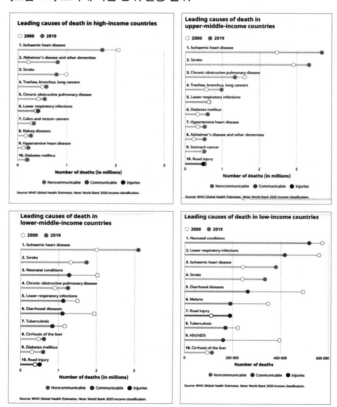

출처 : https://www.un.org/development/desa/pd/sites/www.un.org.devel-
opment.desa.pd/files/wpp2022_summary_of_results.pdf

다양한 사망 원인을 연구하는 것은 사망률을 낮추고 예방하는 데 매우 중요하다, 생활 방식을 변화시키고 주변 환경을 개선함으로써 발병 원인을 최소화할 수 있다. 또한 얼마나 많은 사람들이 매년 사망하는지 측정하고 기존 건강 시스템의 효과를 평가하여 가장 필요한 것이 무엇인지 확인함으로써 필요한 자원을 제공할 수 있게 된다, 예를 들어, 사망률 데이터는 건강뿐만 아니라 교통, 식품, 농업, 환경 등과 같은 다양한 활동과 자원 할당에 초점을 맞추는 데 도움이 될 수 있다. 세계보건기구(WHO)는 통합되고 개선된 국제질병분류(ICD-11) 방식으로 데이터 수집, 처리 및 통합하여 정보에 대한 표준과 모범 사례를 플랫폼화하였다. 이러한 시스템을 이용하여 각 국가는 사망 원인에 대한 데이터를 정확하게 입력하여 국제 표준에 부합하는 건강 정보를 이용할 수 있다. 세계보건기구(WHO)의 시스템은 연령, 성별 및 지리적 위치와 사망 원인에 대한 데이터를 수집하고 분석함으로써 사망과 장애를 줄이며 건강을 향상시키는 데 기여할 수 있을 것이다.

2-3. 사망 장소

세계인구 사망 장소는 국가 및 지역별로 상이한 건강 시스템, 문화적 요소, 개인의 선호에 따라 달라질 수 있다. 사망 장소는 의료시설, 가정, 장기치료 및 요양시설, 기타로 구분된다. 2024년 세계보건기구(WHO)와 글로벌 질병부담연구(Global Burden of Disease Study, GBD) 자료에 의하면 병원에서 사망하는 비율은 38~40%로 급성 질환과 중증 외상의 경우이다. 가정 내에서 사망은 약 30%로 이는 완화 의료 서비스가 제공되는 국가에서 상대적으로 높게 나타난다. 장기치료/요양시설에서 사망은 약 20%로 고령 인구가 많은 국가에서 더 높은 비율로 나타난다. 그 외 10%는 응급의료 현장이나 거리에서 발생하며 사고, 폭력, 또는 재난 상황에 따라 차이가 날 수 있다.

앞서 언급한 바와 같이 사망 장소는 의료시스템, 문화적 차이, 개인 선호로 그 양상을 보이는데 유럽 국가를 예로 들면 다음과 같다, 불가리아와 루마니아에서는 문화적 선호도와 의료 시스템의 한계로 인해 가정에서 더 많은 사망이 발생한다. 네덜란드는 간병 시스템이 견고하여 가정 내 사망률이 높으며 스웨덴과 스위스 경우 많은 노인들은 장기 요양 시설에서 사망하는 비율이 매우 높다. 이탈리아의 경우 병원 사망이 사망률의 상당 부분을 차지하였으나 완화 및 임종 치료를 가정에서 하는 비율이 매우 증가하는 추세이다.

따라서 사망 장소는 사고 재난 등 예견하지 못한 경우를 제외하면 각 나라의 의료 관련 시설의 가용성, 문화적 배경, 개인과 가정의 선호도에 의존하지만 국가 혹은 지역적으로 필요한 자원과 시설을 계획, 운영하여 마지막 임종을 편안하게 맞이하도록 지원이 마련되어야 한다.

한국 고령자 인구 사망통계와
원인 및 장소[3]

　우리나라 인구 현황은 세계 최하위 수준의 합계출산율[*], 저출산, 고령화 문제가 심화되고 있다. "유엔경제사회국 2024 보고서"에 의하면 한국 인구는 2020년 5,186만 명으로 정점을 기록한 후 하락 중이며 2023년부터 2100년까지 평균 1.1퍼센트씩 감소해 2,185만 명에 이를 것으로 전망하고 있다. 이 전망은 합계 출산율이 2023년 0.72명에서 2100년 1.30명까지 증가한다는 것을 전제로 하고 있다. 다만 2024년부터 2100년까지 2023년에 합계 출산율 수준을 유지하면 한국 인구는 1,703만 명까지 감소한다고 전망하고 있다.

　연령별 인구비중의 경우 2023년 15-64세 생산가능 인구 층이 70.7% 차지하고 있으나 2100년이 되면 46.2%로 감소하고 65세 이상 고령층 비중 45.2%와 비슷해 질 전망이다. 2023년 전체인구의 70.7%를 차지하는 생산가능 인구는 3,658만 명으로 2018년부터 감소 중이며 2100년 1,009만 명 인구 비중(46.2%)까지 감소할 전망이며 65세 이상 고령인구는 2023년 949만 명(인구비중 18.3%)이었으나 행정안전부는 2024년 12월 23일로 고령인구가 20%를 넘어 초고령사회로 진입하였다고 발표하였다.

3-1. 고령자 인구 전망

　생명표란 현재의 연령별 사망 수준이 유지된다면 특정 연령의 사람이 향후 몇 세까지 살 수 있는지 추정한 자료로 매년 통계청에서 발표한다. 통계청이 발표한 '2023년 생명표' 보고서에 의하면 2024년 65세 이상 고령인구는 19.2%[**]로, 향후 계속 증가하여 2025년 20%, 2036년 30%, 2050

....
[*]　합계출산율은 여성 1명이 평생 나을 것으로 추산되는 아이의 수. 통계청이 발표한 2024년 합계출산율은 0.68명
[**]　행정안전부는 2024년 12월 23일 자로 65세 고령인구가 전체 20%를 넘었다고 발표

년 40%를 넘어 2025년부터는 초고령사회로 접어들게 된다. 성별 비중은 2024년 여자 21.5%, 남자 17.0%로 여자가 남자보다 4.5%p 높으며 여자 고령인구 100명당 남자 고령인구는 2024년 79.0명에서 계속 증가하여 2050년 85.9명으로 전망된다.

전체 인구 대비 65세 이상 고령인구(19.2%)의 연령대별 비중을 보면 65~69세 6.8%, 70~74세 4.5%, 75세 이상 7.9%이며 2024년 65~74세 인구(583만 2천 명)가 75세 이상 인구(410만 6천 명)보다 많으나, 2038년부터 75세 이상 인구가 더 많아질 전망이다. 지역 별로 고령인구 비중을 살펴보면 20%를 넘는 지역은 전남(26.2%), 경북(24.7%), 강원(24.3%), 전북(24.1%), 부산(23.2%), 경남(20.8%), 충북(20.7%), 충남(20.7%)으로 총 8개 지역이 초고령사회로 진입하였다.

고령인구의 2022년 기대여명을 살펴보면 65세는 20.7년, 75세는 12.6년으로 전년 대비 각각 0.8년씩 줄어들었으며 성별로는 65세 여자(22.8년)는 남자(18.6년)보다 4.1년 더 길고, 75세 여자(14.0년)는 남자(11.0년)보다 2.9년 더 길었다. 이는 경제협력개발기구(OECD) 평균보다 높은 수준으로 65세 여자는 OECD 평균보다 1.5년 남자는 0.7년 더 높은 수치이다.

3-2. 고령자 인구 사망통계

2023년 전체 사망자 수는 352,511명으로 남자 사망자 수는 188,921명으로 전년 대비 7,544명(-3.8%), 여자 사망자 수는 163,590명으로 전년 대비 12,884명(-7.3%) 감소하였다. 조사망률[*]은 689.2명으로 전년 대비 38.3명(-5.3%) 감소하였다. 남자는 741.8명으로 전년 대비 27.5명(-3.6%) 감소하였고 여자는 637.1명으로 전년 대비 49.0명(-7.1%) 감소로 남자가 여자보다 1.16배 사망이 많았다.

80세 이상의 고령자 사망은 전체 사망의 54.0%를 차지하였는데 이는 10년 전보다 16.7%p 증가한 것이다. 남자 사망자 중 80세 이상은 41.7%로 10년 전에 비해 17.0%p 증가하였고 여자 사망자 중 80세 이상은 68.2%로 10년 전에 비해 15.4%p 증가하였다. 성비는 남자 60대가 2.6배, 70대가 1.8배, 80대 이상은 0.7배로 60대가 가장 높았다.

....
* 연간 사망자수를 해당 연도의 연앙 인구로 나눈 수치를 100,000분비로 표시(인구 10만명 당 명)

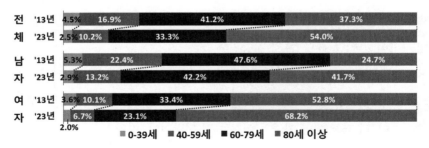

[그림 1-8] 성, 연령별 사망자 비율(2013 vs 2023)

전체 '13년 4.5% | 16.9% | 41.2% | 37.3%
전체 '23년 2.5% 10.2% | 33.3% | 54.0%

남자 '13년 5.3% | 22.4% | 47.6% | 24.7%
남자 '23년 2.9% 13.2% | 42.2% | 41.7%

여자 '13년 3.6% 10.1% | 33.4% | 52.8%
여자 '23년 2.0% 6.7% | 23.1% | 68.2%

■ 0-39세 ■ 40-59세 ■ 60-79세 ■ 80세 이상

출처: 2024.10.04. 통계청 2023년 사망원인통계 결과

3-3. 고령자 인구 사망 원인

통계청이 발표한 2023년 전체 사망자의 상위 10대 사망원인은 악성신생물(암, 주로 폐암, 간암, 대장암, 췌장암) 심장 질환, 폐렴, 뇌혈관 질환, 고의적 자해(자살), 알츠하이머병, 당뇨병, 고혈압성 질환, 패혈증, 코로나19로 전체 사망원인의 65.6%를 차지한다. 3대 사인(암, 심장 질환, 폐렴)은 전체 사인의 41.9%를 차지, 전년보다 2.2%p 증가하였다. 패혈증도 작년 대비 순위 상승하여 9위를 기록하였고 코로나19의 비율은 낮아지고 있지만 여전히 10위로 상위권에 있다. 악성신생물(암), 심장 질환은 지속적으로 사망률이 가장 높은 사인이고, 고의적 자해(자살), 알츠하이머병, 고혈압성 질환, 패혈증은 전년 대비 그 비중이 증가하고 있다.

남자의 10대 사인은 악성신생물(암), 심장 질환, 폐렴, 뇌혈관 질환, 고의적 자해(자살), 당뇨병, 간 질환, 만성하기도 질환, 코로나19, 알츠하이머병 순이다. 여자보다 사망률이 높은 사인은 암, 심장 질환, 폐렴, 고의적 자해(자살), 당뇨병, 간 질환, 만성하기도 질환[*], 코로나19이다. 여자의 10대 사인은 악성신생물(암), 심장 질환, 폐렴, 뇌혈관 질환, 알츠하이머병, 당뇨병, 고혈압성 질환, 패혈증, 고의적 자해(자살), 코로나19 순으로 여자가 남자보다 사망률이 높은 사인은 뇌혈관 질환, 알츠하이머병, 고혈압성 질환, 패혈증이다. 남녀 모두 코로나19 순위(남자 3위 → 9위, 여자 3위 → 10위)는 하락하였고, 폐렴 순위는(남자 4위 → 3위, 여자 5위 → 3위) 상승하였다.

사인별 연령표준화 사망률[**]이 높은 지역은, 암은 경남(86.0명), 심장 질환은 울산(36.1명), 폐렴

....

* 만성 기관지염, 폐기종, 만성폐쇄성 폐질환, 천식, 기관지 확장증을 모두 포함하는 질환
** 인구 구조가 다른 집단간의 사망수준을 비교하기 위해 연령구조가 사망률에 미치는 영향을 제거한 사망률

은 광주(28.7명), 뇌혈관 질환은 경남(23.3명), 고의적 자해(자살)는 충남(29.4명), 알츠하이머병은 경남(18.2명), 당뇨병은 경남(14.3명)이다. 또한 각 연령대별 주요 사망 질환은 10~30대 1위는 고의적 자해, 40대부터는 암이 사망원인 1위며 악성신생물(암)은 1~9세 및 40세 이상에서 1위이고, 10대, 20대, 30대에서는 2위이다. 다음은 60세 이상 고령자 사망 원인에 대한 현황이다.

가. 질병 사망

고령자의 상위 5대 사망 질환 중 1위는 악성신생물(암)이다. 70대는 심장 질환이 2위이고 폐렴은 70대는 4위, 80대는 2위이다. 뇌혈관 질환은 60대, 70대에서 3위이고, 80대 이상에서 4위이다. 고의적 자해(자살)는 60대에서 4위, 알츠하이머병은 80대 이상에서 5위, 당뇨병은 70대에서 5위이다. 이와 같이 고령층에서 사망에 이르는 상위 질병은 악성신생물(암)이 공통 1위이고 2위는 심장 질환, 3위 뇌혈관 질환으로 나타난다. 고의적 자해(자살)는 60대에 4위이며 알츠하이머는 80대 5위인데 그 비율은 전년대비 5.2%로 감소하였다.

다른 연령대와 달리 치매는 고령자 연령에서 높은 발병률을 보이고 있다. 치매는 연령대가 높아질수록 증세가 매우 급격하게 증가하고 있다. 알츠하이머 질환이 전체 치매 질병의 대부분 차지하며 상세 불명의 치매와 혈관성 치매가 그 뒤를 잇고 있다. 치매가 급격하게 증가하는 이유 중의 하나는 과거와 달리 지속적인 의료 기술 발전, 사회적 환경의 개선, 개인의 건강관리로 평균수명이 연장되어 잠재되어 있던 질병이 서서히 증상을 나타나기 때문이다.

[그림 1-9] 연령별 치매 사망률 추이(2022-2023)

연령 (세)	2022년	2023년	치매		
			알츠 하이머병	혈관성 치매	상세불명의 치매
전　체*	27.6	27.9	21.7	0.7	5.4
40-49	0.0	0.1	0.1	0.0	0.0
50-59	0.8	0.7	0.4	0.1	0.2
60-69	6.0	5.4	3.9	0.3	1.2
70-79	42.4	37.3	28.1	1.5	7.7
80-89	359.6	349.1	272.6	9.0	67.5
90세 이상	1,899.3	1,811.6	1,430.2	31.5	349.9

(단위: 인구 10만 명당 명)

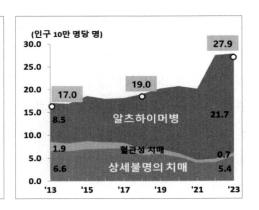

출처: 2024.10.04. 통계청 2023년 사망원인통계 결과

치매 사망지 수는 총 14,251명으로 전년 대비 0.8% 증가하였고 사망률은 27.9명으로 전년 대비 0.3명(1%) 증가하였다. 성비로는 여자(37.7명)가 남자(18.0명)보다 2.1배 높고 전년 대비 사망률은 남자(5.2%)는 증가, 여자(-0.9%)는 감소하였다.

나. 외인 사망

외인 사망은 자연사를 제외한 사망으로 고의적 자해(자살), 타살, 약물중독, 교통사고, 산업재해, 익사, 낙상 등이 해당된다. 2023년 전체 사망자 중 비중은 7.9%(27,812명)이며 이는 전년 7.2% 대비 7.9%로 0.7%로 증가하였다. 사망률은 54.4명으로 전년 대비 4.4% 증가하였다. 외인 사망률은 자살(27.3명), 운수사고(6.4명), 추락사고(4.9명) 순위가 상위이고 전년 대비 화재사고(-16.8%), 중독사고(-11.4%), 추락사고(-6.9%)는 감소하였으나 익사사고(9.3%), 자살(8.5%) 사망률은 증가하였다.

사망의 외인 중 자살 사망자 수는 13,978명으로 전년 대비 1,072명(8.3%) 증가했는데 특히, 2월(22.0%), 6월(20.2%), 3월(15.5%), 5월(11.5%)에 증가 비율이 높다. 자살 사망률은 27.3명으로 전년 대비 2.2명(8.5%) 증가하였고 연령대는 60대(13.6%), 50대(12.1%), 10대(10.4%) 순이며 80세 이상(-1.9%)은 약간 감소하였다. 이러한 수치는 OECD 평균 사망률인 10.7명에 비해 한국은 24.8명으로 전체 회원국 중에서 제일 높아 이에 대해 정부의 다각적인 대책과 대안이 절실하게 필요하다. 알코올 사망 경우도 고령층인 60대의 사망률이 17.4명으로 제일 높다.

고령자 연령대에서 외인 사망의 주요 원인을 살펴보면 60대, 70대, 80대 모두 자살과 운수사고가 주된 원인이다. 특히 80대의 경우 외인 사망률은 59.4명으로 매우 높은 수치이다. 대가족에서 핵가족, 1인가구 등 급속한 가족의 변화와 해체로 60년, 70년대처럼 가족 내에서 고령자 부양이 이루어지지 못하고 배우자 사망, 경제적 생활고, 사회적 소외, 건강 문제 등등 정서적 지지와 사회적 역할이 해결되지 못할 경우 많은 고령자들은 스스로의 삶을 포기하는 사례가 늘어나고 향후에도 증가될 것이다. 이에 정부와 각 지자체가 협력하여 소일거리 제공, 이웃과 관계망 형성 등 다양한 복지 접근성을 높임으로써 삶의 보람을 느낄 수 있도록 지원책을 시급히 마련하여야 한다. 사회적으로 안전망이 있음을 고령자들이 인식하여 삶의 중요성과 보람을 느끼도록 지원책이 강구되어야 한다.

다. 기타 사망(코로나19)

그 외에 가장 많은 사망의 원인은 전염병인 코로나19이다. 2019년 발병하여 전 세계로 퍼진 코로나-19는 우리나라의 경우 약 2,500만 명이 넘게 감염되었으며 2023년까지 초과 사망자를 포함하여 약 65,000명을 상회한다. 초과 사망이란 바이러스 유행, 공해 등과 같이 특이 요인이 작용해 통상 일어나는 사망 건수보다 더 많은 사망이 일어나는 것을 말한다. 사망자의 약 93%가 60대 이상으로 고령층에게 매우 치명적이었으며 특히 80대 고령층의 사망자가 20,000명이 넘었다.

2023년 사망자 수는 7,442명으로 전체 사망자의 2.1%이며 23,838명(-76.2%) 감소되었다. 사망률은 14.6명으로 전년보다 46.5명(-76.2%) 감소하였고 전년 대비 크게 감소한 연령대는 40대 (-84.1%)와 50대(-81.8%)이다. 80세 이상 사망률이 216.7명으로 가장 높았다. 시도별 사망률은 전남(24.5명), 경북(24.4명), 강원(22.1명) 순으로 높고 연령표준화 사망률은 경남(7.3명), 제주·경북(6.6명), 강원·충북(5.9명) 순으로 높고, 광주(4.0명), 세종(4.4명), 울산(4.5명) 순으로 낮았다.

2024년 정부는 코로나19 위기 단계를 하향 조정하여 일상으로 복귀를 선언하였고 대부분 국가에서도 방역 조치를 완화하였다. 정부는 새로운 변이 바이러스에 대비하기 위한 백신 업데이트와 고위험군 중심의 접종 캠페인을 지속적으로 펼치며 새로운 위기 관리체계 구축에 힘쓰고 있다.

3-4. 사망 장소

2023년 통계청이 발표한 사망 장소는 병원 및 의료기관이 77.5%, 자택은 16.4%, 기타로 분류한 사회복지시설, 도로, 산업현장은 6.1%로 나타났다. 2019년에 발표한 자료에 의하면 병원 및 의료기관이 77.1%, 자택 13.8%, 기타 9.1%로 지난 몇 년 동안 병원 및 의료기관에서 사망한 수치는 큰 변화는 없었으나 자택은 2.6% 증가하였고 기타는 3% 감소하였다. 그러나 과거 2001년 병원 및 의료기관 비율이 39.9%였으니 현재 수치와 비교하면 거의 두 배로 급격하게 증가하였다. 이는 고령 인구 증가와 함께 임종과 돌봄이 과거와는 다른 형태, 즉 죽음의 환경이 변화되었기 때문이다. 임종이 가까워지면 병원으로 가서 사망하며 가족 돌봄도 요양기관으로 옮겨 가면서 죽음을 맞이하는 장소가 자택에서 병원 및 요양기관이 되었다. 안경진·박경숙(2019)[4]은 20세기 중 후반 급속하게 이루어진 산업화 도시화에 따른 가족관계 변화로 노부모 부양의식과 가족의 역할에 변화를 가져와 임종기, 돌봄 방식, 사망 장소에 영향을 받았다고 하였다. 어유경·고유정(2021)[5]의 노인의 건강한 노화 및 웰다잉에 관한 설문조사 연구에서 임종 장소에 대해 자택(37.7%), 일반병원(19.3%), 호스피스 기관(17.4%), 요양병원(13.1%), 장기요양시설(12.5%) 순으로 이러한 선호도는 고령자의 연령, 건강, 경제상태, 거주도시 유형 등이 영향을 미치는 것으로 나타났다. 자택에서 임종을 맞이하는 선호도는 매우 높으나 현실의 통계는 임종은 의료화되어 70% 이상이 병원에서 생을 마감하게 된다. 이러한 갭을 줄이기 위하여 "좋은 죽음"이란 어떠한 것인지에 대한 제도적, 사회적인 논의와 숙고가 이루어져야 할 것이다.

◆ 추천 책: 죽음의 역사

죽음의 역사는 인류가 죽음의 원인을 추적하는 방식 및 해결 방안  모색 과정을 낙관적으로 설명하며 그러한 과정에서 오늘날 세계가 당면한 심각한 기후변화 및 환경파괴 문제도 극복할 수 있다는 희망적인 메시지를 주고 있다. 흑사병, 천연두, 콜레라 등 수많은 전염병들은 경험과 관찰, 기록에 의해 수집된 데이터를 분석하는 과정에서 사망 원인이 밝혀졌다.

14세기 중반 흑사병이 창궐하던 서유럽에서 통계학자 존 그랜트는 영국의 사망통계표를 연구하여 도시환경이 비위생적임을 입증하였고 영국의 의사 존 스노우는 감염자들이 특정 거리의 펌프 물을 사용했다는 사실을 파악하여 오염된 물이 콜레라를 유발한다고 보고했다. 이들은 세균 유래설을 통해 공공 위생 관리를 강조하였으며 감염치료에서 예방치료로 전환되는 계기를 만들었다.

15~17세기 대항해 시대의 선원들은 신항로 개척을 위해 장기간 승선 중 원인불명의 괴혈병으로 목숨을 잃었다. 스코틀랜드 의사 제임스 린드는 유사한 괴혈병 증세를 보이는 선원들을 실험군과 대조군으로 나누어 비교 실험을 실시했고, 레몬즙을 섭취한 그룹은 병의 증세가 호전되는 것을 확인했지만 괴혈병이 영양소 결핍 식단이 아닌 소화 불량 때문에 발생하는 것이라고 결론짓는 안타까운 오류를 범했다. 40년 후 서인도 제도 함대에 동승한 의사 길버트 브레인은 린드의 치료법을 재차 실험하면서 항해하는 선원에게 소량의 레몬즙을 매일 제공하고 괴혈병이 나타나면 더 많은 양을 제공함으로써 레몬즙의 효능을 입증했다. 이로써 영국군은 괴혈병 없이 수년간 바다에 머물 수 있게 되면서 당시의 해양 패권을 거머쥐었다.

인간은 합법과 불법을 막론하고 이제 죽음을 선택할 수 있고 타인을 죽음으로 몰아 갈 수 있다. 독일의 경제학자 겸 철학자 맥스 로저가 발표한 '현대 사회 27개국 비 국가 사회조사'에서 평균 타살률은 약 25% 전후이며 2016년의 남미국가의 살인율은 북미의 15배다. 한편 전 세계 자살률은 16-40세 젊은 층에서 가장 높고 전체 자살 건수 중 77%는 저소득 및 중위소득 국가에서 발생했으며 2019년 기준으로 15~19세 인구의 사망원인 4위를 기록했다. 1935년 영국 성공회 목사 차드 바라는 한 소녀의 장례식에서 그녀의 자살 동기를 계기로 심리적 도움이 필요한 사람들을 위한 교육 강연을 실시하며 자살 예방에 앞장섰다. 그는 "Befriends Worldwide"라는 이름으로 30여 개국에서 자살예방전화 서비스를 봉사자들과 운영 중이다.

1965년 미국의 대표 자동차 회사 제너럴 모터스(이하 GM)은 변호사 랄프 네이더의 도전에 직면했다. 자동차 업계가 안전 설계에 무관심했던 당시, 네이더는 조수석에 타고 있던 아동이 사망한 불의의 사고를 목격했다. 그는 운전자의 실수가 아닌 회사의 자동차 설계에 사고 책임이 있다는 주장을 담은 책을 출판했고, 결국 GM의 자동차 설계 개선이라는 성과를 이뤘다. 이후 미국은 보다 안전한 도로 환경 개선을 위해 운전면허제도와 음주운전 처벌을 강화했다. 하지만 여전히 매년 20%의 청년들이 교통사고로 사망하고 있다.

DNA 복제 과정에서 필연적 오류로 발생하는 유전병은 생명 탄생 이후부터 존재해 왔다. 의학, 과학 발전에 힘입어 유전인자 염기서열 정보를 발견하고 분석하여 오류 원인을 설명하는 데에 이르렀으나 유전 질환을 개선하기 위해 유전자 염기서열을 조작하는 일은 섣불리 결정할 수 있지는 않다. 생명윤리에 합치하는지, 조작, 편집 후 다른 변이가 발생할 가능성은 없는지를 배제할 수 없기 때문이다

과거 인간은 다가오는 위험과 재난을 알 수 없었기에 죽음을 모면할 다른 선택지가 없었으며 질병과 자연재해 등 다양한 원인으로 닥쳐 오는 죽음을 감내할 따름이었다. 그러나 다른 생명체와 달리 문자를 발명함으로써 죽음의 정황을 기록, 보존해 왔다. 기록은 의문을 부르고 그것을 해결하려는 탐구 과정에서 대안과 해답을 향한 열정과 노력을 쏟았던 많은 분야의 사람들이 인류의 죽음을 변화시켜 왔다. 또한, 의학, 과학의 발달은 인간의 기대수명 증가와 불치병으로 알려진 유전 질환 치료라는 희망도 주고 있다. 이러한 혜택과 더불어 수명연장, 선진국들의 저출산 고령화로 인해 정치, 경제, 사회, 환경문제가 이미 대두되고 있다.

탄소배출 가속화에 따른 빈번한 이상 기후, 한정된 자원, 특정 국가들과 지역 간의 이해관계, 환경오염 등은 일부 국가에 국한되지 않고 전 세계적으로 부정적인 영향을 초래하고 있다. 이에 대하여 국제기구들의 주도하에 활발한 논의가 이루어지는 것은 매우 고무적이지만 각 국가 간의 이해관계가 상충되는 지점에서 결론에 도달하기는 다소 시간이 걸릴 것이다. 그럼에도 불구하고 과거 죽음에 맞서 많은 생명을 구한 역사를 새기며 미래의 도약을 꿈꾸어 본다.

1) United Nations, Department of Economic and Social Affairs, Population Division(2022), World Population Prospect 2022

   https://www.un.org/development/desa/pd/sites/www.un.org.development.desa.pd/files/wpp2022_summary_of_results.pdf

   United Nations, Department of Economic and Social Affairs, Population Division(2024), World Population Prospect 2024

   https://https://desapublications.un.org/publications/world-population-prospects-2024-summary-results

   현대경제연구원, 현안과 과제(세계 인구구조 분석), 2024.5

   https://hri.co.kr/upload/board/2887055988_EirUO4hB_20240801070250.pdf

2) 박흥식(2004), 페스트와 중세말기 유럽의 인구, 기초학문 자료 센터, https://www.krm.or.kr/krmts/link.html?dbGubun=SD&m201_id=10006245&res=y

3) 2023 사망원인통계, 통계청(2024), https://kostat.go.kr/synap/skin/doc.html?fn=5ade972dfac867283fa96f7e4caaaa15f06b00ceda2b9b83d81aac3e244c0ddf&rs=/synap/preview/board/218/

4) 안경진 · 박경숙(2019), 노인의 죽음에 대한 인식과 경험, 2019, 인간 환경 미래 제26호

5) 어유경 · 고정은(2022), 한국 노인의 선호 임종장소와 결정요인 분석, 2021 한국가족치료협회 춘계공동학술대회

제2장

노인의 '좋은 죽음', 웰다잉에 대한 이해

———

김홍균

유영주

1 좋은 죽음이란

좋은 죽음, 웰다잉은 2000년대 중반 죽음준비교육의 대중화 과정에서 등장한 개념으로, 당시 유행하던 웰빙(well-being)에서 착안하여 만들어진 용어이다.[1] 국립국어원의 우리말샘 사전에서는 "품위 있고 존엄하게 생을 마감하는 일"로 정의하고 있으며[2], 이는 자신의 죽음에 대한 사전준비가 본인뿐 아니라 남겨질 가족을 위해서도 유익할 것이라는 인식의 확산으로 나타난 현상이다. 또한 "살아온 날을 아름답게 정리하는, 평안한 삶의 마무리"를 일컫는 말이기도 하다.[3]

좋은 죽음, 웰다잉의 의미를 살펴보면 좋은 죽음은 학자에 따라 생애 말기 신체, 정서, 사회 기능에 대한 개인의 기대와 같이 인식적 차원에서 접근하거나[4], 생애 말기 명확한 의사결정을 바탕으로 전인적 인간으로 대우받으며 죽음에 대한 준비를 하고, 고통 없이 사랑하는 사람과 친밀감을 느끼며 마지막 순간까지 타인에게 기여할 수 있는 죽음을 의미하기도 한다.[5] 반면 웰다잉은 단순한 인식적 접근을 넘어서 존엄한 죽음을 위해 개인이 적극적으로 취해야 할 삶의 태도와 행동적 차원에서 죽음에 접근한다. 특히 현재를 충실히 살아가며 죽음을 맞이하는 방식과 과정에 초점을 두고 있으며, 잘 죽어가기 위한 준비뿐 아니라 죽음을 통해 더 나은 삶을 살아가기 위한 태도를 실천하는 삶과 죽음의 과정을 균형 있게 다루는 개념이다.

1-1. 노인의 생애말기 좋은 죽음에 대한 인식[6]

현대 사회에서 생애말기 좋은 죽음에 대한 관심이 증가하면서, 노인들의 인식을 체계적으로 이해하는 것이 중요해지고 있다. 2023년 노인실태조사에 따르면 생애 말기 좋은 죽음의 요소별 중요도의 순서는 임종 전후 스스로 정리하는 것(85.8%), 신체적·정신적 고통 없는 죽음(85.4%), 가족이나 지인에게 부담을 주지 않는 죽음(84.7%)이 가장 중요한 요소로 나타났고, 가족이나 가까운

<표 2-1> 생애 말기 좋은 죽음에 대한 중요성 인지 정도

(단위: %, 명, 점)

구분	매우 중요	중요	보통	중요하지 않음	전혀 중요하지 않음	계[1] (명)	평균[2]
임종 전후의 상황을 스스로 정리한 이후 임종을 맞이하는 것	33.7	52.1	11.5	2.4	0.3	100.0 (9,955)	4.2
신체적, 정신적 고통 없이 임종을 맞이하는 것	50.0	35.4	12.2	2.2	0.3	100.0 (9,955)	4.3
임종시 가족이나 가까운 지인이 함께 하는 것	28.8	48.0	18.4	4.4	0.3	100.0 (9,955)	4.0
가족이나 지인에게 부담을 주지 않는 것	41.9	42.8	12.9	2.2	0.2	100.0 (9,955)	4.2
병원이나 시설이 아닌 집에서 임종을 맞이하는 것	12.2	41.7	32.4	10.9	2.8	100.0 (9,955)	3.5

주: 1) 본인응답자를 대상으로 한 분석결과임.
   2) 매우 중요 = 5점, 중요 = 4점, 보통 = 3점, 중요하지 않음 = 2점, 전혀 중요하지 않음 = 1점으로 하여 산출한 평균값임.

출처: 2023년도 노인실태조사, 보건복지부, 한국보건사회연구원

지인이 함께하는 것(76.8%)도 중요하게 인식하였다. 반면, 집에서 임종을 맞이하는 것(53.9%)은 중요성을 낮게 인식하였다.

임종 전후 스스로 정리하는 것에 대한 중요성 인식은 연령이 높을수록 증가하는 경향을 보였다. 특히 85~89세 연령대에서 88.6%로 가장 높았으며, 가구형태별로는 부부가구(86.5%)와 독거가구(86.0%)가 자녀동거가구(80.8%)보다 높게 나타났다. 이는 독립적 생활을 영위하는 노인들이 자기 결정적 임종을 더 중요하게 인식함을 시사한다.

신체적, 정신적 고통 없는 죽음은 대부분의 노인 집단에서 높은 중요도를 보였으나, 특히 기능상태에 제한이 있는 노인들(89.1%)에게서 더욱 중요하게 인식되었다. 이는 현재의 건강상태가 임종기에 대한 인식에 영향을 미치고 있음을 보여 준다.

가족이나 지인과 함께하는 임종(76.8%)은 도시 지역 거주 노인들에게서 더 중요하게 인식되었으며, 특히 부부가구(78.0%)에서 가장 높은 중요도를 보였다. 이러한 결과는 도시화와 가족구조의 변화가 좋은 죽음에 대한 인식에 영향을 미치고 있음을 시사한다.

가족이나 지인에게 부담을 주지 않는 죽음 또한 대부분의 노인이 중요하게 인식되었으며, 특히 여자(85.6%)가 중요성을 높게 인식하였고, 교육수준이 높은 노인이 중요하다고 생각하는 비율이 높았다.

주목할 만한 점은 집에서 임종을 맞이하는 것에 대한 중요도(53.9%)가 상대적으로 낮게 나타났

다는 것이다. 이는 현대 의료체계에서 병원 임종이 일반화된 현실을 반영하는 것으로 볼 수 있다. 특히 고소득층(제5오분위 49.0%)에서 이에 대한 중요성을 가장 낮게 인식하고 있었으며, 도시-농촌 간 인식 차이(8.2%p)도 두드러졌다.

이러한 연구 결과는 노인의 특성에 따라 좋은 죽음에 대한 인식이 다양하게 나타날 수 있으며, 이는 생애말기 케어 정책 수립에 있어 개별화된 접근이 필요함을 시사한다. 향후 노인 돌봄 정책과 서비스 개발에 있어 이러한 인식 차이를 고려한 맞춤형 지원이 요구된다.

1-2. 노인의 생애말기 좋은 죽음에 따른 죽음 준비 실태[7]

생애 마지막을 스스로 정리하고 임종을 맞는 것이 좋은 죽음이라는 인식이 확산되면서, 상당수 노인들은 각자의 방법으로 스스로 죽음을 준비하는 것으로 알려져 있다.

2023년 노인실태조사에 따르면 죽음 준비 중에서 수의 또는 영정사진 준비(29.3%), 장지선택(20.8%), 장례 상담 및 상조회 가입(17.1%)으로 대표되는 전통적 준비(장사의식 준비)를 한 비율은 67.2%이며, 그 외의 유서작성, 죽음준비 교육 수강, 가족과 상속 처리 및 상속 처리 논의(10.5%), 사전연명의료의향서 작성(11.1%), 장기기증 서약 등 현대적 준비의 좋은 죽음을 위한 스스로의 주변 정리(자기 결정권 발휘)는 34.9%로 나타났다.

즉, 현 노인은 웰다잉을 위한 준비에서 본인의 장례와 관련된 준비의 비중이 높으며, 죽음을 준비하며 삶을 정리하는 다양한 행위의 수행도는 그에 비해 낮게 나타났다.

인구통계학적 특성에 따라 주목할 만한 차이가 나타난다. 읍·면부 거주자는 전통적 준비(수의, 장지)의 비율이 높은 반면, 동부 지역 거주자는 현대적 준비(사전의료의향서, 장기기증)의 비율이 높다. 특히 교육 수준은 준비 방식 선택에 큰 영향을 미치며, 고학력 노인일수록 사전 의료계획과 장기기증 서약에 더 적극적으로 참여하는 것으로 나타났다.

노인이 생각하는 바람직하다고 생각되는 재산처리 방식에 대해서는 51.4%가 자녀에게 균등 배분이라고 응답했고, 부양을 더 많이 한 자녀에게 전부 또는 더 많이 주기를 원하는 경우가 8.8%, 경제적으로 어려운 자녀에게 전부 또는 더 많이 주기를 원하는 경우는 8.4%, 장남에게 전부 또는 더 많이 주기를 원하는 경우는 6.5%로 조사됐다.

자녀에게 상속하지 않고 자신(배우자)을 위해 사용하겠다는 응답은 24.2%, 전체 또는 일부를 사회에 환원은 0.6%로 나타났다. 2020년과 비교할 때, 본인을 위한 재산 사용 선호도가 6.8% 증가하고 장남 우대가 같은 비율로 감소한 것은 노인층의 가치관 변화를 보여주는 주목할 만한 결과이다. 도시 거주자, 고학력자, 독거노인의 경우 상속보다 본인을 위한 재산 사용을 더 선호하는 것으로 나타났다.

교육 수준과 소득 수준은 죽음 준비와 상속 선호도 모두에서 중요한 영향 요인으로 작용한다. 고학력 노인층은 사전 의료계획과 균등 상속에 대해 더 진보적인 태도를 보이는 반면, 저학력층은 더 전통적인 선호도를 유지한다. 이러한 패턴은 소득 수준에서도 유사하게 나타나며, 고소득층이 죽음 준비와 상속 계획에서 더 현대적인 접근을 보인다. 이러한 분석은 한국 사회에서 죽음 준비와 상속에 관한 가치관이 전통적 방식에서 현대적 방식으로 전환되고 있음을 보여 주며, 인구통계학적, 사회경제적 특성에 따라 주목할 만한 차이가 있음을 시사한다.

2 저출산고령사회위원회 정책 소개[8]

2-1. 제4차 저출산고령사회기본계획에서의 웰다잉 정책

통계청(2021)에 따르면 2030년 한국의 고령화율은 25.5%에 달할 것으로 예측되어, 4명 중 1명이 노인인 초고령사회로의 진입이 예상된다. 특히 베이비부머 세대가 75세 이상 후기고령층에 진입하면서, 이들을 위한 존엄한 삶의 지원 정책 마련이 시급한 과제로 대두되고 있다. 이러한 인구구조의 변화는 필연적으로 치매 노인과 중증질환을 가진 노인의 증가로 이어질 것으로 전망된다. 이에 따라 생애말기 지원 정책의 보장성과 포괄성을 확대할 필요성이 커지고 있다. 제4차 저출산고령사회기본계획은 이러한 사회적 요구에 부응하여 생애말기 및 죽음과 관련된 자기결정권을 강조하고, 노인의 존엄한 삶의 마무리를 지원하는 정책의 내실화를 도모하고 있다.

웰다잉 정책은 제4차 저출산고령사회기본계획의 4대 추진전략 중 '건강하고 능동적 고령사회 구축'이라는 두 번째 전략에 포함되어 있다. 현재는 주요 핵심 정책에 포함되어 있지 않으나, 고령사회의 진전에 따라 그 중요성이 크게 증가할 것으로 예상되는 분야이다. 기본계획 내에서 이 정책은 제2편 '건강하고 능동적인 고령사회 구축, 존엄한 삶의 마무리 지원' 부분에 위치하고 있으며, '생애말기·죽음 관련 자기결정권이 구현되는 사회문화적 기반 조성'을 핵심 목표로 설정하고 있다. 이를 위해 3대 주요 정책과제를 제시하고 있으며, 총 9개의 세부과제로 구성되어 구체적인 실행 방안을 마련하고 있다.

<표 2-2> 저출산고령사회 기본계획 시행계획상 웰다잉 영역 세부과제

분류기호	세부과제
5-1-가	호스피스 서비스 접근성 확대 및 질 향상
5-1-나	일반완화의료 단계적 도입 및 완화의료 체계 개편
5-1-다	연명의료결정제도 정착 및 활성화
5-2-가	생애말기 돌봄 추진 및 지원체계 마련
5-2-나	스스로 인생을 정리하는 사회문화 조성
5-2-다-①	생명존중, 죽음교육 생애주기별 시행 모색
5-2-다-②	생애말기 자기결정권 강화를 위한 지원체계 정비
5-2-라	성년후견제도 활성화를 통한 의사결정 지원
5-2-마	웰다잉의 사회문화적 기반 조성 추진

출처: 존엄한 삶 마무리 지원 정책 모니터링 및 과제, 한국보건사회연구원 2022년

2-2. 호스피스 · 완화의료 · 연명의료결정 지원 정책

제4차 저출산고령사회 기본계획의 웰다잉 영역에서는 9개 정책 과제 중 이 3개의 과제가 핵심적인 과제로 분류되며, 이 과제들은 국민들이 직접 체감할 수 있고 현재 가장 활발하게 추진되고 있는 정책들이다.

가. 호스피스 서비스 접근성 확대 및 질 향상

정책사업 목표는 '호스피스 기관의 양적 확대 및 질적 내실화, 호스피스 종사자의 전문성 강화 등을 이루어 호스피스 환자와 가족의 삶의 질 향상'으로 설정하고 있다, 이 정책은 보건복지부를 중심으로 중앙호스피스센터, 권역별호스피스센터, 그리고 호스피스전문기관이 시행 주체가 되어 추진되며, 말기 환자 또는 임종과정에 있는 환자와 그 가족들을 대상으로 한다.

5년간의 실행계획은 크게 두 가지 방향으로 구성되어 있다. 첫째, 환자와 가족의 선호도를 고려한 호스피스 서비스의 대상 및 기반을 확충하는 것이며, 둘째, 호스피스전문기관에 대한 평가와 환류를 강화하고 완화의료 전문인력의 역량을 향상시켜 서비스의 전문성과 질을 높이는 것이다.

이러한 정책 사업의 추진을 위해 5년간 총 49,169백만 원(연평균 9,833백만 원)의 예산이 책정되어 있으며, 이는 전액 국비로 충당되어 민간보조 방식으로 집행될 예정이다.

[그림 2-1] 호스피스 사업 추진 체계 및 절차

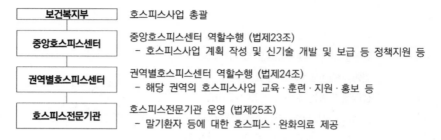

보건복지부	호스피스사업 총괄
중앙호스피스센터	중앙호스피스센터 역할수행 (법제23조) - 호스피스사업 계획 작성 및 신기술 개발 및 보급 등 정책지원 등
권역별호스피스센터	권역별호스피스센터 역할수행 (법제24조) - 해당 권역의 호스피스사업 교육·훈련·지원·홍보 등
호스피스전문기관	호스피스전문기관 운영 (법제25조) - 말기환자 등에 대한 호스피스·완화의료 제공

출처: 제4차 저출산·고령사회 기본계획 시행계획(2023년도)

나. 일반완화의료 단계적 도입 및 완화의료 체계 개편

정책사업 목표는 '생애말기 환자 대상 일반완화의료 모델 개발 및 지역사회 기반 서비스 관리체계 구축'으로 설정하고 있다, 완화의료는 질병으로 인한 고통과 증상을 완화시켜, 좀 더 편안한 노년기를 보내고 궁극적으로 삶의 질을 제고하는 데 매우 중요한 역할을 하는 것으로, 일반 환자를 대상으로 하는 일반완화의료는 노년기 인구가 급증하는 시점에서 매우 중요하다. 더구나 호스피스 서비스를 제공받을 수 없거나, 제공받기 어려운 일반 의료기관이나 지역의 경우 더더욱 그러하다. 그러한 의미에서 일반완화의료 모델 개발과 지역사회 기반 서비스 관리체계 구축은 초고령사회 웰다잉 정책의 핵심이라 할 수 있을 것이다.

이 정책은 보건복지부를 중심으로 중앙호스피스센터, 권역별호스피스센터, 그리고 의료기관이 시행 주체가 되어 추진되며, 말기환자 또는 임종과정에 있는 환자와 그 가족들을 대상으로 한다.

[그림 2-2] 일반완화의료 사업 추진체계 및 절차

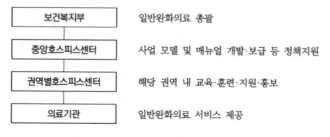

보건복지부	일반완화의료 총괄
중앙호스피스센터	사업 모델 및 매뉴얼 개발·보급 등 정책지원
권역별호스피스센터	해당 권역 내 교육·훈련·지원·홍보
의료기관	일반완화의료 서비스 제공

출처: 존엄한 삶 마무리 지원 정책 모니터링 및 과제, 한국보건사회연구원(2022년)

2023년까지는 일반완화의료 모델 연구 추진, 2024년까지는 일반완화의료 모델(안) 및 매뉴얼 개발·배포, 2025년부터는 지역사회 의료기관의 의료인을 대상으로 하는 일반완화의료 확산을 위한 교육프로그램 개발 및 홍보를 실시할 계획을 갖고 있다.

본 사업은 비예산 사업이며, 호스피스·완화의료에 대한 일반인과 의료인 인식 저조, 학회부스 홍보 및 의료인 대상 교육과정 운영 등 적극적인 홍보가 필요하다.

다. 연명의료결정제도 정착 및 활성화

정책사업 목표는 '연명의료결정제도의 안정적 정착을 통해 생애 말기 환자의 최선의 이익과 자기결정권을 보장하여 존엄한 죽음을 맞이할 수 있는 기반 조성' 하는 것으로 설정하고 있다.

정책사업의 시행 주체는 보건복지부, 국립연명의료관리기관이며 사업 시행방법은 직접사업이나 민간보조(국고100%)로 시행되며, 사업 대상은 전 국민을 대상으로 한다.

[그림 2-3] 연명의료결정 사업 추진체계

출처: 제4차 저출산·고령사회 기본계획 시행계획(2023년도)

사업 추진 내용은 사전연명의료의향서 작성 확산이 가장 큰 비중을 차지하고 있기 때문에 사전연명의료의향서 등록기관 확대 및 운영 활성화, 의료기관 윤리위원회 설치 확대 및 자기결정 강화를 추진하고 있다. 관련 예산 역시 등록기관 운영비, 등록증 발급 등 의향서 작성 확산에 편중되어 있는데, 5개년 동안 소요될 예산은 총 3,530백만 원으로 연평 균 706백만 원이 투입될 예정이다.

국립연명의료관리기관 홈페이지(https://www.lst.go.kr)에 사전연명 의료의향서, 연명의료계획서, 연명의료 중단 등 결정 이행 현황이 실시간으로 게시되고 있다.

2-3. 생애말기 돌봄 지원 정책

본 정책은 생애말기 돌봄 체계 마련, 사회문화 조성, 죽음교육 3개 사업으로 구성되어 있으며, 웰다잉 정책의 사회문화적 토대를 마련하는 것이 그 핵심 내용이다. 다만, 사회문화를 조성하거나 가치관을 바꾸는 교육들은 신중한 설계·접근이 요구된다는 점 때문에 정책 초기에는 활성도가 떨어질 수밖에 없다는 한계가 있다.

가. 생애말기 돌봄 추진 및 지원체계 마련

정책사업 목표는 '환자의 자기결정권 존중, 고통 없는 편안한 삶의 마무리 등 체계적 생애말기 돌봄 추진전략 수립 및 제공 기반 마련'으로 설정하고 있다. 이는 기본계획 과제의 중간목표인 '생애말기 환자와 가족 의 삶의 질 향상'과 맥을 같이 하고 있고, 생애 마지막 단계부터 사별에 이르는 전 과정에 걸쳐 환자와 그 가족을 지원하는 것이다.

정책사업의 시행 주체는 보건복지부, 중앙호스피스센터 및 국가연명의료관리기관이며, 사업 시행은 비예산 사업으로 진행한다. 사업 대상은 임종 과정에 있는 환자와 그 가족이다.

[그림 2-4] 생애말기 돌봄 사업 추진체계 및 절차

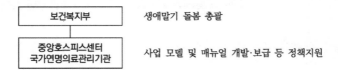

출처: 존엄한 삶 마무리 지원 정책 모니터링 및 과제, 한국보건사회연구원(2022년)

5년간 실행계획은 생애말기 돌봄 모델 개발, 전략 수립 등을 위한 연구용역, 사회적 의견 수렴 등을 추진할 계획이다.

나. 스스로 인생을 정리하는 사회문화 조성

본 정책사업은 기본계획의 2개 과제를 묶어 1개 정책과제로 추진한다. 과제 1의 기본 계획은 사전장례의향서 및 유언장 등 삶의 마무리를 스스로 준비하는 문화 확산이다. 사업 목표는 '생애말기 인생을 스스로 정리하는 사회문화가 조성 및 인생의 마지막 순간까지 자기결정권이 존중되도록 사전장례의향서 등의 유서 작성 문화를 확산 및 제도적 지원 방안을 마련·검토'하는 것으로 설정되어 있으며, 구체적으로는 사전장례의향서, 생애말기 및 사후 요구사항을 담은 자필 유언장, 엔딩 노트, 인생 노트 등 유서 작성 문화를 확산하는 것이다.

시행 주체는 저출산고령사회위원회 사무처와 보건복지부이며 사업 대상은 전 국민을 대상으로 하지만 특히, 자신이 장례를 준비하는 70세 이상 세대이다. 사업 시행방법은 자체 및 장사지원센터에 위탁 시행한다.

[그림 2-5] 과제 1 사업 추진 절차

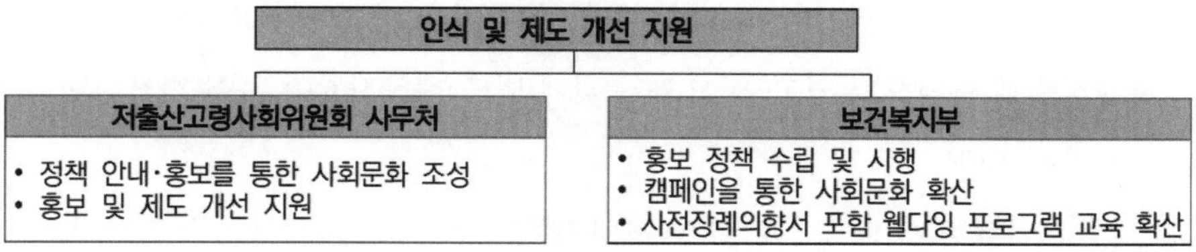

인식 및 제도 개선 지원	
저출산고령사회위원회 사무처	**보건복지부**
• 정책 안내·홍보를 통한 사회문화 조성 • 홍보 및 제도 개선 지원	• 홍보 정책 수립 및 시행 • 캠페인을 통한 사회문화 확산 • 사전장례의향서 포함 웰다잉 프로그램 교육 확산

출처: 2024년도 중앙부처 시행계획 세부과제 현황

과제 2의 기본 계획은 민법상 유언제도에 대한 접근성 강화 검토이다. 사업 목표는 피상속인의 재산에 관해 본인의 의사가 충분히 반영될 수 있도록 현행 유언제도의 접근성 강화 방안을 검토하는 것이다. 시행 주체는 법무부이고 사업 대상은 17세 이상 유언능력이 인정되는 모든 국민이며 사업 시행은 비예산으로 법무부가 직접시행한다.

다. 생명존중, 죽음교육 생애주기별 시행 모색

본 정책사업은 기본계획은 '중고령자의 실질적 생애말기 준비·설계 교육을 평생교육과 연계'를 직접적으로 정책사업화한 것이다. 기본계획에서는 경로당 및 노인복지관 등에서 죽음에 대한 올바른 이해와 실질적인 생애말기 준비·설계를 연계한 평생교육을 실시하는 것으로 정책방향을 설정하고 있다. 사업 목표는 '중·고령자에 대한 생애말기 준비·설계 교육을 통해 미리 준비하여 존엄한 죽음을 맞이하도록 사회문화적 분위기 조성'하는 것으로 설정하고 있다.

사업 시행주체는 보건복지부(한국노인종합복지관협회, 대한노인회 등)이며 생애말기 준비·설계 교육이 정책의 핵심이고, 대상 집단은 중고령자, 정책집행의 주요 장소는 경로당 및 노인복지관이다.

[그림 2-6] 생애말기 준비-설계-교육 추진체계

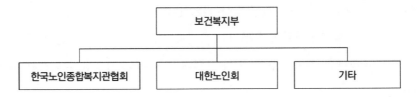

출처: 존엄한 삶 마무리 지원 정책 모니터링 및 과제, 한국보건사회연구원(2022년)

노인여가복지시설 교육·상담사업이 지방이양사무로 이용 어르신 수요 등을 고려하여 지역여 건에 따라 자체적으로 운영하고 있고, 공모사업 외에 별도 예산지원이 없어 전문적인 상담·교육 인력 확보에 한계가 있다.

과제 2의 기본 계획은 청년 및 청소년 대상 생명존중, 죽음교육이다. 과제 목표는 대학 교양교육 과정에서 지적욕구와 감수성이 풍부한 대학생을 대상으로 생애 주기별 맞춤형 생명 존중 및 죽음 교육 제공하고, 자기성찰 과정을 통해 생명과 삶에 대한 이해 및 죽음에 대한 성찰 기회 제공하는 것이다. 사업 시행주체는 한국대학교육협의회 부설 한국교양기초교육원이며 사업 대상은 전국 대학·전문대학 학생 및 교양교육 교·강사 등이다. 사업 예산은 100% 국비로 시행한다.

[그림 2-7] 사업추진절차

모델강좌 개발 ('22~'24)	■동·서양 고전을 활용한 인문학 기반의 삶과 죽음에 대한 교양교육 모델 강좌 추가 개발 ■동·서양 고전을 활용한 인문학 기반의 자기성찰 보고서 양식 개발 및 기성찰 보고서 시범 활용
확산 및 공유 ('22~'25)	■한국교양기초교육원 LMS(Learning Management System)을 활용한 교·강사 연수 시행 및 우수사례 공유
성과분석 ('25)	■교양교육 모델 강좌의 교육 효과성 및 만족도 조사 분석 시행 ■교육모델 추가개발을 위한 학습자 및 교수자 요구도 분석 진행

출처: 2024년도 중앙부처 시행계획 세부과제 현황

2-4. 생애말기 자기결정권 강화 지원 정책

생애말기 자기결정권 강화 지원 정책은 성년후견제도 활성화를 통한 의사결정 지원, 웰다잉의 사회문화적 기반조성 추진 2개 사업으로 구성되어 있다.

가. 성년후견제도 활성화를 통한 의사결정 지원

본 정책사업 기본계획은 '의사결정능력이 상실 또는 저하된 노인을 발굴하여 성년후견제도 연계를 통한 생애말기 돌봄, 의사결정 지원'이다. 사업 목표는 '의사결정능력이 저하된 치매노인이 성년후견제도를 이용토록 지원하여 치매공공후견사업 활성화 및 치매노인의 존엄성 보장'이다.

정책사업은 서비스 모델 설계, 예산 확보, 성년후견인 양성, 서비스 연계의 순으로 추진된다. 2021년에는 연구용역 등을 통해 서비스 모델·전달체계 등을 설계했고, 2022년에는 관련 예산 반영 추진, 2023년 이후부터 수행기관을 지정하여 성년후견인을 양성하고, 지자체 등 협조를 대상자를 발굴하여 서비스를 연계해 나간다.

사업 시행주체는 중앙치매센터, 광역치매센터, 치매안심센터 등이며 사업 대상은 치매환자(기초생활수급자, 차상위자, 기초연금수급자 우선)이다. 사업 시행방법은 직접 또는 지자체보조로 시행된다.

[그림 2-8] 치매공공후견사업 업무 흐름도

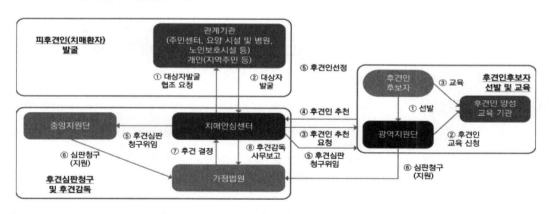

출처: 제4차 저출산·고령사회 기본계획 시행계획(2023년도)

사업시행에 있어서 치매공공후견사업 인지도 미비로 피후견인 발굴이 어려움이 있다.

나. 웰다잉 사회문화적 기반 조성 추진

본 정책 사업의 기본 계획은 '웰다잉의 사회문화적 기반 조성을 위한 추진체계 정비'이다. 사업 목표는 '노후에 존엄하고 품위 있게 삶을 마무리할 수 있도록 사회적·문화적 기반을 마련하고 국가 및 지방자치단체가 지원'하는 것으로 설정하고 있다.

사업 시행주체는 보건복지부이며 사업대상은 고령자이다. 5년간 웰다잉의 사회적·문화적 기반을 조성하는 데 국가 및 지방자치 단체가 할 수 있는 역할을 모색하고 제도화를 검토하는 것이 사업 내용의 전부이다. 웰다잉 영역은 아직까지는 정책적으로 소외된 영역에 속하지만, 초고령 사회에서 고령후기 노인이 급증하는 시기에는 가장 중요한 정책의 하나로 부상할 가능성이 크다. 그러므로 미래사회에 대응한다는 관점에서 웰다잉의 사회문화적 기반 조성을 위한 거버넌스 확립에 공을 들여야 하며, 웰다잉 구현이라는 사회 공동의 목표를 달성하기 위해 모든 참여자가 책임감을 가지고 임해야 할 것이다.

2-5. 지자체 웰다잉조례 분석 및 현황[9]

조례(條例)는 지방 자치 단체가 법령의 범위 안에서 지방 의회의 의결을 거쳐 그 지방의 사무에 관하여 제정하는 법을 말한다. 국가의 법률과는 별개로, 각 지방자치단체의 행정과 주민의 권리 및 의무를 규정하는 중요한 자치법규 역할을 한다.

웰다잉(Well-Dying) 조례는 죽음을 맞이한 사람의 인간으로서의 존엄과 가치를 보호하는 웰다잉 문화조성에 필요한 사항을 규정함을 목적으로 하며, 이 조례에서 사용하는 "웰다잉(Well-Dying) 문화조성"이란 죽음을 스스로 미리 준비하며 살아온 날을 아름답게 정리하는 문화를 만드는 것을 말한다. 이는 개인이 자신의 죽음을 능동적으로 준비하고, 삶을 의미 있게 마무리하는 과정을 사회적으로 장려하는 것을 의미하며, 시민들이 죽음을 두려워하거나 회피하지 않고, 삶의 한 과정으로 받아들이며 준비할 수 있도록 하는 것을 목표로 한다.

구체적으로, 웰다잉 문화조성은 임종 준비 및 장례 문화 조성, 엔딩노트 작성 장려, 유품 정리에 대한 인식 제고, 존엄한 죽음을 맞이할 수 있는 환경 조성과 같은 요소를 포함한다.

"엔딩노트(Ending Note)"란 자신의 가족관계, 병력, 장례절차, 재산관계, 남은 생애에 대한 자신의 의견 및 희망사항 등을 기록할 수 있도록 제작된 공책을 말하며, "유품정리"란 사망자가 생전에 사용하던 물건과 거주지에 대한 정리, 청소 보관 및 처분 등의 행위를 말한다.

한국의 웰다잉(Well-Dying) 문화조성 관련 조례는 최근 몇 년간 증가세를 보이고 있으며, 이는 고령화 사회에 대한 죽음의 의미를 생각하게 되었고 인간의 존엄성을 중시하는 문화 확산을 위한 노력으로 해석된다. 2016년 서울시의 용산구, 도봉구를 시작으로 2023년 6월 기준, 전국 총 116개 지방자치단체에서 웰다잉 관련 조례를 제정하였다.

[그림 2-9] 광역 및 기초지방자치 단체 웰다잉 관련 조례 수

구분		해당 지방자치단체(총 107개)
광역자치단체-관련 조례(15개)	특별시(3)	• 서울특별시, 세종특별시, 제주특별자치도
	광역시(6)	• 부산광역시, 대구광역시, 울산광역시, 대전광역시, 광주광역시, 인천광역시
	도(6)	• 경기도, 충청북도, 충청남도, 경상북도, 경상남도, 강원도
기초자치단체-관련 조례(92개)	서울특별시(16)	• 강북구, 강서구, 구로구, 금천구, 도봉구, 동대문구, 동작구, 서대문구, 성동구, 성북구, 송파구, 양천구, 영등포구, 용산구, 은평구, 중랑구
	부산광역시(6)	• 사하구, 해운대구, 북구, 중구, 동구, 사상구
	대구광역시(1)	• 달서구
	인천광역시(3)	• 동구, 미추홀구, 서구
	광주광역시(2)	• 서구, 동구
	대전광역시(3)	• 유성구, 서구, 동구
	울산광역시(1)	• 울주군
	경기도(14)	• 과천시, 성남시, 평택시, 광주시, 고양시, 군포시, 부천시, 구리시, 안산시, 수원시, 화성시, 남양주시, 안양시, 양평군
	강원도(6)	• 강릉시, 동해시, 원주시, 속초시, 인제군, 홍천군
	충청북도(2)	• 충주시, 진천군
	충청남도(7)	• 아산시, 천안시, 계룡시, 공주시, 서산시, 부여군, 홍성군
	전라북도(7)	• 전주시, 정읍시, 익산시, 군산시, 고창군, 진안군, 완주군
	전라남도(10)	• 여수시, 목포시, 나주시, 남원시, 화순군, 해남군, 무안군, 장성군, 완도군, 강진군
	경상북도(6)	• 포항시, 구미시, 영주시, 봉화군, 영덕군, 청송군
	경상남도(5)	• 양산시, 창원시, 김해시, 밀양시, 창녕군

* 기초자치단체 중 세종특별시 해당 지방자치단체는 해당 조례가 없음

출처: 경기복지재단, 정책연구보고 2022-10, 경기도 웰다잉 문화조성 기본계획 수립을 위한 연구

한국의 웰다잉(Well-Dying) 문화조성은 노인의 삶의 질 향상과 중환자실에서의 임종 질 개선, 그리고 윤리적, 법적 문제 해결에 크게 기여했다. 노인들의 죽음불안이 감소하고 생활만족도와 자아통합감이 향상되었으며, 중환자실에서의 임종 질 점수(QODD)가 상승했다. 또한, 연명치료 중단과 관련된 윤리적, 법적 문제들이 개선되었고, 환자의 자율성이 증진되었다. 이러한 변화들은 한국 사회가 웰다잉 문화를 통해 노인들이 더 나은 삶을 살고 존엄한 죽음을 맞이할 수 있는 환경을 조성하고 있음을 보여 준다.

3 　웰다잉 교육

웰다잉 교육은 인간이 생의 마지막을 존엄하고 의미 있게 준비할 수 있도록 돕는 과정이다. 이는 상속, 애도, 장례와 같은 주제에 대한 열린 대화를 통해 개인의 선택을 돕고 삶을 성찰하며 관계를 강화하게 한다. 또한 죽음에 관한 자연스러운 논의를 통해 두려움을 줄이고 가족의 부담을 덜어주며, 개인의 가치관에 맞는 돌봄을 가능하게 한다. 이는 결과적으로 죽음에 대한 수용과 이해를 높이고, 삶과 죽음에 대해 더욱 포용적인 관점을 갖게 해 준다.

3-1. 한국의 웰다잉 교육 현황

최근 한국노인종합복지관협회는 보건복지부의 지원으로 「2024년 웰다잉문화 확산을 위한 노년세대 웰다잉교육 체계화사업」을 통해 노인종합복지관에 특화된 표준화된 웰다잉교육 프로그램을 개발하였다. 이는 노년층을 위한 웰다잉교육의 보급 확대를 목표로 하는 2024년도 교육 체계화 노력의 일환으로, 296명의 전문강사를 육성하여 노인복지관에서 체계적인 교육을 실시하고 있다. 이 프로그램은 표준화된 강의 계획서와 운영 매뉴얼, 활동 시트 등 종합적인 교육 자료를 포함하고 있다. 교육과정은 웰다잉 프로그램의 체계적 운영, 웰다잉의 본질적 이해, 삶의 회고와 성찰, 좋은 죽음의 의미, 사전 돌봄계획 수립, 타인과의 긍정적 관계 형성, 상실과 애도의 과정, 버킷리스트 작성, 상속과 기부 계획, 장례와 기증에 관한 이해, 유언장 작성 등으로 구성되어 있다.

또한 한국죽음교육협회는 죽음교육의 체계화와 질 향상을 위해 2020년 3월에 설립되어 한국 실정에 맞는 죽음교육 프로그램을 개발했다. 협회는 2024년에 전국의 죽음교육기관 지도자들과 함께 공개토론회를 개최하고 표준화된 교재를 출간했으며, 2급 자격심사 과정을 통해 86명의 전문 죽음교육 강사를 양성했다. 자격 인증을 희망하는 강사들은 협회가 정한 필수 교육 이수 요건을 충족해야 하는데, 1급 강사의 경우 전체 200시간 중 60시간, 2급 강사는 전체 100시간 중 30시간의 교육을 이수해야 한다. 협회는 현재 1급 죽음교육 과정을 개발 중이며 2025년 도입을 목표로 하고 있다. 현재 전국에 17개의 인증된 죽음교육 기관과 11개의 협회 지부가 활발히 운영되고 있다.

죽음교육 교과과정은 죽음에 관한 철학적, 심리학적 이해부터 영성과 종교적 측면, 사회적 관계, 상장문화와 의례, 관련 법률과 윤리, 호스피스·완화의료에 이르기까지 폭넓은 주제를 다룬다. 여기에는 생애 전반에 걸친 돌봄의 측면, 상실과 애도에 대한 상담, 생애주기에 따른 맞춤형 죽음교육이 포함된다. 아울러 상황 평가와 개입 방법, 효과적인 돌봄과 의사소통 기술, 그리고 예기치 않은 외상적 죽음에 대응하기 위한 전략 등에 관한 교육 모듈도 체계적으로 구성되어 있다.

[그림 2-10] 노인종합복지관형 웰다잉교육프로그램 강의안

[그림 2-11] 한국죽음교육협회 죽음교육프로그램 강의안

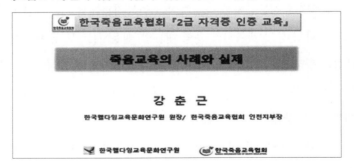

◆ 추천 영화: 내가 죽기 전에 가장 듣고 싶은 말

영화 〈내가 죽기 전에 가장 듣고 싶은 말〉은 삶의 본질적 의미를 재발견하는 여정을 통해 우리 사회에 깊은 울림을 전한다. 주인공은 자신의 사망기사를 준비하면서 '지금 이 순간을 어떻게 살아가고 있는가'라는 근본적인 질문에 직면하게 되고, 이는 관객들로 하여금 자신의 현재를 성찰하게 만든다.

이 작품은 나이를 뛰어넘는 새로운 도전의 가능성을 보여 주며, 일상 속 작은 행동들이 타인의 삶에 미치는 예기치 않은 영향력을 섬세하게 묘사한다. 사소해 보이는 친절이나 행동이 누군가의 인생을 변화시킬 수 있다는 깨달음을 통해, 우리의 일상적 선택들이 지닌 가치를 재조명한다. 죽음이라는 무거운 주제를 다루면서도 따뜻한 유머와 진정성 있는 감동을 조화롭게 담아낸 이 영화는, '현재'라는 시간의 소중함을 일깨우며 삶과 죽음의 의미를 고민하는 이들에게 잔잔한 위로와 영감을 선사한다.

참고문헌

1) EBSCulture. (2014, November 28). EBS inviting seat: Well dying #001 [Video]. YouTube. https://youtu. be/_CMKFjoD4C4

2) National Institute of the Korean Language, 2016

3) Naver, 2014

4) Lee & Chung, 2019; Shim, 2012)Lee, S., & Chung, K. (2019). A study of perceptions among mid- dle-aged and older koreans about dying well: Focusing on typology. Journal of the Korean Gerontological Society, 39(2), 305-323.

5) Krikorian, Maldonado, & Pastrana, (2020).Krikorian, A., Maldonado, C., & Pastrana, T. (2020). Patient's per- spectives on the notion of a good death: A systematic review of the literature. Journal of Pain and Symptom Management, 59 (1), 152-164.

6) 한국보건사회연구원 강은나, (2023). 2023년도 노인실태조사, p633-640

7) 한국보건사회연구원 강은나, (2023). 2023년도 노인실태조사, p24~25, p627~632

8) 제4차 저출산.고령사회기보계획 2022년도 시행계획

9) 서울특별시 웰다잉 문화조성에 관한 조례, 경기도 웰다잉(Well-Dying) 문화조성에 관한 조례, 경기복지 재단 김춘남(2022) 경기도 웰다잉 문화조성 기본 계획 수립을 위한 연구, 한국보건사회연구원 김유휘 (2023), 생애말기 지원을 위한 다양한 사회서비스의 현황 및 활성화 방안

제3장

생애말기돌봄

김말연

김환희

박남숙

신미옥

1　요양원과 요양병원에서의 생애말기돌봄

1-1. 요양원에서의 생애말기돌봄

요양원이라 함은 노인복지법 34조, 35조 및 시행규칙 22조를 근거로 하는 노인의료복지시설로 치매·중풍·노인성질환 등으로 심신에 상당한 장애가 발생하여 도움을 필요로 하는 노인을 입소시켜 급식·요양과 그 밖에 일상생활에 필요한 편의를 제공함을 목적으로 하는 시설을 말한다.

또한, 노인장기요양법 23조 2항의 시설급여로 장기요양기관에 장기간 입소한 수급자에게 신체활동 지원 및 심신기능의 유지·향상을 위한 교육·훈련 등을 제공하는 장기요양급여를 말한다. [1]

2024년 7월 말 장기요양보험의 등급 인정자(1,142,456명)는 노인인구(10,068,440명)의 10%에 해당할 정도로 많은 분들이 장기요양보험의 혜택을 이용하고 있다.

(2024년 6월 기준 : 장기요양기관 - 시설 6,314개소, 재가 38,157개소)[2]

그러나 재택 임종이나 요양원 임종보다 의료기관에서 임종을 맞는 분들이 대다수이다. 제도적으로 요양원, 재택 임종을 할 수 있도록 갖춰져 있지 않을 뿐더러(변사사건 처리되어 경찰의 조사를 받거나, 의사의 사망진단서를 받는 과정에서 복잡한 상황에 직면) 보호자가 사망에 대해 이의를 제기하거나 보상을 요구하기도 한다.

갑작스러운 죽음은 어쩔 수 없이 요양원에서 일어나겠지만, 거의 대부분 건강상태가 나빠져 생애말기가 다가왔음을 인식할 때 의료기관에 모시게 된다. (보호자가 거부할 경우는 예외) 요양원 종사자들은 사고나 범죄 의혹으로부터 자유롭지 못한 부담과 불편을 떠안아야 하여 상당한 심리적 부담이 작용할 수밖에 없다.

즉, 요양원에서는 입소노인의 존엄한 죽음을 동행하는 사람 중심의 임종 지원 서비스보다는, 임종이 임박했음을 보호자에게 알리고 응급실로 이송·조치하는 매뉴얼화 된 대응(보건복지부,

2022)에 집중할 수밖에 없는 현실이다(안은숙, 이진숙, 2021). 그 과정에서 종사자들은 임종의 장소가 병원이어야 하고, '집'인 요양원은 임종의 장소가 되어서는 안 된다는 입장을 더욱 확고히 해가고 있다(송병기, 2023). [3]

입소노인들에게 요양원은 단순히 돌봄 기관에 그치는 것이 아니라 '집'이 되고 있기도 하다. 따라서 이들 입소노인들도 요양원인 '집'에서 자연스러운 죽음을 맞이할 수 있도록, 호스피스 재가 임종서비스를 이들에게도 제공할 필요가 있다. 죽음을 준비하는 교육이나 상담이 종사자들에게는 물론, 입소노인 당사자들, 그리고 그 자녀 등 보호자들에게도 필요하다. 입소 노인들에게서는 물론 종사자들에게서도 죽음이 금기시·범속화·사사화 되는 현상이 두드러지게 나타나고 있어 죽음의 장소 혹은, 임종기 치료 여부나 정도를 결정하는 주체가 입소노인 당사자가 아니라 자녀 등 보호자들이 되고 있고, 요양원에서 자연스러운 죽음을 맞이하도록 하기 위해 보호자들이 결정한 조치들도 극소수의 경우를 제외하고는 종사자들의 적극적인 개입에 의해 거의 반강제적으로 의료화 된 죽음에 이르도록 하는 조치들로 변경되고 있다. [4]

몇몇 사례를 통해 요양원에서의 생애말기돌봄이 어떻게 이루어지고 있는지 엿볼 수 있겠다.

사례 1) 중증 치매를 앓고 있는 95세의 여성은 고혈압과 치매 외에 기저질환은 없으나, 최근 식사를 못하시어 진료를 통해 CT 검사를 실시한 결과 위암이 여러 군데로 전이되었다는 진단을 받았다.

입원으로 인한 환경변화로 치매 증상이 악화됨은 물론, 불안감이 고조되어 주사바늘과 소변줄 등을 빼고 대소변을 여기 저기 묻히며 잠을 안 주무시는 등 상태가 더욱 악화되는 상황으로 퇴원을 고려중에 있다. 비록 요양원이라 할지라도 요양병원이나 일반병원의 환경(치료 목적)보다는 10년 넘게 동료들과 생활하시던 요양원(집 같은 환경)이 더욱 안정된 곳으로 느껴질 것으로 판단되어 생애말기돌봄을 요양원에서 받고자 보호자와 의료진과의 상담하에 퇴원을 결정하기로 하였다.

사례 2) 85세의 중증치매를 앓고 있는 여성은 대소변을 가리지 못하여 여기 저기 흘리고 다니며, 말씀도 못하고, 배회가 심한 단계였는데 지나가다가 다른 어르신이 넘어지면서 이 어르신을 붙잡는 바람에 같이 넘어지며 우측 대퇴골두 골절로 입원(수술)치료를 받았으나, 인지저하로 인한 재활이 불가능한 상태로 와상이 되어 버렸다. 몇 년을 누워 지내시다가 여러 차례의 폐렴으로 치료

받으며 마지막에는 식사를 안 하시는 상태까지 되셨다. 보호자(남편 92세)는 연명의료에 대한 인식이 부족하고 "못 먹는데 어떻게 그냥 놔두느냐"는 취지의 의사 표현으로 어르신은 비위관(일명 콧줄)을 삽입하게 되었다. 콧줄을 교체하러 병원에 가시게 되면 싫다는 표시로 고개를 좌우로 흔들며 눈물을 줄줄 흘리시는 등 거부의사를 강력하게 표현하셨으나, 반 강제적으로 고개를 붙잡고 콧줄을 삽입할 수밖에 없다. 콧줄이 제거되면 식사를 못하게 되는 상황이 발생할까 양손은 강박상태가 되어야 한다. 남편은 2~3일 만에 한 번씩 전화를 하여 "우리 할머니 어떠냐? 언제 죽을 거 같으냐"로 안부를 하시곤 한다. 이 과정이 몇 년간 지속되면서 엉덩이에는 욕창이 생겨 매우 고통스러워하는 상태로 결국 마지막에는 병원 중환자실을 통해 임종을 맞이하셨다. (90세)

사례 3) 75세의 남성(1인 가구, 수급자)은 간경변증(황달, 복수)을 앓아 일상생활에 어려움이 있어 요양원에 입소결정이 되었으나, 호흡곤란과 식욕부진으로 병원에 바로 입원하게 되었다. 여명을 3개월 정도로 생각하고 퇴원을 안 하고 계셨으나, 입원기간 초과로 잠깐(1주일 정도) 요양원으로 퇴원하여(목욕도 받으시고) 지내다가 토혈 증상의 발현으로 또 다시 입원하였다. 통증조절 치료 받다가 결국 병원에서 임종을 맞으셨다.

사례 4) 85세의 여성은 무릎관절염이 심하여 입원치료 하였으나, 근본적인 치료가 어려운 상태로 보호자와 어르신은 인공관절수술을 원하셨다. 전신건강상태가 수술에 견딜 수 있을지는 아무도 장담을 못하는 상황이나, 어르신은 수술만 하면 뛰어다닐 것 같다고 하시며 수술을 강력히 원하셨다. 수술 후 급성신부전이 와서 어르신의 생명이 위독한 상태로 보호자가 상급병원 진료를 원하여 상급병원 응급실 방문으로 응급투석을 실시하였지만, 심정지에 직면하여 심폐소생술로 회생하였으나 1달여간 힘겹게 지내시다가 결국 상급병원 중환자실에서 임종을 맞게 되었다. 보호자(딸)는 모두 자기가 잘못 생각한 결과라고 말하며 다른 사람들이 어떻게 생각할지 몰라 연명의료 중단을 할 수가 없어 어머니를 너무 고생시킨 것 같다며 슬퍼하였다. 남의 눈이 중요한 게 아닌데 마치 큰 병원에 안 가면(연명치료를 안 하면) 불효를 하는 것만 같았다고 후회하였다.

암이나 비암성 말기환자(다른 만성질환)보다도 치매라는 질환에 노출될 경우 생애말기라고 말할 수 있는 기간은 예측 불가하다. 어쩌면 10년이 넘는 시간이 될 수도 있고 바로 다음날 임종을 맞을 수도 있다. 생애말기돌봄이라고 지칭하는 것은 일부의 질환을 제외하고는 현장에서 현실적으로 추상적인 개념에 불과하다.

기나긴 돌봄의 역할을 가족·사회·국가 돌봄 체계로 전환되어야 할 것이다.

1-2. 요양병원에서의 생애말기돌봄

요양병원이라 함은 의료법 제3조 제2항 제3호 라의 병원급 의료기관으로 의사, 치과의사 또는 한의사가 주로 입원환자를 대상으로 의료행위를 하는 의료기관을 말한다.

의료법 제3조의 2(병원등) 병원·치과병원·한방병원 및 요양병원(이하 "병원등"이라 한다)은 30개 이상의 병상(병원·한방병원만 해당한다)또는 요양병상(요양병원만 해당하며, 장기입원이 필요한 환자를 대상으로 의료행위를 하기 위하여 설치한 병상을 말한다)을 갖추어야 한다.

또한, 장애인복지법 제58조 제1항 제4호에 따른 의료재활시설로 의료법 제3조의 2의 요건을 갖춘 의료기관을 포함한다.

노인요양병원은 1995년경에 생기기 시작하여 2005년에 152개에 불과했으나, 2008년 7월 1일부터 노인장기요양법이 시행됨에 따라 2012년 8월말에는 1053개로 약 7배나 증가하였다. (국민건강보험공단, 2012) 2024년 2분기 병상수는 262,277병상으로 집계되었다. 또한, 2023년도 사망자수(352,511명)중 노인인구(65세 이상)사망자수는 286,149명으로 82%에 육박한다.

전국의 요양병원은 2024년 2분기 현재 1,373개소(이중 호스피스 시범 요양병원은 전국에 7개소에 불과하다)로 근무하는 간호사수는 28,373명, 간호조무사 수는 31,061명으로 집계되었다.[5]

경제협력개발기구(OECD)에서는 요양병원과 관련하여 'long-term care beds in hospital'로 표기하고 있다.

요양병원에 입원하는 환자의 대다수는 노인이며, 70% 이상이 치매나 뇌졸중으로 허약·와상 상태의 만성질환을 가지고 있으며, 그곳에서 지내는 기간은 개인마다 차이가 있어 수일에서 수년에 이르기까지 다양하다. 노인들은 요양병원에 입원하게 되면 거의 그 곳에서 죽음을 맞이하게 되고 다른 노인들의 죽음을 수시로 경험하게 된다. 그럼에도 불구하고 요양병원에서 지내는 동안 죽음 준비는 거의 이루어지지 않고 있으며, 이러한 죽음준비에 대한 부족함은 노인이 품위 있는 죽음을 맞이하는 데 저해요인이 되고 있다. 요양병원은 행위별 수가제가 아닌 정액수가제를 적용하여 처치에 상관없이 무조건 비용이 지급되기 때문에 무분별하게 환자를 입원시키거나 환자를 방치하기도 한다(권혜옥, 2017).[6] 부족한 인력과 치료환경 때문에 요양병원의 많은 간호사는 어려움을 겪고 있다(이미정, 이정섭, 2015; 이춘이, 2017; 임승희, 신애란, 2012).[7] 실제 수행중인 임종간호는 신체적 돌봄에 국한되어 환자의 정신적·영적 안녕에 대한 돌봄은 부재하며, 사후 관리 대처에 대해 수동적인 모습은 물론 환자의 존엄성과 관련된 문제로 인한 갈등, 부족한 돌봄 자원, 낮은 사기 등 다방면에 걸쳐 있다.

또한, 노인들의 품위 있는 죽음을 위한 노인요양병원의 역할은 전무한 상태이며 죽음의 언급을 회피한 채 죽음에 대한 적절한 서비스를 어떻게 제공해야 할지 몰라 당황스러워 하고 있는 것이 현실이다.[8]

요양병원 노인환자의 임종간호 의미의 정립, 체계구축, 간호사 교육 및 환경조성이 우선적으로 이뤄져야 하고 구체적인 프로토콜의 제작과 교육의 시행을 통해 현장에서의 갈등과 혼란을 해결하여 임종간호의 질적 격차를 줄여야한다. 이를 위해 표준화된 프로토콜의 연구 개발이 필요하겠다.[9]

인생의 마지막을 충실하게 맞이하기 위하여 재활 및 전인적 간호, 의료, 상담, 사회복지 등 잔존 기능 및 생활력 회복을 위한 재활 등 전인적 의료가 제공되어야 한다. 이러한 의료 서비스를 받지 못하면 급진적으로 기능의 퇴행, 합병증, 부작용 등으로(가혁, 2017)[10] 사망하나, 별도의 임종 공간이 없는 병원이 대부분으로 가족과 조용히 임종을 맞이할 수 있도록 임종실이 절실히 필요한 실정이다. (2024.8.1. 300병상 이상 임종실 설치의무화)

노인은 죽음에 대한 아무런 준비 없이 지내다가 일단 상태가 악화되면, 임종을 준비하기 위해 안락한 곳에서 적절한 서비스를 제공받기보다는 중환자실로 옮겨져 자신의 의사에 관계없이 생명을 연장하기 위한 연명치료가 이루어지고 있는 실정이다. 중환자실에서는 돌아가실 때까지 가족의 면회는 제한되고 중환자실 담당간호사와 연명장치에 의지 한 채 의료적인 관리를 받게 된다.

가. 임종실 설치에 대한 의무와 생애말기 임종실 수가 신설

2023년 통계에 따르면, 한국의 대부분의 국민이 의료기관에서 생을 마감하고 있다. 이러한 현실 속에서 임종의 순간은 종종 충분한 배려와 존엄성을 보장받지 못한 채 맞이하게 된다. 병원에서의 사망 비율이 75.4%에 달하지만, 대부분의 환자들이 다인실에서 임종을 맞이하고 있어, 마지막 순간을 가족과 함께 조용하고 품위 있게 보내기가 어려운 상황이다. 이러한 문제를 해결하기 위해 보건복지부는 2024년 8월 1일부터 300병상 이상의 종합병원과 요양병원에 임종실 설치를 의무화하는 개정 의료법 시행규칙을 시행한다.[11]

임종실 설치 의무화는 환자와 가족이 임종을 보다 존엄하게 맞이할 수 있도록 돕는 중요한 제도적 변화이다.

박중철 가톨릭대학교 인천성모병원 교수는 "중환자실은 삶을 연장하는 곳이 아닌 죽음을 연장하는 곳이다.", "중환자실 치료가 환자의 존엄에는 아무런 기여를 하지 못한다. 중환자실은 회복돼서 나가는 것을 전제하고, 환자의 모든 자유를 제한함에도 회복하기 어려운 말기암 환자를 중환자실로 내몰고 있다."고 말한다.[12]

나. 임종실의 필요성[13]

임종실은 회복 불가능한 상태로 사망이 임박한 환자가 가족 및 지인들과 함께 마지막 순간을 존엄하고 심리적 안정 속에서 맞이할 수 있는 공간이다.

이 공간은 단순한 병실 이상의 의미를 가지며 환자가 생의 마지막 순간을 보다 평화롭게 맞이할 수 있도록 돕는다.

[그림 3-1] 장기요양보험 인정자 사망장소(2022년)

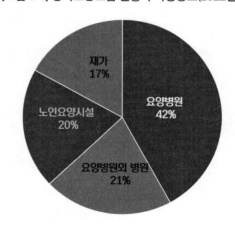

출처 : 국민건강보험공단

임종실의 필요성은 다음과 같은 이유에서 강조된다.

- 정서적 안정과 존엄성 보장 : 임종실은 환자와 가족이 마지막 순간을 정서적으로 안정된 상태에서 맞이할 수 있도록 돕는다. 이는 환자의 두려움이나 고통에서 벗어나 평온하게 생을 마감할 수 있는 환경을 제공한다. 가족들도 조용한 공간에서 사랑하는 이와의 이별을 준비할 수 있으며, 이는 슬픔을 덜어 주는 중요한 역할을 한다.
- 의료적 지원과 관리 : 임종실에서는 환자의 통증 관리와 같은 의료적 지원이 제공된다. 이를 통해 환자는 육체적 고통을 최소화하며 가족들은 전문적인 의료진의 도움을 받을 수 있어 마음의 부담을 줄일 수 있다.
- 프라이버시와 가족의 시간 보장 : 임종실은 환자와 가족에게 프라이버시를 보장하며 사적이고 감정적인 시간을 보낼 수 있는 기회를 제공한다. 이는 가족들이 서로에게 집중하며 진정한 의미의 작별을 고할 수 있도록 돕는다.

다. 임종의 현실과 임종실 설치의 중요성

현재 많은 의료기관에서는 다인실이 일반적이며 이는 환자가 마지막 순간을 프라이버시가 부족한 환경에서 맞이하게 만든다. 또한 병원의 일반적인 운영 방식은 환자 개개인의 정서적 필요를 충분히 충족시키지 못하는 경우가 많다.

이에 따라 임종실의 설치는 환자와 가족 모두에게 중요한 변화를 가져올 수 있다. 10제곱 미터 이상의 면적에 1명의 환자만을 수용하는 임종실은 가족들이 함께 임종을 준비할 수 있도록 설계되어 있으며, 이는 환자와 가족에게 큰 위안을 줄 수 있다.

라. 정책적 지원과 향후 과제

법 개정으로 새로 개설되는 300병상 이상의 종합병원과 요양병원은 최소 1개의 임종실을 설치해야 하며, 기존 의료기관은 1년의 유예기간 후 설치 의무를 준수해야 한다. 또한, 임종실 운영에 대한 별도 건강보험 수가가 신설되어 경제적 부담을 덜어 줄 것이다.

<표 3-1> 현행(상급) 종합병원 및 요양병원의 임종실 설치 현황

(기준 : '24.1., 단위 : 개소, %)

병상 규모	합계	200~300병상	300~500병상	500~1000병상	1000병상~
전체기관(A)	800	534	148	101	17
설치기관(B)	162	86	29	36	11
비율(B/A)	20.3	16.1	19.6	35.6	64.7

출처: 보건복지부

※ 현행 의료기관에서 「연명의료결정법」에 따라 지정되는 호스피스 전문기관(입원형, 자문형)의 경우에는 임종실의 설치가 기 의무화 되어 있는 상태임.

1-3. 생애말기돌봄 수가

급속한 고령인구 증가로 임종과 호스피스 수요는 지속적으로 증가할 것으로 예상된다. 생애말기 존엄한 죽음에 대한 관심이 또한 증가하고 있으나, 이에 비해 임종을 위한 공간을 갖추고 있는 의료기관이 부족한 상황에서, 존엄한 마무리를 보장하기 위해 의료법상 설치가 의무화('24.8월~)되는 임종실에 대한 수가를 신설하고, 호스피스 서비스에 대한 보상강화를 추진한다. 기존 비급여로 운영 중이던 임종실이 급여화됨에 따라 환자의 본인부담 수준이 낮아지고, 호스피스 입원료 등 수가 개선 및 임종기 돌봄 서비스 활성화를 통해 생애말기 인프라가 확충될 것으로 기대된다.[14]

이번 개선안은 의료법 개정('24.8.1. 시행)에 따른 임종실 설치 의무화(300병상 이상 종합병원과 요양병원에 1개 이상의 임종실 설치 의무화) 및 새롭게 수립된 '제2차 호스피스·연명의료 종합계획(2024-2028)' 과제의 일환이다.

특히, 우리나라 국민의 75.4%는 병원에서 죽음을 맞이하지만 존엄한 임종을 위한

별도의 공간을 갖춘 기관은 많지 않은 상황이다.

가. 임종실 및 호스피스 수가 개선(안)[15]

요양병원과 급성기 병원의 특성을 고려하여 임종실 급여 수가를 신설함(기존 임종실의 경우 의료기관별로 자율 설치되며 1인실 비급여가 적용)에 따라 임종실 이용 부담 완화될 것으로 기대된다.

〈표 3-2〉 임종실 수가 입원 사례

	현행	개선
요양병원 (의료고도 환자 기준) →	10.6만원 →	3.6만원
상급종합병원 →	43.6만원 →	8만원

* 입원환자 본인부담률 20% 기준

출처: 건강보험심사평가원

나. 임종 관리료 등 관련 보상 강화

급성기 임종실 수가 신설(안)은 최대 3일간 산정 가능하며, 상급 40만 4560원, 종합병원 28만 5490원, 병원 23만 400원이다. 본인부담률은 통상 입원환자 20%다. 연간 166억 원~271억 원의 재정이 소요될 것으로 예상된다.

또한, 호스피스 입원서비스의 질을 제고하고 호스피스 환자의 일상생활을 지원하는 보조 활동 인력 배치를 유도하기 위해 보상을 강화하기로 했다.

1-4. 사전돌봄계획에 대한 이해[16]

가. 사전돌봄계획(Advance Care Planning: ACP)이란?

사전돌봄계획(ACP)은 나의 건강과 관련하여 앞으로의 치료와 원하는 돌봄을 계획하며, 이러한 내용을 의료진 및 가족, 친구와의 대화를 통해 공유하는 일련의 과정으로, 국제적으로 통용되는 정의는 '모든 건강한 성인들이 미래의 의료적 돌봄에 대한 개인의 가치관, 삶의 목표, 선호도를 이해하고 공유하도록 지원하는 과정'이다.

나. 사전돌봄계획(ACP)은 누구에게 필요한가?

사전돌봄계획(ACP)은 연령 또는 건강상태와 관계없이 누구에게나 필요하다.

다. 사전돌봄계획(ACP)은 왜 필요한가?

만약 치료 중 예상하지 못한 위기 상황이 발생하여 내가 스스로 의사결정을 할 수 없는 상황이

된다면, 내 가족은 나를 대신하여 어려운 치료 결정을 해야 할 수 있다. 이러한 상황은 가족들에게 큰 혼란과 부담을 줄 수 있으며, 어쩌면 내가 원하는 돌봄을 받지 못하게 될 수도 있다. 사전돌봄계획을 통해 위와 같은 어려움이 발생했을 때의 대처 방안을 미리 논의할 수 있으며, 가족들이 나를 위한 결정을 할 수 있도록 도울 것이며, 내 삶의 의미와 가치를 확인하고 아름다운 삶의 마무리를 준비할 수 있을 것이다.

이러한 과정을 통해 사전돌봄계획은 만성 질병이 있는 동안 자신의 가치관, 목표, 선호도와 일치하는 의료적 돌봄을 보장받을 수 있도록 삶에서 중요한 것, 미래의 돌봄에 대한 바람, 사전연명의료의향서에 대한 의견 등 총체적인 돌봄 요구를 반영할 수 있다.

라. 한국의 사전돌봄계획의 현재 및 향후과제[17]

우리나라에서도 연명의료결정제도를 통해 사전돌봄계획이 일부 시행되고 있다. 하지만, 단순히 사전연명의료의향서나 연명의료계획서와 같은 문서를 작성하는 행위에만 국한되어 있고, 문서 작성 후에 대상자와의 꾸준한 논의 과정이나 대리인 지정과 관련된 대화는 이루어지지 못하고 있는 실정이다(김명희, 2020). 또한 의료기관윤리위원회의 실무인력 자체가 부족하기 때문에 대부분의 국내 의료현장에서 사전돌봄계획은 연명의료와 관련된 전담인력 없이 주로 환자의 임종단계를 결정하고 연명의료계획서를 작성하는 담당 의사의 주도하에 이뤄지고 있어 이 과정에서 환자나 보호자는 충분한 정보나 상담을 제공받지 못하고 있다(최지연 등, 2019). 사전돌봄계획을 효과적으로 수행하기 위해서는 문서를 작성하고 대리인을 지정하는 것뿐만 아니라 대상자에게 정보를 제공하고 대상자의 선호도와 향후 치료계획에 대해 지속적으로 함께 논의하는 등 보건의료종사자의 역할이 매우 중요하다(Head et al. 2018)하겠다.

2 재택임종

2-1. 재가요양보호사업과 재택임종

가. 노인장기요양보험

"노인장기요양보험법 제1조(목적) 고령이나 노인성 질병 등의 사유로 일상생활을 혼자서 수행하기 어려운 노인등에게 제공하는 신체활동 또는 가사활동 지원 등의 장기요양급여에 관한 사항을 규정하여 노후의 건강증진 및 생활안정을 도모하고 그 가족의 부담을 덜어 줌으로써 국민의 삶의 질을 향상하도록 함을 목적으로 한다."[18]

노인장기요양보험은 2008년 7월 도입되어 개인과 가족의 책임에 의지해 온 노인돌봄을 사회적 지원 과제로 전환하는 데 크게 기여하고 있는 사회보험으로서 만 65세 이상의 노인성질환의 어르신이 장기요양보험공단으로부터 1~5등급 또는 인지저하등급의 판정을 받은 수급자가 방문요양서비스 · 주간보호서비스 · 시설(요양원)서비스를 받는 제도이다.

2023년 8월 제도가 지속 발전할 수 있도록 장기요양급여의 제공 원칙하에 2025년 초고령 사회를 앞둔 현재 시점에서 중장기 정책 추진 방향을 담은 5개년 계획을 제시하고 향후 5년간 노인장기요양보험의 정책방향과 과제를 제시하는 「제3차 장기요양기본계획(2023~2027)」을 발표하였다.

** 「노인장기요양보험법」 제6조(장기요양기본계획) 및 동법 시행령 제3조에 따라, 장기요양급여 대상인원 및 재원조달 계획, 장기요양기관 및 전문 인력 관리방안, 장기요양요원의 처우에 관한 사항, 장기요양급여의 수준 향상 방안 등 포함

** 제1차('13~'17) 장기요양기본계획, 제2차('18~'22) 장기요양기본계획 수립

□ 제3차 장기요양 기본계획[19]

1) "집에서 적절한 돌봄이 이루어지도록" 장기요양서비스 강화

　① 충분한 재가서비스 제공 및 서비스 다양화

　② 의료-요양 연계 등 재가생활 기반 확충

　③ 가족에 대한 지원체계 마련

2) "빈틈없이 지원하는" 맞춤형 서비스 이용체계 구축

　① 수급자 등에 대한 예방·사례관리 강화

　② 돌봄 필요도를 고려한 판정체계 도입 및 등급체계 개선

　③ 신노년층의 진입을 대비하는 장기요양서비스 기반 마련

3) "믿고 안심할 수 있도록" 장기요양기관 품질관리

　① 장기요양기관 수급관리 및 공급체계 혁신

　② 서비스 평가·관리체계 강화

　③ 장기요양요원 처우개선 및 역량 강화

4) "초고령 사회에 대응하는" 제도의 지속가능성 제고

　① 장기요양보험의 재정건전성 강화

　② 장기요양보험의 거버넌스 체계 개편

　③ 스마트 장기요양 돌봄 체계 구축

장기요양 수급자는 101.9만 명으로 노인인구의 10.9%('22)이다.

'08년 21.4만 명(노인인구 4.2%)에서 '22년 101.9만 명(10.9%)으로 지속증가 하고 있다.

[그림 3-2] 장기요양 수급자 현황(만 명, %)

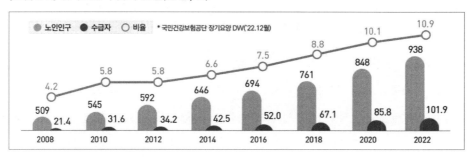

출처: 제3차 장기용양기본계획(안)2023~2027 보건복지부

전체 수급자는 '27년 145만 명, 이용자 기준 재가 66.8만 명('22)에서 94.9만 명('27)으로, 시설 19.5만 명('22)에서 27.8만 명('27)으로 증가할 전망이다.

[그림 3-3] 장기요양 수급자 전망 및 장기요양서비스 이용 전망

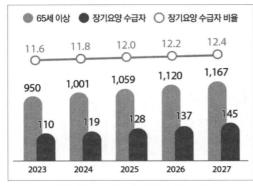

〈장기요양 수급자 전망(만 명, %)〉 〈장기요양서비스 이용 전망(명)〉

출처: 제3차 장기용양기본계획(안)2023~2027 보건복지부

갈수록 늘어나는 노인인구에 비해 노인을 케어해야 하는 요양보호사는 60.1만 명 근무 중('22), 2025년부터 수요가 공급을 초과하여 2027년에는 전망치(68.0만 명) 대비 약 7.5만 명 공급 부족사태가 발생할 수 있다.

다양한 수급자(환자)를 케어하기 위해 장기요양요원의 전문성 강화 및 인식 개선을 위해 요양보호사 정기적 보수교육(근무 중 요양보호사 및 근무 예정인 요양보호사 대상, 2년마다 8시간 이상) 의무화, 양성 교육시간 확대(240 → 320시간) 등 교육체계를 개편('24.1월 시행)했지만 실상 보수교육의 주된 내용이 재가요양보호사와 시설 요양보호사의 교육에 차이가 없음은 물론, 차후 부모님을 위해 자격증을 취득하고 장롱면허로 전락한 경우도 배제할 수 없는 현실이다. 또 재가요양보호사의 주된 업무가 신체활동지원, 일상생활지원, 정서지원, 인지활동지원으로 나뉘어 서비스를 제공하고 있지만, 이 부분은 3~5등급의 수급자에 국한되고, 1~2등급의 수급자의 경우 준와상 또는 와상의 수급자로 신체활동(개인위생, 이동도움, 식사도움, 체위변경, 기저귀 케어 등)의 서비스가 주인 고된 업무임에도 1~5등급의 수급자를 케어하는 시간의 수가가 똑같은 불합리함이 있어 2022년부터 1~2등급 서비스를 제공하는 경우 1일 3천 원의 중증가산금을 지급하고 있지만, 중증 수급자를 꺼리는 요양보호사가 많아 1~2등급을 케어할 요양보호사의 구인이 힘들다는 것이 현장의 소리이다.

요양보호사, 사회복지사 등 72.3만 명('22) 중 장기요양기관에 근무 중인 요양보호사는 60.1만 명으로 전체 종사자(사회복지사 3.7만 명, 간호조무사 1.6만 명, 간호사 4천 명 등)의 83.2% 차지하고 있다. 제도 초기('09. 182,349명) 대비 크게 증가하고 있다.

〈표 3-3〉 직종별·급여 종류별 장기요양기관 종사자 현황('22)

구분		총계	요양 보호사	사회 복지사	간호사	간호 조무사	물리 치료사	작업 치료사	기타 종사자
계		723,251	601,492	37,121	3,935	16,022	1,879	1,224	61,578
		100.00%	83.20%	5.10%	0.50%	2.20%	0.30%	0.20%	8.50%
시설		133,360	85,086	9,000	1,660	9,987	1,543	1,073	25,011
		100.00%	63.80%	6.70%	1.20%	7.50%	1.20%	0.80%	18.80%
재가		589,891	516,406	28,121	2,275	6,035	336	151	36,567
		100.00%	87.50%	4.80%	0.40%	1.00%	0.10%	0.00%	6.20%

주 : 1) 급여종류(시설.재가)별.직종별 중복 포함/요양보호사는 시도별.급여종류(시설/재가)별 중복 포함
　　2) 기타종사자 : 관리책임자 2.7만 명, 조리원 1.1만 명, 의사(계약의사) 2.5천 명, 영양사 1천 명 등
출처: 제3차 장기용양기본계획(안)2023~2027 보건복지부

[그림 3-4] 장기요양기관 종사자 현황 및 요양보호사 연령별 현황

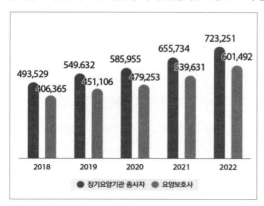

〈장기요양기관 종사자 현황(명)〉

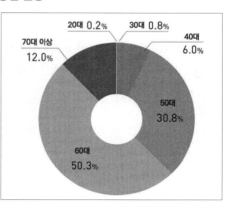

〈요양보호사 연령별 현황('22)〉

출처: 제3차 장기용양기본계획(안)2023~2027 보건복지부

○ 요양보호사 자격증 취득자는 252.4만 명으로 이 중 여성이 227.9만 명, 종사자 60.1만 명(취득자의 23.8%) 중 여성은 56.7만 명(종사자의 94.3%)

○ 활동 중인 요양보호사(60.1만 명) 중 50~60대가 81.1%로, 유휴인력 확보, 처우 개선 등을 통해 요양보호사 인력 적극 확충 필요

나. 재택임종과 노인의 죽음준비

생애말기 돌봄에는 환자와 그 가족을 위한 의료적, 신체적, 정신적, 사회적 및 영적지원을 포함한다. 생애말기 돌봄의 목표는 환자가 가능한 한 편안할 수 있도록 신체적 편안함을 중시하며 통증 및 기타 증상을 조절하고 가족과의 정서적 지지와 소통, 고통을 경감하며, 환자의 삶의 질을 향상시키고 존엄성을 유지하는 것이다.

노인에게 임종 장소는 좋은 죽음의 요건으로 임종장소에 대한 선호 여부는 익숙한 장소에서 가족과 함께 임종을 맞이하고 싶은 욕구를 반영한다.

서울대 고령사회연구단(2020년)의 웰다잉 욕구 조사에 의하면 노인이 선호하는 임종장소로 자택(37.7%), 병원(19.3%), 호스피스(17.4%) 요양병원(13.1%), 장기요양시설(12.5%) 순으로 나타났다. 그러면 재택에서의 임종을 선호하지만 실제 임종을 지켜보는 사람이 가족만이 아니라는 사실이다. 실제 재가요양보호사가 임종기의 수급자를 케어하던 중 임종을 지켜보는 경우가 발생되기도 한다. 대부분의 재가요양보호사는 임종기의 수급자를 케어하는 것을 꺼리는 경우가 대부분이다. 임종기의 수급자가 아니라도 가끔은 낙상으로 인한 뇌출혈이나 뇌졸중으로 사망한 수급자를 제일 먼저 발견하는 경우도 있다. 이런 경우 재가요양보호사에게는 강한 트라우마가 남게 되고 때로는 요양보호사라는 직업을 내려놓기도 한다. 그러나, 장기요양보험의 제도 틀에서 임종기의 수급자를 케어하는 재가요양보호사의 교육이나 제도가 정해져있지 않고, 재가요양보호사 혼자 수급자의 임종을 맞이하고 난 뒤 그들이 겪는 우울감이나 트라우마를 케어해 줄 프로그램도 정해져 있는 것이 없다.

돌봄 제공자가 장기요양보험이라고 응답한 대상자가 큰 폭으로 증가(2020년 19.1% → 2023년 30.7%)하면서 공적 돌봄 체계의 역할이 증대되었으나, 장기요양보험제도가 좋은 죽음을 위한 재택임종의 준비가 아니라는 사실은 요양원이나 요양병원에서의 임종이 증가된 것으로도 알 수 있다.

1인 가구(독거노인)의 비중이 2023년 32.8%로 2020년 대비 13.0% 증가했고 자녀와 동거하는 가구 수는 2020년 대비 감소하였다. (2020년 20.1% → 2023년 10.3%) 이렇듯 독거노인의 증가는

생활상의 어려움과 우울증상의 증가로 이어지고 죽음에 대한 준비보다는 막연히 죽음에 대한 생각으로만 이어지고 있다고 볼 수 있다. 임종기의 수급자를 돌보는 것이 재가요양보호사뿐만 아니라 동거 가족의 어려움과 우울감도 증폭된다.

1인 가구(독거노인)가 증가하듯이 2인 가구(부부거주) 역시 증가하고 있는 추세이다. 나이가 듦에 따라 지병의 증상이 더 심해지는데 누군가는 배우자를 케어해야 하는 상황에 이르고 임종기와 임종을 혼자 맞이하는 경우가 생기게 된다.

사례1) 김 할머니는 관절염과 요통, 심장병으로 보행하는 것조차 힘든 상황이나 남편이 치매와 파킨슨을 앓고 계시며, 지병으로 오랜 투병생활을 하고 계셔서 할아버지의 모든 케어는 김 할머니의 몫이라 본인의 통증은 표현할 수도 없고 남편의 수발로 항상 뒷전으로 밀려나 있지만 남편의 마지막은 병원이나 시설이 아닌 가족이 함께 했던 집에서 본인의 손에서 떠나보내고 싶다는 일념으로 마지막까지 남편을 케어했고 김 할머니가 지켜보는 가운데 할아버지는 생을 마감하셨다.

케어를 하는 동안 자택에서의 케어가 불합리한 경우가 발생했지만 어떤 의료적인 서비스를 받을 수는 없었다. 119를 통해 응급실로 가거나 보호자들이 거동이 불편한 환자를 모시고 병원으로 가야 하는 상황에서조차 병원에서 남편을 보낼 수 있다는 불안감에 김 할머니는 본인의 방법으로 남편을 보살피신 것이다. 배우자가 떠나고 난 뒤에도 우울감에 외부 출입을 꺼리는 현상을 보이기도 하셨다.

사례2) 어린 아들을 두고 집을 나간 며느리를 대신해 손자를 키우신 아흔의 안 할머니는 손자가 장성해 타지로 떠나고 심한 우울감에 시달리다 스카프를 문고리에 걸고 스스로 생을 마감하려 하신 모습을 출근한 요양보호사가 목격하고 119로 신고하고 병원으로 이송하였으나 끝내 생을 마감하셨다. 문제는 그다음이었다. 스스로 목을 매셨기에 늦은 과학수사대의 조사가 이루어졌고 최초 목격자인 요양보호사는 경찰서에서 조서를 꾸며야 했으며, 요양보호사의 트라우마는 몇 년간 일을 하기 힘든 상황에 이르렀다.

이럴 경우 재가센터에서 해 줄 수 있는 대응은 함께 경찰서에 동행해 주고 어르신의 상황을 충분히 공감해 주는 것 밖에 대응할 방법이 없는 것이 현실이다. 누구나 쉽게 접근할 수 있는 프로그램이나 상담체계가 필요한 부분이다.

사례3) 독거로 생활하시는 김 할아버지는 아침 일찍 화장실을 갔다 나오다 낙상으로 쓰러져 돌아가신 것을 출근한 요양보호사가 발견하였다. 요양보호사들이 가장 두려워하는 부분이 임종 후의 모습을 요양보호사가 목격하는 것이기도 하다.

사례4) 재가센터장이 미리 약속된 수급자의 집에 요양보호사와 방문을 했는데 대문은 굳게 닫혀 있고, 문을 두드려도, 전화를 해도 받지 않는 상황이 의심스러워 세차게 문을 밀고 들어가 보니 낙상으로 수급자가 쓰러져 있는 상황을 목격하고 119 호출 후, 맥박을 짚었지만 맥은 잡히지 않았는데 코풍선이 터지는 모습을 보고 살아 있다고 판단했으나 119대원의 말은 사후 부패로 인한 가스가 배출됨을 알려 주었다. 임종 전 또는 임종 후의 생체변화를 알지 못해 일어난 착각이었다.

사례5) 독거로 생활하시는 임 할아버지는 전립선암을 앓고 계신 상황으로 최근 급격히 건강이 악화되어 병원으로 후송되었는데 임종 시기에 접어들었다는 의사의 진단이 나왔다. 본인은 재택임종을 희망하시지만 연고가 없는 상황이라 어쩔 수 없이 호스피스 병동으로 입원을 의뢰하였다. 이 사례는 본인의 의사와는 상관없이 본인의 임종장소를 타인이 결정할 수밖에 없는 상황인 것이다.

이렇듯 예기치 못한 임종을 맞이하게 되는 것이 방문요양의 현실임에도 제도적 대안·방법·교육은 이루어지지 않고 있으며, 또한 연고자가 없는 경우 방문요양센터에서 해줄 수 있는 부분은 시설입소나 병원입원이 최선인 경우가 많다. 방문요양서비스를 제공하고 있는 센터의 관계자나 요양보호사는 언제든지 임종직전의 수급자와 마주칠 확률이 높다. 그렇다면 임종 시기 또는 임종 후에 발생할 수 있는 준비 작업이나 생체변화를 미리 습득하거나 처리할 수 있는 제도의 틀이 마련되어야 한다.

한국리서치와 웰다잉문화 운동이 공동으로 조사한 웰다잉 인식과 정책에 대한 설문조사에서 '재택 임종을 돕는 의사 왕진 서비스가 필요하냐'는 질문에 74%가 '그렇다'고 대답했지만, 해당 정책에 대해 '전혀 들어 본 적 없다'는 응답자도 40%에 달했다. '거주 지역에서 원하는 방식으로 죽음을 준비하고 삶을 마무리할 수 있느냐'는 질문에 '그렇다'고 대답한 응답자가 24%에 그쳤다. 결국 10명 중 2명만 원하는 방식으로 생을 마감할 수 있다고 생각하는 것이다.

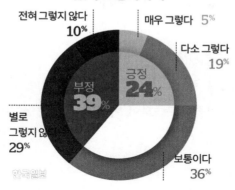

현 거주지에서 내가 원하는 방식으로 죽음을 준비하고 삶을 마무리할 수 있다고 생각하나

전혀 그렇지 않다 10%
매우 그렇다 5%
다소 그렇다 19%
부정 39%
긍정 24%
별로 그렇지 않다 29%
보통이다 36%

한국일보

출처: 한국일보 2024.06.25., , 웰다잉문화운동, 한국
리서치 주관 설문조사

삶을 잘 마무리하는 것은 죽음을 경험하는 한 인간의 삶의 질에 영향을 미칠 뿐 아니라 그를 둘러싼 가족의 삶과 사별 후 적응에도 영향을 미친다고 한다.

허정화 교수(서울대 사회복지학과)는 실버뉴스 인터뷰에서 "임종기 돌봄에서 중요한 것은 본인이 어떻게 임종을 맞이하고 싶은지에 대해 생각해 보고 가족과 의료진을 비롯한 주변 사람들과의 이야기를 나누는 것이다."라고 말한다.

□ 생애말기 고통을 경감하고 품위 있는 삶의 질을 유지하며 생의 마지막을 준비하기 위해

1) 통증을 최소화 하고 편안함을 유지하는 것

2) 환자와 가족의 심리적 안정을 위한 상담과 지지

3) 환자의 치료 목표와 희망을 존중하며, 가족과의 원활한 소통이 필요함.

4) 전문적인 의료진의 지원으로 환자와 가족이 필요한 자원 연계

5) 환자가 떠난 후에도 가족을 위한 지원과 상담으로 사후 지원

생애말기 돌봄은 환자의 존엄성과 편안함을 최우선으로 하는 중요한 과정이다.

최근 재택에서 임종을 맞이하는 경우는 줄어들고 있는 상황이다. 시설 좋은 요양원과 요양병원들이 우후죽순 생겨난 것과 맞벌이 가족이 늘어남에 따라 환자 혼자 집에서 지내다 임종을 맞이하기 전 병원이나 시설로 가시는 경우가 많기 때문이다.

다. 재택임종 시 보호자가 겪는 어려움

재택임종은 갑작스럽게 사망을 직면하거나, 오랜 질병으로 인한 신체적, 정서적, 심리적 부담이 크고, 돌봄에 필요한 지식이나 기술이 부족하여 보호자가 어려움을 겪는 경우가 많다.

1) 신체적 부담

보호자는 환자를 지속적으로 케어해야 하므로 육체적, 정신적으로 지칠 수 있으며, 특히 거동이 불편하여 몸을 움직이지 못할 경우 자세변경, 위생관리 등의 어려움이 크다.

2) 정서적 부담

환자의 임종 시기에 다다르면 보호자의 심리적, 정서적 부담감이 커질 수밖에 없다.

사랑하는 사람의 죽음을 지켜봐야하는 부담감, 임종을 지키지 못 할 수 있다는 불안감이 때로는 죄책감으로 이어지기도 한다.

3) 의료적 지식 부족

임종을 맞는 환자에게 필요한 의료적 돌봄을 제공하기 위해서는 특정 지식이 필요하다. 그러나, 대부분의 보호자는 의료 전문가가 아니기 때문에 환자에게 적절한 의료적 돌봄을 제공하는 어려움을 겪을 수 있다.

4) 심리적 준비 부족

적절한 임종 시기를 파악하지 못하거나 보호자가 임종과정에 대한 준비가 되어 있지 않으면 죽음을 받아들이는 데 어려움을 겪고, 예기치 못한 상황에 대처하는 데 불안감을 느낄 수 있다.

5) 사회적 지원 부족

보호자가 여럿이 임종을 지켜보는 경우도 있지만, 보호자 혼자서 임종을 맞이하는 경우 이에 따른 사회적 지원이 부족할 수 있다. 가족과 지인들의 지원이 충분하지 않거나, 주변 전문가의 도움을 받을 기회가 적다면 더욱 힘든 상황에 처할 수도 있다.

6) 법적 및 행정적 문제

재택임종을 선택한 경우, 임종시기가 가까워지면 가족이나 보호자는 충분한 정보와 병원 등의 의료진이나 사회복지사, 행정복지센터 등의 전문가의 지원을 받을 수 있는 준비를 하는 것이 보호자의 부담을 덜어 줄 수 있다.

박 중철 교수는 책 '나는 친절한 죽음을 원한다.'에서 "한국인에게 좋은 죽음이란 집에서 가족들과 함께 하는 것, 고통 없이 편안한 죽음, 가족과 주변에 부담을 주지 않는 것, 의미 있고 행복한 삶을 누리다 죽는 것"(박중철 인천성모병원 가정의학과 교수)[20]이라고 말하고 있다. 그렇다면 집에서의 임종을 맞이하기 위한 노인의 죽음 준비는 무엇이 있을까? 노인의 생애말기는 노화현상으로 인한 노쇠, 만성질환으로 인한 장기치료 등 말기 질환적 특성을 보인다. 결국 생애말기 돌봄의 과정은 길고 느릴 수밖에 없다.

2-2. 방문 진료팀과 재택임종 - 생애말기 사회 돌봄 서비스(장례포함)

밝은 낮과 어두운 밤이 존재하듯이 죽음도 모든 생명에게 필연적으로 연결되어 존재한다. 죽음은 누구에게도 피할 수 없이 찾아오는 일이다. 식물은 씨앗으로, 동물은 새끼를 낳아 자기의 종족을 남기고 생을 마감한다. 사람은 집에서 생을 마감하고 싶어 하지만 누군가의 돌봄에 대한 부담으로 전문기관이나 시설, 병원에서 사망하게 된다. 생애말기 와상환자를 돌보는 일은, 대소변을 받는 것도 힘들지만 욕창이 발생되면 더욱 힘들다. 환자들이 선호하는 사망 장소는 가정이지만 실제 사망 장소는 의료기관일 수밖에 없다. 가족이기 때문에 의무적이든 경제적인 사정이든 가정에서의 돌봄은 생계부담으로 이어질 수 있기 때문이다. 사람들은 기쁨과 축복으로 태어나 삶을 살아가면서 가능하면 죽음을 외면하고 살고 있다. 그러나 누구나 죽음이 다가오면 존엄한 죽음을 원하지만 쉽지 않은 현실적인 환경이다. 특히, 노년에는 세심한 돌봄 서비스가 필요함에도 각자도생할 수밖에 없어 더욱 질 좋은 사회적 돌봄이 절실하다.

다음은 보건복지부 제2차 호스피스·연명의료 종합계획 내용에 의거 생애말기돌봄, 호스피스, 임종기 돌봄으로 구분되는 관계 및 지역사회 생애말기 돌봄 추진 체계 다음과 같이 소개한다.

구분		생애말기돌봄	호스피스	임종기 돌봄
용어		End of Life Care	Hospice Care	Care in the Last Days of Life/Comfort Care
(통상)기간		사망 전 1년	사망 전 6개월	사망 수일 내
서비스 제공자		일반 의료인력	호스피스 전문 인력	일반 의료인력
질환 제한		없음	암 및 일부 말기질환으로 제한	없음
돌봄 대상		환자 중심	환자 및 가족	환자 중심
제공 장소		병원·가정·요양원	병원·가정	병원·가정·요양원
서비스 내용	통증 및 증상관리	○	○	○
	다학제 접근 전인적 케어			
급여제도		기존 의료보장 지불제도 (영국)	별도의 지불제도 (미국, 대만, 한국)	기존 의료보장 지불제도 (임종 케어 대한 별도의 수가/가산형태)

전인적 돌봄을 위해 의사, 간호사, 사회복지사, 성직자, 전문치료사, 자원봉사자 등 환자와 가족 돌봄에 필요한 다양한 전문가들로 이루어진 팀으로 케어

출처: 제2차 호스피스 연명의료종합계획 보건복지부(2024.5.4)

□ 지역사회 생애말기 돌봄 추진 체계도[21]

가. 통합 돌봄 서비스의 필요성(장례 포함)

선진국은 비교적 질 좋은 요양원, 요양병원 등이 전제된 상태에서 웰다잉이 논의 되고 있지만 우리는 이러한 기반이 마련되지 않고 웰다잉 정책을 따라가려고만 하고 있다. 질 좋은 병원, 요양원, 요양병원을 전제로 한 시설호스피스, 지역사회 통합 돌봄과 재택의료 서비스를 전제한 가정 호스피스제도 시행이 중요하다고 하면서 OECD 국가에 비해 적지 않은 돈을 노인 돌봄에 쓰고 있음에도 '현대판 고려장', '간병살인'이 계속되고 있다는 것은 재정의 분절, 재가서비스의 부족과 분절, 잘못된 장기요양보험 제도의 설계로 인해 우리나라의 장기요양보험, 요양병원, 장애인 자립 및 돌봄, 노인 돌봄 등 서비스가 분절되어 있다. 장기요양 등급자, 장기요양등급외자, 시군구 지자체대상 등에 따라 지원받을 수 있는 예산이 달라 사실상 국가가 요양병원으로 가도록 떠밀고 있는 것이 현실이며, 2008년 노인장기요양보험제도에 의거한 급여종류에 요양병원의 미포함으로 인해 노인들이 시설을 선택할 수밖에 없는 결과가 되었다. 시·군·구 중심 가정 호스피스가 이루어질 수 있도록 보건소, 건강보험공단의 협력으로 서비스를 제공하며, 전국 시·군·구 인구 6만 명당 1개의 재택의료기관과 인구 1만 명당 1개의 통합재가기관을 지정·운영하고 요양병원 간병비의 급여화로 사적간병 부담을 덜어 간병의 질을 높여야 하며, 기존에 요양병원, 요양원이 통합 돌봄 서비스를 제공할 수 있어야 한다. 장례문제가 자택임종의 장벽중 하나이다. 집에서 시신운구를 하기에는 여러 가지 어려움이 있어 결국 집에서 장례를 치르는 것이 가족들에게 누가 된다고 생각하고 사망 전 병원에 입원하게 되는 경우가 대다수다. 자택임종을 위한 제도적 뒷받침이 필요한 상황이지만 현재 병원중심의 의료체계에서는 초고령 사회에 탄력적으로 대응하는 어려운 점이 많다. 고령 환자는 병원에 직접 올 수 없기에 보호자가 대진하는 경우가 많다. 재택의료 활성화 역시 중요한 이유이며 동네의원에서 가정 호스피스 서비스를 시행하려면 호스피스 전담간호사, 1급사회복지사로 구성된 팀이 꾸려져야 하나, 현실적으로 어려운 문제이다. 또한 자택에서의 임종 절차는 경찰신고 후 사망원인을 확인하기 위한 검안을 진행, 부검 후 이상이 없다면 검시의사가 사망선고를 내림, 이후 장례식장으로 고인을 안치하고 사망진단서(사체검안서) 준비 등 절차도 복잡하다. 결국, 집에서 임종을 맞이할 수 없는 이유다. 가정 호스피스 양적확대, 복지부 호스피스 종합계획 발표, 호스피스 완화에서 대상 질환 확대, 환자선호 확대, 지역사회 돌봄 등 다양한 생애말기 전략이 필요하다. 현재 가정 호스피스는 호스피스기관 자율의사에 맡기고 있으며 호스피스 기관 역시 운영의 어려움으로 확대에 난항을 겪고 있기 때문에 정부의 적극적이 지원과 정책이 필요하다. 사회문화적 환경 또한 아파트 중심의 주거형태로 바뀌면서 죽는 것이 어려워지고 많은 사람들이 이를 원하지 않고 있다, 집에서 삶을 마감하는 것이 무조건 이상적인 것도 아니다.

독거노인가구에서 재택방문의료를 수용할 수 있는 환경인가도 의문이다. 우리나라 노인들은 나이가 들면 의사결정이 어렵다. 본인이 아닌 자식들에게 결정권을 맡기는 경우가 많으며 자식이 결정권을 가졌을 때 연명의료중단을 결정하기에 어려움이 있다. 경제적 독립이 가능한 노인들이 드물기 때문이다. 생애말기 돌봄 관련 제도의 부재로 생애말기 대상자에 초점을 맞춘 서비스가 부재하며, 기존 제도별 지원 대상 기준에 따라 생애말기 환자가 포괄될 여지가 있고, 대상자가 병원 및 요양병원에 입원하는 경우 병원의 간호. 간병통합서비스의 충분성이 낮고, 요양병원에서의 돌봄은 주로 간병인을 통해 이루어져 비용부담이 크며, 대상자가 자택에서 돌봄을 받는 경우, 장기요양등급을 받은 경우에 한하여 장기요양서비스를 받을 수 있기 때문이다.[22]

나. 생애말기 서비스 제공자의 경험 및 인식

생애말기 서비스와 관련한 필요사항으로 정서지원 강화 및 관련 프로그램 개발, 다양한 돌봄 현장에서 활용 가능한 가이드라인 및 교육 필요, 대형병원의 생애말기 돌봄 역할 강화, 장기요양기관 내 전담팀이나 별도 임종실 필요, 케어매니지먼트 체계 마련 및 비대면 진료 규제 완화, 임종관리를 위한 지원시스템 및 별도 수가 필요, 요양보호사의 생애말기 돌봄 역할 강화 및 활용가능한 제도와 서비스에 대한 교육 필요 등 생애말기 돌봄 관련 경험을 인터뷰한 내용이다. 생애말기 환자 특히 치매나 뇌경색 환자들과의 환자 중심의 대화 프로그램 개발이 필요하며, 이동(병원 방문) 관련 지원이 제한적이며, 투병 비용의 부담, 보험이 없는 경우 특히 경제적 어려움과 필요한 정보와 자원을 얻기 어렵고, 가사도우미 이용, 심리 상담 서비스 이용이 제한적이다.

생애말기 서비스 제공자의 인식과 의견(FGI 결과)으로 생애말기 대상자들은 죽음에 대한 두려움으로 정서적, 영적 치료와 가족의 관심이 필요하고, 보호자의 부재나 소극적인 태도가 문제로 작용하는데 돌봄에 대한 지식이 부족하거나 경제적 문제로 인해 치료에 소극적인 가족이 있고, 재가나 요양시설에서 받들 수 있는 의료 서비스가 부족하여 환자들이 충분한 돌봄을 받지 못하고, 가정간호 서비스의 범위와 시간제한이 있으며, 재택환자의 병원 방문 어려움이 크다. 또한 장기요양기관에서는 인력 부족으로 말기 환자에 집중적인 돌봄을 제공하기 어려우며, 요양보호사의 교육에서 생애말기 전문성을 갖추기에는 어려움이 있다. 체계적인 생애말기 지원 체계가 없어 서비스 제공이 파편적이며 정보제공이 충분하지 않다는 인식과 의견이다.

생애말기 서비스 활성화 확대 방향으로 지금까지 생애말기 대상자에 대한 지원은 호스피스·완화치료를 제외하면 주로 가족의 도움이나 민간서비스 중심으로 이루어져 있다. 생애말기 욕구에 직접적으로 대응하는 서비스인 호스피스·완화의료의 지원 대상을 모든 생애말기 대상자로 점진적으로 확대하고 서비스 제공 수준을 강화할 필요성과 광범위한 생애말기 서비스 제도 설계가 필요하다.

다. 생애말기 서비스의 확대 방향

첫째, 호스피스·완화의료 서비스의 지원대상 확대 및 서비스 강화이다. 기존 생애말기 대상자를 지원하는 주요 체계인 호스피스 및 완화의료의 지원을 강화해야 하며 이를 위해 호스피스 병상 수를 늘리고 가정형 호스피스 기관을 확대하며, 호스피스 서비스와 가정간호, 외래진료 등을 통합함으로써 환자와 가족이 다양한 의료 서비스를 원활하게 받을 수 있도록 해야 한다.

둘째, 분절적인 서비스 제공체계에 대한 개선이 필요하다. 환자가 병원에서 집으로 또는 요양시설로 이전할 때, 돌봄 계획과 정보를 원활하게 이전하여 중단 없는 돌봄을 제공해야 한다. 생애말기 대상자에 대한 케어매니지먼트 기능을 도입하여 환자와 가족의 요구를 중심으로 여러 서비스 간의 조정을 담당하고 필요한 자원을 연결해 주는 역할을 수행해야 한다. 이을 통해 각 환자의 상황에 맞춘 개인별 돌봄 계획을 수립하고 이를 지속적으로 업데이트하여 환자 중심의 연속 돌봄을 제공하는 것이다.

특히 '지역사회 통합 돌봄 선도 사업'에 이어 2023년부터 '노인의료-돌봄 통합지원 시범사업'이 시행 중이며, 사업 범위에 생애말기 대상자에 대한 서비스가 일부 포함되어 있다. 예를 들어 '방문 지원 센터'는 의사, 간호사, 사회복지들이 협력하여 방문의료서비스를 제공하는 모델이다.

셋째, 재가 영역의 서비스 지원 및 의료-돌봄 연계 강화이다. 지자체, 보건소, 장기요양기관, 노인복지기관 등과 의료기관 간의 협력 체계를 구축하여, 환자와 가족이 필요한 서비스를 지역사회에서 쉽게 접근할 수 있도록 해야 한다. 이를 위해 지역 유관 기관들이 필요한 환자의 건강 상태와 치료 정보를 열람할 수 있는 시스템을 마련하여 일관된 돌봄을 제공할 수 있도록 할 필요가 있다. 또한 자택에서 생애말기 대상자를 돌보는 가족이 관련 지식, 기술과 정보를 습득하고 긴급 상황에 대한 대응 등의 정보를 얻을 수 있는 체계를 마련하여 자택에서의 임종 시 유족들이 경험하는 어려움을 경감시키기 위해 가정 내 임종 시 경찰 신고 절차에 대한 개선이나, 사망진단서 발급 절차를 간소화하는 등의 방안을 모색할 필요가 있다. 노인이 생각하는 "좋은 죽음"이 본인이 희망하는 곳에서 가족과 함께 맞이하는 임종이라는 점에서 장기적으로는 자택 임종이 생애말기 대상자가 선택할 수 있는 방식 중 하나가 되어야 할 것이다.

넷째, 생애말기 서비스의 정보 접근성 강화이다. 모든 생애말기 대상자와 가족이 정확한 정보를 제공받을 수 있어야 한다. 병원에 입원하는 경우, 요양병원으로 이동하는 경우, 자택에서 머무르는 경우 등 모두 고려할 때 의료서비스, 돌봄, 의사결정, 임종, 장례, 장사와 관련된 서비스가 무엇이 있고 대상자와 가족이 어떤 지원을 받을 수 있는지 그 모든 선택지가 안내되어 생애말기에 단계별로 필요한 정보와 지원을 받을 수 있는 체계를 마련하여 정보 접근성을 강화해야 한다.

특히, 생애말기 환자와 가족들은 심리적 어려움을 경험하고 있으나, 호스피스·완화의료 외에는 심리적, 영적 지원을 이용하기 어렵다. 단기적로는 생애말기 대상자가 본인들이 활용할 수 있는 정서지원, 상담 등의 프로그램 정보를 쉽게 얻을 수 있도록 정보지원 체계를 마련할 필요가 있다.

다섯째, 생애말기 과정과 관련 서비스에 대한 인식 개선이다. 생애말기, 임종이 닥친 상태에서는 생애말기 환자와 가족이 어떠한 행동이나 결정하기에 어려움이 크다는 점을 고려하여 건강한 시기부터 준비할 수 있도록 생애말기 관련 교육과 정보를 제공해야 한다. 생애말기에 있는 환자가 가족만이 아니라 전생애주기별 전환점마다 모든 시민이 의료와 돌봄, 존엄한 죽음을 준비할 수 있도록 정보 체계를 구축하고 시민사회를 중심으로 웰다잉에 대한 토론의 장을 확산하는 노력이 필요하다.

라. 생애말기 서비스의 개선 방안

생애말기 대상자는 진단부터 사망까지 장소의 이동이나 증상의 수준에 따라 각각 필요한 돌봄을 받을 수 있어야 하며 이를 위해 기존 돌봄 제도의 서비스와 체계 간의 연계를 강화할 필요가 있다.

첫째, 노인요양병원의 생애말기 돌봄 지원을 강화하며 병원형, 가정형, 자문형 호스피스 기관의 지역서비스 확대 등을 통해 서비스의 연속적 제공을 모색해야 한다.

둘째, 요양서비스와 임종서비스의 연계 필요성으로 장기요양제도에서 임종실, 임종 돌봄 등을 도입할 필요성이 있다. 노인요양시설 내에 생애말기 대상자에 대한 전담팀과 별도 임소실(임종실)을 추가하는 방안과, 장기요양제도에서 임종 돌봄 가산을 도입하는 방안을 검토할 필요성이 있다. 일본의 사례로 개호 영역에서 임종 돌봄 가산이 있어 시설과 방문서비스 모두 사망일 및 사망일 전 일정 기간 내에 임종 돌봄을 제공하는 경우 가산이 부가된다. 위와 같이 임종실을 운영하고 임종 돌봄 가산을 적용하기 위해서는 서비스 제공 인력이 생애말기 돌봄에 대한 역량을 갖춰야 한다. 기존 돌봄 서비스 제공 인력의 교육과정에 임종 돌봄 내용을 반영해야 한다.

셋째, 기존 돌봄 제도의 지원 대상 기준 등에서 제외는 생애말기 환자에 대한 공적 지원을 모색할 필요가 있다. 가족이 있는 경우 일부 돌봄 부담을 완화하는 방안을 모색하고, 1인 가구와 같은 취약한 대상을 기존 돌봄 제도의 서비스를 이용할 수 있도록 제도 개선이 필요하다. 이을 위해 최근 정부가 시행하고 있는 요양병원 간병비 지원 시범사업과 같은 공공의 노력이 강화될 필요가 있다.[23]

2-3. 의료복지사회적협동조합(지역사회 서비스 - 방문의료)

지역주민과 조합원, 의료인이 협동하여 의료기관을 운영하고, 방문의료 지원 등 지역주민의 건강증진 및 지역사회 발전과 공익을 목적으로 건강한 공동체를 만들어가는 지역사회 서비스 방문의료 지원 사업을 하는 '의료복지 사회적 협동조합'이 있다.

가. 지역사회 서비스 연계사업 모델 소개(보건복지부)

보건복지부의 지역사회 서비스 연계 사업으로 초고령 사회 대비 임종 돌봄의 부재를 고려하여 방문의료지원센터 및 장기요양 재택의료센터 사업 등과 연계해 거동이 불편하여 병·의원 방문이 어려운 장기요양 수급자의 가정으로 의사, 간호사, 사회복지사가 한 팀이 되어 의료 돌봄이 연계 제공되며 보건소 의사, 간호사가 만성질환자 건강관리 등 통합서비스를 제공하는 목적으로 전국 28개 지역에서 시범사업이 진행되고 있다. 대상자는 의료기관 방문이 어려운 1등급부터 4등급 환자이다. 이용기간은 3개월부터 6개월 이상의 지속적인 치료 및 관리를 하며, 의료 서비스 내용으로 의사/월1회, 간호사/월2회 방문하며, 의료적 처치 콧줄, 소변줄 교체, 욕창 및 상처 치료, 혈액 및 소변검사, 수액 및 영양처방, 약물 처방전이 발행되며, 재활훈련, 인지치료 등의 재활서비스가 이루어지고 있다. 참고로 부천시민의원 재택의료센터의 장기요양 재택의료센터 시범사업이 있다.

[그림 3-5] 부천의료복지사회적협동조합조직도

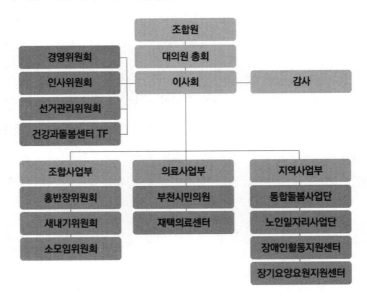

※ 간병인 매칭 플랫폼으로 케어닥(www.caredoc.kr)과 케어네이션(www.carenation.kr) 앱을
　소개한다.[24]

나. 의료복지사회적협동조합의 활동[25]

(1) 건강 약자 지원 : 저소득층, 장애인, 이주여성 등 건강 취약계층에 대한 진료, 검사, 예방접종,
　치료 지원 장애인 주치의 사업 및 왕진 서비스 제공

(2) 예방 중심의 건강관리 : 건강교육, 건강증진 프로그램 운영, 만성질환 예방 및 관리 활동

(3) 지역사회 통합 돌봄 제공 : 의료와 돌봄을 통합한 서비스 제공, 재가요양, 방문간호 등 돌봄
　서비스 연계

(4) 주민 참여형 건강 활동 : 건강 소모임, 건강실천단 등 주민 주도 건강증진 활동 지원

(5) 지역사회 연계 활동 : 지역행사 및 축제 참여를 통한 건강 정보 제공, 지역 내 타 기관의 협력
　사업 추진

(6) 의료인 자원봉사 활동 : 코로나19 대응 등 지역사회 의료 지원 활동, 무료 진료 및 상담 서비
　스 제공

(7) 건강 불평등 해소 노력 : 의료 사각지대 발굴 및 지원, 취약계층 대상 의료비 지원 사업

(8) 지역사회 건강 네트워크 구축 : 건강한 마을 만들기 사업 추진, 지역 내 보건 의료 자원 연계

　　및 협력체계 구축

다. 의료복지사회적협동조합의 10가지 핵심 원칙

(1) 공익성 의료사협 : 지역사회 공헌, 취약계층 지원 등 공익적 목적

(2) 민주적 운영 : 1인 1표 원칙에 따라, 운영되며, 조합원들의 적극적인 참여가 중요

(3) 주치의 제도 : 조합원들에게 주치의 서비스를 제공하여 지속적이고 포괄적인 건강관리

(4) 건강증진 활동 : 질병 치료 및 예방과 건강증진을 위한 다양한 프로그램 운영

(5) 재정 건전성 : 안정적인 운영을 위해 적정 수준의 출자금과 사업 수익이 필요

(6) 지역사회 연계 : 지역의 다른 사회적 경제 조직들과 협력하여 시너지를 창출

(7) 의료인 확보 : 의료사협의 취지에 공감하는 의료인 확보

(8) 법적 규제 : 의료법, 협동조합 기본법 등 관련 법규를 숙지하고 준수

(9) 교육과 홍보 : 조합원과 지역주민을 대상으로 한 지속적인 교육과 홍보

(10) 정부 지원 : 사회적 기업으로 인증 받으면 다양한 정부 지원

[그림 3-6] 연합회 회원 조합 현황(22년 12월 기준)

출처: 한국의료복지사회적협동조합연합회

◆ 추천 다큐: 내 마지막 집은 어디인가[26]

　이 3부작 다큐멘터리는 생의 마지막 순간을 다양한 관점에서 조명합니다. '1부 완벽한 하루'는 2023년 제작진이 5개월간 성루카 호스피스 병원에 상주하며, 임종을 앞둔 이들의 삶과 그들에게 진정 필요한 것이 무엇인지를 탐구합니다. '2부 집에서 죽겠습니다'는 일본의 저명한 사회학자 우에노 치즈코를 통해 재택사를 선택한 이들의 이야기와 이를 둘러싼 일본 사회의 다양한 시각을 담아냅니다. '3부 죽는 것보다 늙는 게 두려운'에서는 한국 사회의 중요한 화두인 '요양시설'을 중심으로 노부모와 자녀들이 직면한 현실적 고민을 깊이 있게 다룹니다. 이 다큐멘터리는 2024년 5월 EBS를 통해 방영되었습니다.

참고문헌

1) 법제처 www.moleg.go.kr
2) 국민건강보험공단 장기요양보험 www.longtermcare.or.kr
3) 양영자(2023), 요양원 입소노인의 삶과 죽음에 대한 생애사적 사례이해 : 자녀들의 경험을 중심으로, 비

판사회정책 제80호, pp. 121-164 Journal of Critical Soc

4) 양영자(2023), 종사자를 통해 본 요양원 입소노인의 죽어감과 죽음 : 매뉴얼화된 죽어감과 죽음, 비판사회정책 제81호, pp. 309-352 Journal of Critical Social

5) 통계청 kostat.go.kr

6) 권혜옥(2017), 요양병원 수가제도에 대한 소고 - 환자군 조정 판결을 중심으로, 의료법학, 18:2, 195-218

7) 이미정·이정섭(2015), 노인병원 환자 죽음에 대한 간호사의 경험, 대한간호학회지 제45권 제4호

8) 임승희·신애란, 노인요양병원 노인의 품위 있는 죽음, Social Science Research Review, Kyungsung University Vol. 28, No. 4, pp. 93~115

9) 김익태·송준아(2021), 요양병원 노인 환자 임종간호에 대한 간호사의 경험 : 실무 과정과 장애 요인을 중심으로, 노인간호학회지 제23권 제3호 311-322(J Korea)

10) 김익태(2019), 요양병원 노인환자 임종간호 실무에 대한 탐색적 연구

11) 법제처, 의료법 시행규칙 34조, 의료기관의 종류별 시설기준 및 규격

12) 박중철(2022), 나는 친절한 죽음을 원한다

13) 보건복지부 www.mohw.go.kr>board.es

14) 보건복지부 2024.06.27. 제13차 건강보험정책심의위원회

15) 건강보험심사평가원 www.hira.or.kr

16) 싱가포르 국립암센터(National Cancer Centre Singapore), 「My Care Wishes」, 뉴질랜드(National Advance Care Planning Cooperative)「Our Voice, Advance Care」

국립암센터 www.ncc.re.kr

국가생명윤리정책원 www.nibp.kr

국립연명의료관리기관 www.lst.go.kr

17) 이상민(2022), 간호사의 사전돌봄계획에 대한 인식, 태도 및 참여여부 Nurses' Awareness of, Attitudes toward, and Participation in Advance Care Planning: A

18) 노인장기요양보험법 https://www.law.go.kr/LSW/images/common/btn_share.png

19) 보건복지부 제3차 장기요양 기본계획, https://www.mohw.go.kr/board.es?mid=a10107010100&bid=0040&act=view&list_no=1479340&tag=&cg_code=&list_depth=1

20) 박중철(2022), 나는 친절한 죽음을 원한다

21) 제2차 호스피스·연명의료 종합계획2024~2028, 보건복지부 2024.5.4.

22) 병원이 아닌 내 집에서 죽을 권리, 국회 토론회 개최 2023.06.05.

23) 김유휘·어유경·김진희·이선희·한수연(2023), 한국보건사회 연구원 연구보고서

24) 부천의료복지사회적협동조합 https://bcmedcoop.org/

25) 한국의료복지사회적협동조합연합회 www.hwsocoop.or.kr

26) EBS 다큐, 내 마지막 집은 어디인가, 2024년 6월 방영

제4장

연명의료결정과
사전연명의료의향서

———

류 승

하지안

1 　　생애말기 돌봄과
　　　　연명의료결정제도의 필요성[1),2)]

　인구고령화와 만성질환 증가로 고령자 사망이 증가하면서 존엄한 죽음에 대한 관심이 커졌고, 최근 WHO 및 OECD 국가에서도 호스피스·완화의료를 포함한 생애말기돌봄(EOLC) 제공을 강조하고 있다. 호스피스, 완화의료, 생애말기돌봄 용어는 존엄한 죽음과 관련한 중요한 개념과 제도이다. 호스피스는 말기환자 대상이며, 완화의료는 말기뿐만 아니라 질병의 모든 단계에 적용되는 것이다. 생애말기돌봄은 완화의료 치료에 초점이 있지만, 가족을 위한 정서적 지원과 정신건강 관리 및 사별가족 관리도 포함하고 있다고 할 수 있어, 사망 전 환자와 가족을 대상으로 이루어지는 기존 호스피스와 완화의료를 포괄하는 가장 넓은 개념의 용어라고 볼 수 있다.

　신체적, 정서적, 사회적, 영적 측면을 아우르는 통합적 접근을 포함하는 생애말기돌봄에서 개인이 삶의 마지막 순간을 존엄하고 편안하게 맞이할 수 있도록 지원하는 것은 중요한 과정이다. 이 과정에서 자신의 삶과 죽음을 스스로 결정할 권리, 충분한 정보를 제공받을 권리, 고통을 최소화할 수 있는 돌봄을 받을 권리, 인격적으로 존중받을 권리를 가지고 스스로가 원하는 방식으로 돌봄을 받을 수 있도록 하는 것은 필수적이다. 존엄성 보장을 위한 생애말기 치료결정은 환자의 질병 경과를 적절히 예측하고 환자의 증상을 개선시키며, 삶의 질 향상을 목표로 통증을 완화시키는 과제를 안고 있다. 특히, 생애말기의 존엄한 임종을 위해 연명의료결정제도가 중요하게 대두되고 있다. 이는 개인의 존엄성과 자기 결정권을 보장하며, 고통을 최소화하고 삶의 질을 높이는 데 기여함으로써, 환자, 가족, 의료진 모두에게 긍정적인 영향을 미치며, 보다 존엄한 죽음을 맞이할 수 있는 환경을 조성하는 데 중요한 역할을 한다.

　연명의료결정제도는 사전연명의료의향서와 연명의료계획서를 통해 의학적으로도 무의미하고 환자도 원치 않는 연명의료는 시행하지 않을 수 있도록 하고, 환자에 대한 연명의료 시행 여부를 결정할 책임이 가족에게 넘겨져 가족들이 심리적·사회적 부담을 갖지 않도록 보호하고자 하고 있다.

2 연명의료결정제도와 국립연명의료관리기관

2-1. 연명의료결정법 제정[3]과 시행 후 개정 경과

「호스피스·완화의료 및 임종과정에 있는 환자의 연명의료결정에 관한 법률」(이후 연명의료결정법)에 따라 연명의료결정제도가 2018년 2월 4일부터 시행되었다[그림 4-1]. 이렇게 제정된 연명의료결정법은 시행과정에서 다양한 법적 쟁점이 발생하여, 제정 이후 최근까지 여러 번의 일부 개정을 거쳤다〈표 4-1〉.

[연명의료결정법 제1조]

이 법은 호스피스·완화의료와 임종과정에 있는 환자의 연명의료와 연명의료중단등결정 및 그 이행에 필요한 사항을 규정함으로써 환자의 최선의 이익을 보장하고 자기결정을 존중하여 인간으로서의 존엄과 가치를 보호하는 것을 목적으로 한다.

연명의료결정제도는 연명의료결정법 시행에 따라 임종과정에 있는 환자의 의사를 존중하여 치료의 효과 없이 생명만 연장하는 의학적 시술(연명의료)을 유보(시행하지 않는 것)하거나, 중단(시행하는 것을 멈추는 것)하겠다고 결정함으로써 존엄한 삶의 마무리를 돕는 제도이다.

[그림 4-1] 연명의료결정제도 제정 과정

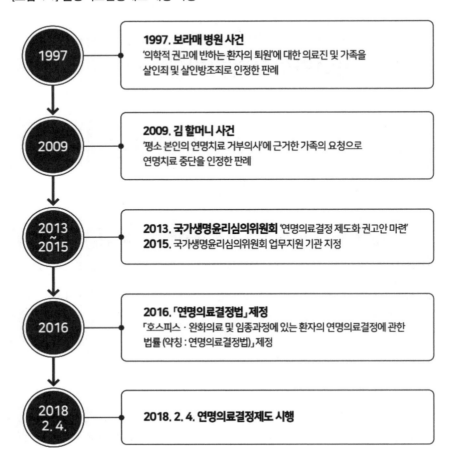

1997 **1997. 보라매 병원 사건**
'의학적 권고에 반하는 환자의 퇴원'에 대한 의료진 및 가족을
살인죄 및 살인방조죄로 인정한 판례

2009 **2009. 김 할머니 사건**
'평소 본인의 연명치료 거부의사'에 근거한 가족의 요청으로
연명치료 중단을 인정한 판례

2013~2015 **2013. 국가생명윤리심의위원회** '연명의료결정 제도화 권고안 마련'
2015. 국가생명윤리심의위원회 업무지원 기관 지정

2016 **2016.** 「연명의료결정법」제정
「호스피스 · 완화의료 및 임종과정에 있는 환자의 연명의료결정에 관한
법률(약칭 : 연명의료결정법)」제정

2018 2. 4. **2018. 2. 4. 연명의료결정제도 시행**

출처: 2023 연명의료결정제도연보, 국립연명의료관리기관

〈표 4-1〉 연명의료결정법 개정 주요내용[4), 5)]

구분	주요내용	개정 전	개정 후
2018.3.27. 일부개정	연명의료계획서 작성대상 환자 범위 확대	말기환자 대상질환 범위를 4개로 제한	말기환자 대상질환 삭제
	연명의료시술범위 확대	4가지	4가지+추가 4항목 ※ 시행규칙에 반영
	호스피스환자의 임종과정 환자판단절차 완화	담당의사+해당분야 전문의 1명	호스피스전문기관: 담당의사 1인 판단
	벌칙 완화	3년 이하 징역 또는 3천만원 이하 벌금	1년 이하 징역 또는 1천만원 이하 벌금
2018.12.11. 일부개정	전원합의가 필요한 환자가족 범위 축소	19세 이상의 배우자 및 모든 직계혈족	배우자 및 1촌 이내의 직계존비속
2020.4.7. 일부개정	종합계획 수립절차 개정	—	종합계획 수립 시 관계 중앙행정기관의 장과 협의 추가
2021.12.21. 일부개정	사전연명의료의향서 등록기관 확대	4개 기관	5개 기관 ※ 노인복지관 추가
2023. 6.13. 일부개정	종합정보시스템 구축·운영과 정보의 연계	—	종합정보시스템의 구축·운영 및 개인정보 보호, 정보연계 목적 범위에서 연계된 정보이용

출처: 한국의료법학회지 제30권 제2호(2022)

2-2. 국립연명의료관리기관

연명의료, 연명의료중단등결정 및 그 이행에 관한 사항을 적정하게 관리하기 위해 두는 기관으로, 국가생명윤리정책원 연명의료관리센터가 '관리기관'으로 지정되어 사업을 수행하고 있다.

□ 주요 업무[6)]

● 연명의료계획서 및 사전연명의료의향서 데이터베이스 구축 및 관리

● 사전연명의료의향서 등록기관에 대한 관리 및 지도·감독

● 연명의료계획서 및 사전연명의료의향서 확인 조회 요청에 대한 회답

● 연명의료 관련 조사 연구, 정보수집 및 관련 통계의 산출

● 연명의료 관련 종사자 교육 및 대국민 홍보활동

[그림 4-2] 관리체계

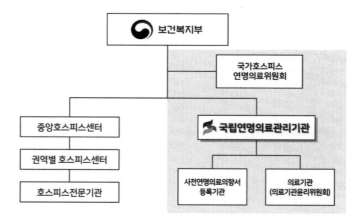

출처: 2023 연명의료결정제도연보, 국립연명의료관리기관

3 사전연명의료의향서 및 상담사, 연명의료계획서[7), 8)]

〈표 4-2〉 사전연명의료의향서와 연명의료계획서

	사전연명의료의향서 (별지 제6호 서식)	연명의료계획서 (별지 제1호 서식)
대상	19세 이상의 성인	말기환자 또는 임종과정에 있는 환자 (연령 제한 없음)
작성	본인이 직접 작성	환자의 요청에 의해 담당의사가 작성
작성 기관	보건복지부 지정 사전연명의료의향서 등록기관	의료기관윤리위원회가 설치·등록된 의료기관
설명 의무	등록기관 소속 상담사	담당의사
효력 발생	시스템 등록 후 효력 발생	작성 즉시 효력 발생

출처: [핸드북1권] 의료진을 위한 쉽게 보는 연명의료결정제도, 국립연명의료관리기관

3-1. 사전연명의료의향서의 역할과 필요성

사전연명의료의향서는 19세 이상의 성인이 향후 자신이 임종과정에 있는 환자가 되었을 때를 대비하여 연명의료중단등결정 및 호스피스에 관한 의사를 미리 결정하고 이를 직접 문서로 작성한 것이다. 이는 개인의 존엄한 삶의 마무리를 위한 자기결정권을 보호하는 역할을 한다.

● 자기 결정권의 보장과 삶의 질 향상 : 환자가 자신의 생명과 관련된 의료 결정을 스스로 내릴

수 있는 기회를 제공하여, 생명과 죽음에 대한 의사를 존중하고 자율적인 선택을 보장한다. 이를 통해 환자 자신의 신념과 가치에 따라 의료 처치를 결정함으로써, 환자가 자신이 원하는 방식으로 마지막을 맞이할 수 있도록 도와 삶의 질을 향상시킬 수 있다.

● 가족의 심리적·경제적 부담 경감과 갈등 예방 : 환자의 의사가 미리 문서화됨으로써, 가족들이 환자의 뜻을 명확히 알고 그에 따라 행동할 수 있다. 이에 갑작스러운 상황에서 연명의료 여부를 결정할 때 겪는 심리적 부담 및 불필요한 연명의료로 인한 경제적인 부담을 줄이고, 가족 간에 서로 다른 의견으로 인한 갈등을 줄일 수 있다.

● 의료 자원의 효율적 사용 : 의료진이 환자의 의사를 명확히 이해하고, 그에 따라 적절한 치료를 제공하는 데 도움을 준다. 따라서 불필요한 연명의료의 시행을 방지하여 의료 자원의 사용을 줄일 수 있어, 의료 시스템 내에서 자원의 효율적 배분이 가능해진다.

3-2. 사전연명의료의향서 등록기관과 등록절차

가. 사전연명의료의향서 등록기관

사전연명의료의향서 작성 및 등록 등의 업무 수행하기 위해 대통령령으로 정하는 시설 및 인력 등 요건을 갖추고 보건복지부장관으로부터 지정받은 기관으로, 다음과 같은 기관이 등록기관으로 신청이 가능하다.

- 지역보건의료기관(보건소, 보건의료원, 보건지소 및 건강생활지원센터)
- 의료기관(의료기관윤리위원회 설치 및 보건복지부 장관에 등록)
- 비영리법인 또는 비영리단체
- 공공기관(국가생명윤리정책원, 국민건강보험공단 등)
- 노인복지관

※ 사전연명의료의향서 등록기관은 우측 QR코드나 국립연명의료관리기관
  (www.lst.go.kr) 누리집에서 검색

등록기관 검색QR

(등록기관의 업무)

- 사전연명의료의향서 등록에 관한 업무

- 사전연명의료의향서에 관한 설명 및 작성 지원

- 사전연명의료의향서에 관한 상담, 정보제공 및 홍보

- 관리기관에 대한 사전연명의료의향서의 등록·변경·철회 등의 결과 통보

- 그 밖에 사전연명의료의향서에 관하여 보건복지부령으로 정하는 업무

2023년 기준 전국 등록기관 개소수는 총 686개이며([그림 4-3] 참고), 작성된 문서는 국립연명의료관리기관에 등록된다. 국립연명의료관리기관의 홈페이지를 통해 등록기관을 검색할 수 있으며, 변경이나 철회도 등록기관을 통해 가능하다.

[그림 4-3] 사전연명의료의향서 등록기관 현황(2023년 기준)

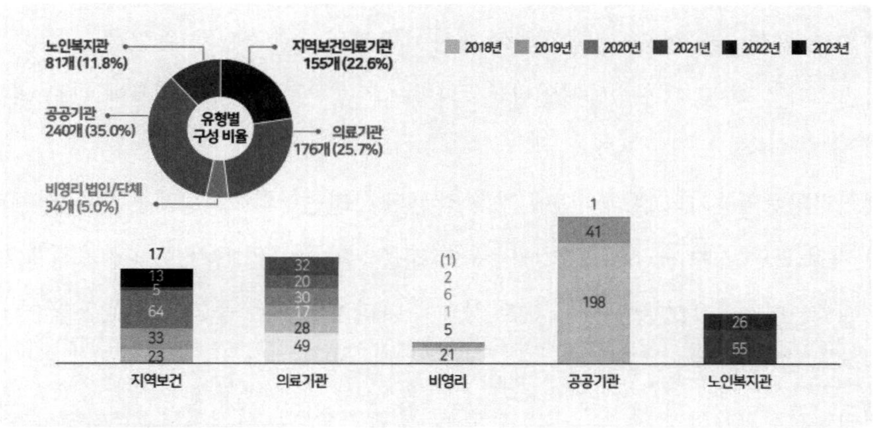

※ 노인복지관 2022년 6월부터 추가
※ 비영리 법인/단체는 2023년 1개소가 폐업하여 괄호 안에 표기

출처: 2023 연명의료결정제도연보, 국립연명의료관리기관

나. 사전연명의료의향서 작성 및 등록절차

- 작성 시 등록증을 신청하면 우편으로 등록증 수령 가능(1개월 정도 소요) 사전연명의료의향서 효력은 등록증 발급·소지 여부와 관계없이 유효

- 작성자는 언제든지 본인이 작성한 사전연명의료의향서를 조회 가능

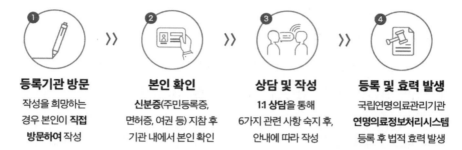

① 등록기관 방문
작성을 희망하는
경우 본인이 **직접**
방문하여 작성

② 본인 확인
신분증(주민등록증,
면허증, 여권 등) 지참 후
기관 내에서 본인 확인

③ 상담 및 작성
1:1 상담을 통해
6가지 관련 사항 숙지 후,
안내에 따라 작성

④ 등록 및 효력 발생
국립연명의료관리기관
연명의료정보처리시스템
등록 후 법적 효력 발생

출처: 2024 연명의료결정제도 브로슈어

다. 사전연명의료의향서 작성 시 설명 사항

● 연명의료의 시행방법 및 연명의료중단등결정 - 임종과정에 있는 환자가 되었을 때, 임종 기간을 연장하는 연명의료 시술(심폐소생술, 혈액투석, 항암제 투여, 인공호흡기 착용, 체외생명유지술, 수혈, 혈압상승제 투여 등)에 대하여 유보하거나 중단할 수 있다.

● 호스피스의 선택 및 이용 - 사전연명의료의향서 작성 시 호스피스 이용에 관한 의향을 미리 밝혀 둘 수 있다.

● 사전연명의료의향서의 효력 - 법에 따라 작성된 사전연명의료의향서는 향후 임종과정에 있는 환자로 판단될 때 담당의사 및 해당 분야 전문의의 확인을 거쳐 효력을 가지게 된다. 사전연명의료의향서를 작성했더라도 환자 상태에 따라 연명의료 등이 실제로 도움이 되는 치료라면 시행되어야 한다.

● 사전연명의료의향서의 작성·등록·보관 및 통보 - 작성한 사전연명의료의향서는 연명의료정보처리시스템에 등록·통보되어 국립연명의료관리기관에서 관리한다. 등록기관 직접 방문, 국립연명의료관리기관 누리집, 의료기관윤리위원회가 설치된 의료기관에서 조회할 수 있다.

● 변경 및 철회 - 사전연명의료의향서 작성 후 언제든지 변경 및 철회가 가능하다. (오프라인, 온라인 모두 철회 가능)

● 등록기관 폐업/휴업 - 등록기관이 폐업되거나 1개월 이상 휴업하는 경우, 사전 연명의료의향

서 등의 모든 기록은 국립연명의료관리기관에 이관된다.(다만, 휴업의 경우, 등록기관의 의사에 따라 관련 기록을 등록기관에서 직접 보관할 수 있다.)

● 가족 열람 - 사전연명의료의향서 작성 시 가족 열람을 허용한 경우 환자가족은 기록열람신청서에 신분증 사본 및 가족관계증명서를 첨부하여 관리기관의 장에게 환자의 사전연명의료의향서 열람을 요청할 수 있다.

3-3. 사전연명의료의향서 상담사

가. 사전연명의료의향서 상담사의 자격과 역할

1) 상담사의 자격

사전연명의료의향서 상담사는 사전연명의료의향서 등록기관에 소속되어, 국립연명의료관리기관에서 운영하는 등록기관 종사자 기본교육을 수료해야 그 자격을 얻게 된다. 온라인 기본교육 필수과정과 오프라인 기본교육을 모두 이수하면 상담사로 활동할 수 있다(국립연명의료관리기관 교육포털 : lst.go.kt/edu).

온라인 기본교육 필수과정과 설문조사까지 마치면 국립연명의료관리기관이 주최하는 오프라인 기본교육을 수강한다. 이때 오프라인 교육은 각 기관의 담당자(관리자)가 일괄적으로 연명의료정보처리시스템을 통해 신청할 수 있다. 오프라인 교육까지 이수를 완료한 예비 상담사들은 국립연명의료관리기관의 승인을 거쳐 상담사로 활동할 수 있는 자격이 주어진다.

2) 사전연명의료의향서 상담 및 작성의 기본원칙

① 작성자의 자기결정권 존중 : 본인의 삶을 스스로 마무리한다는 측면에서 경제적인 문제나 자녀의 부양 부담 등이 이유가 되지 않도록 사전연명의료의향서 작성의 의미를 깊이 고민하고 작성 여부를 결정하도록 권고(법 제3조)

② 관련법 준수
- 19세 이상의 성인이라면 누구나 의향서를 작성할 수 있으며, 등록기관을 통해 작성·등록된 사전연명의료의향서는 연명의료정보처리시스템에 등록되어야 법적 효력을 인정(법 제2조, 제12조)

- 향후 담당의사 및 전문의 1인에 의해 임종과정에 있는 환자라는 판단을 받는 경우, 미리 작성해 둔 의향서가 있다면 의사의 확인을 거쳐 연명의료중단결정에 관한 작성자 본인의 의사로 인정(법 제15조)

③ 대면상담 원칙 : 국립연명의료관리기관에서 실시하는 교육과정을 이수하여 관련 자격을 갖춘 상담자와 대면상담을 통해서만 작성 가능

④ 상담자 역할 및 중립성

- 상담자는 중립적으로 의향서의 도입 취지와 그 효력 등 제도를 소개하고 작성자 스스로 작성 여부를 결정할 수 있도록 지원

- 상담자는 충분한 설명을 통해 작성자가 의향서를 이해할 수 있도록 돕는 것이므로, 작성을 유도하거나 권유하지 않도록 주의

나. 사전연명의료의향서 상담사의 활동

1) 사전연명의료의향서 상담사 양성과정

● 한국노인인력개발원[9)]

- 국가생명윤리정책원과 업무협약으로 '사전연명의료의향서 상담사 운영지원 사업' 실시

- 한국노인인력개발원이 예산지원, 홍보 등 사업 운영 총괄

- 국가생명윤리정책원은 노인일자리사업 참여자 직무교육 등을 지원

● 국립연명의료관리기관 교육포털 : 등록기관 소속 종사자 교육

● 비영리법인 또는 비영리단체에 소속되어 양성과정 교육가능

2) 사전연명의료의향서 상담사 활동영역

◎ 사전연명의료의향서 등록기관장의 책임 하에 소속 직원이나 자원봉사자 등으로 활동 가능

● (국립연명의료관리기관)사전연명의료의향서 상담사 노인일자리 연계사업

- 2021년 노인일자리(사회서비스형) 시범사업 후 2022년부터 시작하여 현재 10개시·도, 33개소 등록기관, 등록기관과 연계한 30개소 수행기관(2023년 기준)에서 295명 참여

- 업무 : 사전연명의료의향서 상담 및 등록 업무 / 찾아가는 상담 지원

    연명의료결정제도 홍보 및 캠페인 / 제도 관련 행정 지원 등 수행

- 웰다잉 및 연명의료 관련 업무를 수행하는 사단법인
- 국민건강보험공단[10]
  - 매년 2월경 계약직으로 사전연명의료의향서 상담사 모집
  - 사전연명의료의향서 상담·등록 경력(기관근무 또는 자원봉사) 우대
  - 업무 수행이 명시된 경력증명서로 증빙 가능한 경우에만 인정

3-4. 연명의료계획서 작성 절차

연명의료계획서는 말기환자 및 임종과정에 있는 환자의 의사에 따라 담당의사가 환자에 대한 연명의료중단등결정 및 호스피스에 관한 사항을 계획하여 문서(전자문서 포함)로 작성한 것이다.
- 말기 또는 임종과정에 있는 환자가 되었을 때 의료기관윤리위원회가 설치·등록된 의료기관에서 담당의사와 함께 작성할 수 있다.
- 환자의 연명의료계획서가 작성되었다면, 해당 환자가 임종과정에 있는 환자로 판단된 이후에는 바로 연명의료중단등결정을 이행할 수 있다.
- 연명의료계획서 작성 후, 변경 및 철회는 언제든지 담당의사에게 요청할 수 있다.

〈표 4-3〉 연명의료 작성 대상

	말기환자 (법 제2조 제3호 및 시행규칙 제2조)	임종과정에 있는 환자 (법 제2조 제2호)
대상 질병	질병제한 없음(2019.3.28. 시행)	질병제한 없음
상태	적극적인 치료에도 불구하고 근원적인 회복의 가능성이 없고 점차 증상이 악화되어 수개월 이내에 사망할 것으로 예상	회생의 가능성이 없고, 치료에도 불구하고 회복되지 아니하며, 급속도로 증상이 악화되어 사망에 임박한 상태
확인	· 임상적 증상 · 다른 질병 또는 질환의 존재여부 · 약물 투여 또는 시술 등에 따른 개선 정도 · 종전의 진료 경과 · 다른 진료방법의 가능 여부를 종합적으로 고려하여 담당의사와 해당 분야 전문의 1인이 진단	담당의사와 해당 분야 전문의 1인이 판단
기록	의무기록 등	임종과정에 있는 환자판단서

출처: [핸드북1권] 의료진을 위한 쉽게 보는 연명의료결정제도, 국립연명의료관리기관

4   의료기관윤리위원회,
       연명의료중단등결정

4-1. 의료기관윤리위원회의 구성과 역할

   의료기관윤리위원회는 의료기관 내에서 연명의료중단등결정 서식 등 제도 전반을 관리하는 위원회로 보건복지부에 등록되어 있다.

   위원회의 구성은, 위원장 1명을 포함하여 5명 이상 20명 이하의 위원으로 구성하되, 해당 의료기관에 종사하는 사람으로만 구성할 수 없다. 윤리위원회 위원 중 의료인이 아닌 사람으로서 종교계·법조계·윤리학계·시민단체 등의 추천을 받은 사람 2명 이상을 포함해야 한다.

   □ 의료기관윤리의원회의 역할
- 연명의료중단등결정 및 이행에 관한 심의
- 연명의료중단등결정 및 이행에 관한 담당의사의 교체에 관한 심의
- 환자와 환자가족에 대한 연명의료중단등결정 관련 상담
- 해당 의료기관의 의료인에 대한 의료윤리교육

4-2. 의료기관윤리위원회 위탁운영 / 공용윤리위원회

- 윤리위원회의 적정 운영을 위한 전문성이 부족하거나 운영에 필요한 인력이 미흡한 기관 또는 윤리위원회에 대한 재정적·행정적 지원이 어려운 기관은 다른 의료기관의 윤리위원회 또는 공용윤리위원회에 그 업무를 위탁할 수 있다.

- 다른 의료기관의 윤리위원회 업무를 위탁받아 수행하는 의료기관윤리위원회(수탁기관) 또는 공용윤리위원회는 위탁기관의 연명의료중단등결정 및 그 이행에 관한 업무를 어떻게 관리할 지에 대한 구체적인 사항을 위탁기관과 협의하여 위탁 업무 수행 전에 미리 정해야 한다.
- 연명의료결정법 제14조 제5항에 따라 다른 의료기관의 윤리위원회 또는 공용윤리위원회와 의료기관윤리위원회 업무 수행을 위탁하기로 협약을 맺은 의료기관은 의료기관윤리위원회 를 설치한 것으로 본다.
- 공용윤리위원회는 2024년 5월 1일 「(영남) 이손요양병원」이 추가 지정되어 총 13개의 공용윤 리위원회가 운영 중이다. [11], [12]
  - 인하대학교병원이 2019년부터 공용윤리위원회로 지정되어 운영 중이다.
  - 〈표 4-4〉 참고
    * 요양병원형 공용윤리위원회 시범사업 위탁협약기관 3개소 포함

〈표 4-4〉 공용윤리위원회와 업무협약한 위탁 의료기관 157개소(23.12.26 기준)

연번	관할 지역	공용윤리위원회 지정기관명	지정 연도	협약기관 수
1	서울 서부	고려대학교 구로병원	2018년	11
2	서울 동부	국립중앙의료원	2018년	7
3	경기	국립암센터	2018년	23
4	충북	충북대학교병원	2018년	10
5	전북	전북대학교병원	2018년	11
6	대구, 경북	영남대학교병원	2018년	17
7	부산, 울산, 경남	부산대학교병원	2018년	18
8	제주	제주대학교병원	2018년	6
9	충남, 대전, 세종	충남대학교병원	2019년	15
10	인천	인하대학교병원	2019년	12
11	강원	강원대학교병원	2020년	8
12	광주, 전남	전남대학교병원	2020년	16
총 계				157*

출처: 2024년 공용윤리위원회 운영 및 위탁지원 사업(2024.4), 보건복지부, 국립연명의료관리기관

4-3. 연명의료중단등결정 및 이행절차

1) 임종과정에 있는 환자 판단

- 누가 : 의사 2인(담당의사 및 해당 분야 전문의 1인)

- 어디서 : 의료기관윤리위원회가 있는 의료기관
- 무엇을 : 해당 환자가 '의학적으로 회생 가능성이 없고, 치료를 받더라도 회복되지 않으며, 급속도로 증상이 악화되어 사망에 임박한 상태'인지 판단

* 의학적 판단 : 의사의 고유권한으로, 그 판단은 연명의료결정법에 따라 존중된다.

[그림 4-4] 연명의료 유보/중단 절차도

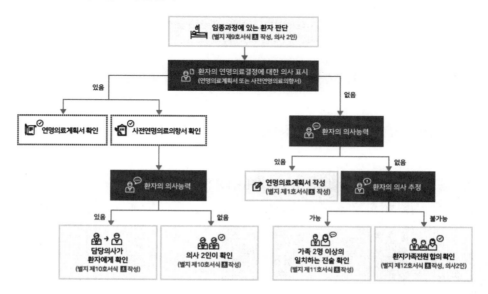

출처: 국립연명의료관리기관 홈페이지

2) 환자 또는 환자가족의 결정 확인 절차

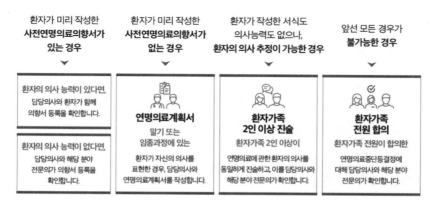

출처: 2024 연명의료결정제도 브로슈어

- 환자가족 2인 이상 진술

  * 환자 가족 범위(19세 이상인 사람으로)

    ① 배우자와 직계 존비속 ② 형제자매(①에 해당하는 사람이 없는 경우)

- 환자가족 전원 합의

  * 환자 가족 범위(19세 이상인 사람으로)

    ① 배우자와 1촌 이내 직계 존비속

    ② 2촌 이내의 직계 존비속(①에 해당하는 사람이 없는 경우)

    ③ 형제자매(① + ②에 해당하는 사람이 없는 경우)

3) 연명의료중단등결정 이행(연명의료의 유보 또는 중단) 및 통보

- 연명의료결정법에 따라 담당의사 및 해당분야 전문의가 '임종과정에 있는 환자'로 판단하고, 해당 환자에 대한 연명의료중단등결정을 확인한 경우, 담당 의사는 연명의료중단등결정을 이행할 수 있다.

- 연명의료중단등결정을 이행할 경우라도 통증 완화를 위한 의료 행위와 영양분 공급, 물 공급, 산소의 단순 공급은 시행하지 않거나 중단해서는 안 된다.

□ 중단할 수 있는 연명의료 시술

● 심폐소생술, 혈액투석, 항암제 투여, 인공호흡기 착용, 체외생명유지술, 수혈, 혈압상승제 투여

● 기타 : 그 밖에 담당의사가 환자의 최선의 이익을 보장하기 위해 시행하지 않거나 중단할 필요가 있다고 의학적으로 판단하는 시술

4-4. 연명의료중단등결정 이행 사례

□ ○○노인전문병원

● 병상수 : 233병상

● 의료기관윤리위원회 : 위탁운영

- 담당 : 치매센터 소속 담당자 2인(사전연명의료의향서 등록, 확인 업무)
- 병동에서 입원환자의 연명의료 중단 결정과정
  ① 고령의 환자나 말기환자가 입원하는 경우
  입원시 간호사가 환자나 보호자에게 사전연명의료의향서 등록 여부 확인
  * 등록했다고 하는 경우, 담당자에게 등록여부 확인
  * 등록하지 않았다고 하는 경우, 연명의료거부의사 확인
  ⇒ 사전연명의료의향서가 등록되지 않았고, 연명의료거부의사가 있는 경우, DNR(심폐소생술 포기) 동의서 작성
  ⇒ DNR이 작성된 환자는 인식팔찌에 'DNR 스티커'를 붙여 표시
  ② 환자가 급작스럽게 상태가 나빠질 수 있는 상태이거나 임종단계에 있다고 주치의가 판단한 경우(대부분의 환자가 인지장애이거나 의식이 없음), 의사 또는 간호사가 환자상태에 대해 보호자에게 설명하고 연명의료거부의사를 다시 확인
  ③ 환자가 임종단계에 이르더라도 가능한 범위에서 영양공급, 수액적용, 기본적인 산소공급은 이루어지나 삽관제거 등의 연명의료 중단은 하지 않음
- 임종실
  - 정식으로 임종실이 설치되기 전부터 병실 1곳을 임종실로 임의지정하고, 환자가 임종한 후 장례식장으로 옮기기 전 보호자가 마지막 모습을 볼 수 있도록 함
  - 2024.08.07 임종실 신설 : 임종단계시 의사 2인이 임종에 임박했다고 판단하면 입실이 가능하며, 입실 기간은 4일만 인정

 보통 요양병원에 입원할 때 보호자에게 DNR(연명소생술 거부)에 동의하는지 문의하면 대부분 동의하지만 간혹 거부하는 경우도 있다. 이 경우 요양병원에서는 환자가 심정지 상태가 되어 심폐소생술을 시행해 다시 회생하더라도 이것을 유지할 수 있는 고가의 장비나 전문인력 등이 부족하기 때문에, 환자상태가 심각해지면 급성기 병원으로 전원할 것을 권유하게 된다.

 또한 법적으로 정해져 있는 DNR 동의서는 사전연명의료의향서, 연명의료계획서이나, 요양병원에서 실제적으로 사용하는 'DNR(Do Not Resuscitate) 동의서'는 양식이 병원마다 조금씩 다를 수 있고, 명칭 그대로 심폐소생술을 하지 않겠다는 동의서이다. 예를 들어, 환자 상태가 악화되어

비위관이나 유치도뇨관을 삽입할 필요가 생기는 경우, 보호자의 동의여부를 확인하게 되고 대부분은 동의한다.

◆ 추천 영상: 나의 죽음에 관하여

MBC 'PD 수첩', 2024년 3월 5일 방영, 「1410회 나의 죽음에 관하여」

처음은 아픈 사람들의 이야기로 시작된다. 극심한 고통에 죽고 싶지만 막상 죽지 못하는 사람들의 이야기, 그리고 죽음을 선택할 수 있는 스위스의 조력사망(안락사) 내용으로 이어진다. 실제로 한국에서도 스위스로 떠나 조력사망 단체의 도움을 받은 사람들의 가족의 인터뷰도 나오며, 우리 나라에도 안락사에 대한 법안이 발의되어 있음을 알려 준다. 하지만 안락사에 반대하는 입장에서는, 인간이 느끼는 다양한 고통과 그 강도를 두고 어디까지를 죽을 수 있는 단계로 볼 것인지에 대한 의견도 있다. 마지막은 연명치료를 중단하고 최소한의 의료만 받는 환자들이 있는 호스피스 병동에서 환자와 보호자, 의료진의 입장에서 생각하는 존엄한 죽음에 대한 내용이 나온다.

「존엄한 죽음이란 무엇일까? 사람이라면 누구나 존엄하게 죽음을 맞이하고 싶다. 그러나 원인 불명의 척수염으로 하반신 마비에 걸린 자, 뇌동맥류 수술 후 후유증으로 극심한 어지러움증을 호소하는 자, 뇌출혈로 쓰러진 뒤 움직이지 못하고 8년째 누워만 있는 자, 그들이 말하는 존엄한 죽음은 '고통스럽고 무의미한 연명 치료가 반복되지 않는 것'이었다. 남의 도움 없이는 기본적인 일상생활조차 못하는 상황, 그렇게 연명하며 맞이할 죽음은 결코 그들이 바라는 '존엄한' 죽음은 아

니었다.」-MBC 'PD수첩'

이 다큐멘터리는 주로 직접적인 죽음으로 향하는 안락사에 관해 말하고 있어, 이 장에서 말하고 있는 우리나라의 연명의료결정제도와는 다른 내용일 수 있다. 하지만 존엄한 죽음에 대한 입장에서는 같은 맥락이라고 생각한다. 연명의료결정제도에서 자기결정을 존중한다는 것은 어떤 것일까? 안락사가 허용되지 않는 지금의 우리나라 제도 안에서 존엄한 죽음을 생각해 본다면, 연명의료결정에 대해 더욱 깊게 고민해 보는 기회가 될 거라고 생각한다.

참고문헌

1) 김정회. (2024). 존엄한 죽음을 위한 사회보장 제도의 방향은 무엇인가. 보건사회연구. 콜로키움 특집 논문 44(3), 2024. 3p, 5p

2) 이일학, 박형욱, 고윤석, 김대균, 김민선, 김상희, 김정아, 김초희, 문재영, 백수진, 서세영, 송인규, 유상호, 유신혜, 이유정, 최원호. (2024). 생애말기 의학적 돌봄 향상을 위한 연명의료결정법의 개정방안. 한국의료윤리학회지. 제27권 제2호(통권 제79호). 52p

3) 국립연명의료관리기관, 2023 연명의료결정제도연보

4) 이은영, 이소현, 백수진. (2022). 연명의료결정제도의 한계와 개선 방향 모색을 위한 고찰. 한국의료법학회지. 제30권 제2호. 108p

5) 국가법령정보센터 (http://www.law.go.kr/)

6) 2024_연명의료결정제도_브로슈어

7) 국립연명의료관리기관, 사전연명의료의향서 등록기관 표준운영지침

8) 국립연명의료관리기관 네이버 블로그

9) 한국노인인력개발원(https://www.kordi.or.kr/)

10) 국민건강보험공단(https://www.nhis.or.kr/)

11) 보건복지부, 국립연명의료관리기관, 2024년 공용윤리위원회 운영 및 위탁 지원사업 안내

12) 보건복지부, 국립연명의료관리기관, 2024년 1차 공용윤리위원회 지정 결과 공고

제5장

호스피스

———

안애희

1 호스피스·완화의료의 정의 및 현황

1-1. 호스피스·완화의료의 개념[1]

호스피스(hospice)는 임종을 앞둔 환자의 고통을 줄이고 심리적·영적 안정을 제공하는 것이며, 완화의료(palliative care)는 호스피스의 확장된 개념으로, 생명을 위협하는 질환과 관련한 문제에 직면한 환자와 가족들의 고통을 예방하고 완화함으로써 삶의 질을 향상하기 위함이다. 두 개념을 구분하는 차이는 질병의 단계에 따른 것으로 호스피스는 '말기'에 국한하는 반면, 완화의료는 질병의 어느 단계에서도 제공될 수 있다는 것이다.

1-2. 호스피스 현황[2]

임종을 앞둔 환자의 고통을 줄이고 심리적 영적 안정을 지원하는 기부와 자원봉사 성격의 사업으로 1967년 성 크리스토퍼 호스피스(St. Christopher's Hospice)를 설립하면서부터 1960년대 영국에서 기부와 자원봉사 성격의 사업으로 근대 호스피스 운동이 시작되었다. 시실리 손더스(Cicely Saunders)는 1963년 이후 여러 번 미국을 방문하여 자신의 철학을 전파하였고, 1970년대 미국 호스피스의 발전에 영향을 미쳤다. 이는 현대적 호스피스 운동의 체계적인 시작점으로 평가받고 있으며 완화의료의 개념이 발전하게 되었다.

가. 영국의 호스피스 현황[3],[4]

영국은 1991년 호스피스, 국민 보건 서비스(NHS : National Health Service), 자선단체들을 아우르는 National Council for Hospice and Sepecialist Palliative Care Services가 설립되어 주로 말기

암 환자 돌봄 위주로 활동했으며, 말기 암환자 대상 호스피스·완화의료 서비스가 어느 정도 정착한 2004년 National Council for Palliative Care로 명칭을 바꾸고 모든 말기 환자를 대상으로 한 연속적인 돌봄을 목표로 대상 범위를 확대하였다. 2008년 End of life care strategy가 발표되어 모든 말기 환자에게 호스피스·완화의료를 제공하는 것을 국가 보건 정책의 주요 과제로 선정하였으며, 영국의 호스피스 돌봄은 무료로 제공되며 호스피스 기관 운영에 필요한 재원의 상당 부분은 기부금 등 자선기금으로 충당하고 있다.

영국의 호스피스·완화의료 서비스 유형은 입원형, 가정형, 자문형, 낮병동형, 외래형, 사별가족 지원형으로 세분화되어 다양하게 제공되고 있으며, 입원, 외래 환경 모두에서 제공되는 서비스 등 사회 구성원의 좋은 죽음을 위한 다각적인 서비스가 제공되고 있다. 최근 영국은 환자가 제공받는 서비스 유형 또는 기관 변경 시 원활한 환자 정보의 연계를 지원하기 위해 전자완화의료조정시스템(EPaCCS), 사전확인지침(PIG) 도구 등을 개발하여 활용하고 있다. 또한, NHS, 유관기관 및 관련 자선단체가 협력체계를 구축하여 환자중심의 호스피스·완화의료 제공을 위해 다양한 도구 또는 가이드라인을 제작하여 배포하고 있다.

2022-23년 영국의 호스피스 보고서에 따르면 환자, 가족, 간병인, 유족을 포함하여 약 300,000명에게 완화 치료 및 임종 치료를 제공했으며, 60,000명의 가족, 친구 및 보호자에게 직접적인 지원 서비스를 제공했으며, 호스피스 전체 서비스 활동의 18%가 입원환자 병동에서 제공되었고, 호스피스 전체 활동의 55%가 환자의 거주지에서 가정 호스피스로 제공되었다.

전문 완화의료 간호사와 의사가 집에서 호스피스 환자를 방문하는 횟수는 880,000회에 달하였으며, 일반 의료 직원(간호사, 의료 보조원, 사회복지사 및 간병인 포함)이 집에서 호스피스 환자를 방문하기 위해 910,000회 방문했으며, 물리치료, 상담 및 기타 지원 서비스를 위해 호스피스를 통해 외래환자 820,000명이 예약되었다. 영국에서는 호스피스를 통해 600,000일간 입원환자에게 치료가 제공되었으며, 상담 및 사별 지원을 포함하여 환자의 가족, 친구 및 간병인에게 330,000건의 치료가 제공되었다.

나. 미국의 호스피스 현황[5), 6)]

1974년 커네티컷 호스피스(The Connecticut Hospice, Inc.)는 미국에서 첫 번째로 개설된 호스피스로 생의 말기 돌봄을 제공하기 시작하였으며, 이 호스피스기관은 영국의 시실리 손더스

(Cicely Saunders) 등의 조언을 듣고 예일대학교 간호대학 학장이었던 플로렌스 왈드(Florence Wald)가 이끌어 1974년도에 설립되어 미국 호스피스·완화의료의 발전에 기여하였다. 미국의 호스피스·완화의료는 종합병원에서 일반진료와 병행되어 제공되는 완화의료와 여명 6개월 대상자에 제공되는 메디케어 프로그램으로의 호스피스 제도로 구별된다.

1982년 미국 의회는 65세 이상이면서 장애를 가진 자들의 의료서비스를 보장하기 위해 연방정부가 마련한 의료보장제도의 혜택을 받는 수혜자들에 대한 호스피스케어에 대한 지불을 보장하는 법(Tax Equity and Fiscal Responsibility Act : TEFRRA)이 통과되며 이 법이 1896년에 의회에서 영구적인 Medicare Hospiece Benefit으로 변경되었다. 미국에서 이러한 법제화는 호스피스·완화의료를 급속히 발전시키는 데 기여하였으며, 이러한 제도화 과정을 통하여 호스피스 기관 및 프로그램의 수는 매년 증가하였다. 호스피스·완화의료는 미국 50개 주 모든 곳에서 이용이 가능하고, 92.8%의 호스피스 기관은 메디케어와 메디케이드 서비스 인증기관이다. 미국의 호스피스 대상자는 매년 증가 추세에 있고, 정부에서 소요하는 호스피스·완화의료 비용도 매년 증가하고 있다.

미국의 호스피스 유형은 크게 입원형과 가족형으로 구분된다. 먼저 입원형은 보호자 휴식을 위한 단기입원형(IRC: Inpatient Respite Care)과 일반입원형(GIC: General Inpatient Care)이 있다. 단기입원형(IRC)는 환자를 보살피는 가족 또는 간병인 등 일차 돌봄을 제공하는 사람에게 휴식을 주기 위해 최대 연속 5일까지 사용 가능하다. 메디케어에 등록된 병원, 호스피스 입원시설 혹은 메디케어나 메디 케이드에 등록된 간호시설에서 이용가능하며 장기간병시설과 같은 시설에 거주하는 환자는 이용할 수 없다. 일반입원형(GIC)는 통증관리나 입원시설이 아닌 다른 환경에서는 관리할 수 없는 급성 및 만성 증상 관리가 필요한 경우로, 입원시설에서 서비스 받기를 선택한 경우 이용할 수 있다. 일반 메디케어 입원진료와 다르며 메디케어에 등록된 병원, 전문간호시설, 호스피스 입원시설에서 이용이 가능하며, 24시간 직접 환자 돌봄 서비스를 제공한다. 가정형은 일반가정형(RHC: Routine Home Care)과 지속적 가정형(CHC: Continuous Home Care)이 있다. 일반가정형(RHC)는 미국 호스피스 서비스 중 가장 일반적인 유형이며, 환자의 상태가 안정적인 경우, 통증이나 오심, 구토 등의 증상이 적절히 관리되는 경우 이용 가능하다. 다음으로 지속적가정형(CHC)은 단기간으로 집중관리가 필요하고 집에서 상태 유지가 가능하지만, 간병인이 더 이상 보살핌을 제공할 수 없는 악화된 상황에서 간호사가 보살핌을 제공하는 유형이다. 따라서 서비스 시간의 대부분 동안 간호서비스를 제공한다.

미국의 호스피스 완화의료협회 보고서에 따르면 2021년을 기준으로 살펴보면, 171만 명의 메디케어 수혜자가 호스피스케어를 받았으며, 1일 이상 호스피스 서비스를 받은 메디케어 사망자는 메디케어 가입자 중 47.3%였다. 서비스 이용기간은 평균 92.1일이었으며 50%가 17일 이내로 사용하였다. 호스피스 종류별 호스피스 사용일 수 비율은 2022년 기준으로 일반가정형(RHC) 98.8%, 지속적 가정형(CHC) 0.1%, 단기입원형(IRC) 0.3%, 일반입원형(GIC) 0.9%로 대부분 일반가정형(RHC)를 사용하고 있다. 호스피스 제공기관 유형은 영리기관이 74.8% 이상, 비영리기관이 약 22.3% 및 정부가 2.7%이었다.

다. 한국의 호스피스 현황[7), 8), 9)]

우리나라는 1965년 '마리아의 작은 자매 수도회'가 처음으로 강릉의 갈바리 의원에서 임종환자를 돌보기 시작한 것이 체계적으로 실시된 호스피스의 시작이라 할 수 있다. 우리나라의 호스피스·완화의료의 발자취는 다음 그림과 같다.

[그림 5-1] 호스피스·완화의료의 발자취

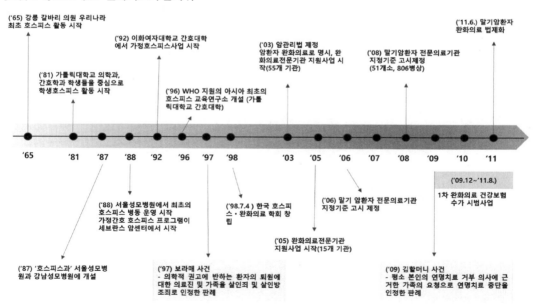

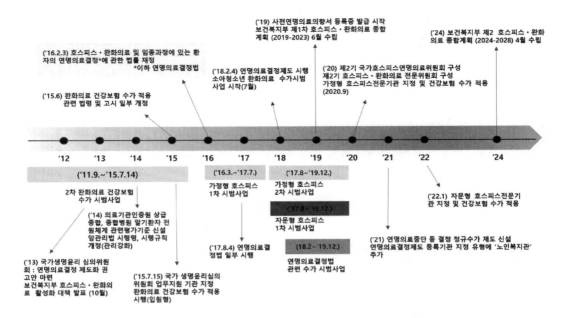

('16.2.3) 호스피스·완화의료 및 임종과정에 있는 환자의 연명의료결정*에 관한 법를 재정
*이하 연명의료결정법

('19) 사전연명의료의향서 등록증 발급 시작
보건복지부 제1차 호스피스·완화의료 종합계획 (2019-2023) 6월 수립

('24) 보건복지부 제2 호스피스·완화의료 종합계획 (2024-2028) 4월 수립

('15.6) 완화의료 건강보험 수가 적용
관련 법령 및 고시 일부 개정

('18.2.4) 연명의료결정제도 시행
소아청소년 완화의료 수가시범사업 시작(7월)

('20) 제2기 국가호스피스연명의료위원회 구성
제2기 호스피스·완화의료 전문위원회 구성
가정형 호스피스전문기관 지정 및 건강보험 수가 적용 (2020.9)

'12   '13   '14   '15   '16   '17   '18   '19   '20   '21   '22   '24

('11.9.~'15.7.14)
2차 완화의료 건강보험 수가 시범사업

('16.3.~'17.7.)
가정형 호스피스 1차 시범사업

('17.8.~'19.12.)
가정형 호스피스 2차 시범사업

('22.1) 자문형 호스피스전문기관 지정 및 건강보험 수가 적용

('14) 의료기관인증원 상급종합, 종합병원 말기환자 전원체계 관련평가기준 신설 암관리법 시행령, 시행규칙 개정(관리강화)

('17.8~'19.12.)
자문형 호스피스 1차 시범사업

('21) 연명의료중단 등 결정 정규수가 제도 신설
연명의료결정제도 등록기관 지정 유형에 '노인복지관' 추가

('13) 국가생명윤리 심의위원회 : 연명의료결정 제도화 권고안 마련
보건복지부 호스피스·완화의료 활성화 대책 발표 (10월)

('15.7.15) 국가 생명윤리심의위원회 업무지원 기관 지정
완화의료 건강보험 수가 적용 시행(입원형)

('17.8.4) 연명의료결정법 일부 시행

(18.2~'19.12.)
연명의료결정법 관련 수가 시범사업

출처: 호스피스 완화간호, 웰다잉을 위한 호스피스 실천론, 호스피스완화의료서비스 제도개선방안을 발췌하여 저자가 수정함.

2   법적 근거[10]

   우리나라의 호스피스·완화의료와 관련된 법의 시작은 2008년 개정발표된 암관리법으로 호스피스·완화의료 내용이 암관리법 안에 일부분으로 발표되어 말기 암 환자를 중심으로 법 적용이 시작되었다. 이후 2016년 2월 호스피스·완화의료 및 임종과정에 있는 환자의 연명의료결정에 관한 법률(약칭: 연명의료결정법)으로 연명의료결정법과 호스피스·완화의료 법이 통합되어 발표되었고 2018년 3월 개정 및 시행되었다. 호스피스·완화의료 및 임종과정에 있는 환자의 연명의료결정에 관한 법률에 대한 내용은 다음 표와 같다.

〈표 5-1〉 연명의료결정에 관한 법률

제2조(정의) * 일부개정: '21. 12. 21., 시행일: '22. 3. 22.

1. "임종과정"이란 회생의 가능성이 없고, 치료에도 불구하고 회복되지 아니하며, 급속도로 증상이 악화되어 사망에 임박한 상태를 말한다.

호스피스 대상 질환 (제2조의2 관련) 신설: '22. 4. 14., 시행일: '22. 4. 14.

질환	질병코드 KCD	진단명
만성호흡부전	J42	상세불명의 만성 기관지염
	J45	천식
	J46	천식지속상태
	J47	기관지확장증
	J60	탄광부진폐증
	J61	석면 및 기타 광섬유에 의한 진폐증
	J62	실리카를 함유한 먼지에 의한 진폐증
	J64	상세불명의 진폐증
	J65	결핵과 연관된 진폐증
	J80	성인호흡곤란증후군
	J84	기타 간질성 폐질환
	J96	달리 분류되지 않은 호흡부전
	J98	기타 호흡장애

2. "임종과정에 있는 환자"란 제16조에 따라 담당의사와 해당 분야의 전문의 1명으로부터 임종과정에 있다는 의학적 판단을 받은 자를 말한다.

3. "말기환자(末期患者)"란 적극적인 치료에도 불구하고 근원적인 회복의 가능성이 없고 점차 증상이 악화되어 보건복지부령으로 정하는 절차와 기준에 따라 담당의사와 해당 분야의 전문의 1명으로부터 수개월 이내에 사망할 것으로 예상되는 진단을 받은 환자를 말한다.

제2조제3호에 따라 담당의사와 해당 분야 전문의 1명이 말기환자 여부를 진단하는 경우에는 다음 각 호의 기준을 종합적으로 고려하여야 한다.
    1. 임상적 증상
    2. 다른 질병 또는 질환의 존재 여부
    3. 약물 투여 또는 시술 등에 따른 개선 정도
    4. 종전의 진료 경과

5. 다른 진료 방법의 가능 여부
　　　6. 그 밖에 제1호부터 제5호까지의 규정에 준하는 것으로서 말기환자의 진단을 위하여 보건복지부장관
　　　　이 특히 필요하다고 인정하는 기준

제2조의2(호스피스 대상 질환) 법 제2조제6호마목에서 "보건복지부령으로 정하는 질환"이란 별표 1의 질환을 말한다.

4. "연명의료"란 임종과정에 있는 환자에게 하는 심폐소생술, 혈액 투석, 항암제 투여, 인공호흡기 착용 및 그 밖에 대통령령으로 정하는 의학적 시술로서 치료효과 없이 임종과정의 기간만을 연장하는 것을 말한다.

제2조제4호에서 "대통령령으로 정하는 의학적 시술"이란 다음 각 호의 시술을 말한다.
　　　1. 체외생명유지술(ECLS)
　　　2. 수혈
　　　3. 혈압상승제 투여
　　　4. 그 밖에 담당의사가 환자의 최선의 이익을 보장하기 위해 시행하지 않거나 중단할 필요가 있다고 의학적으로 판단하는 시술
　　　5. "연명의료중단등결정"이란 임종과정에 있는 환자에 대한 연명의료를 시행하지 아니하거나 중단하기로 하는 결정을 말한다.
　　　6. "호스피스·완화의료"(이하 "호스피스"라 한다)란 다음 각 목의 어느 하나에 해당하는 질환으로 말기환자로 진단을 받은 환자 또는 임종과정에 있는 환자(이하 "호스피스대상환자"라 한다)와 그 가족에게 통증과 증상의 완화 등을 포함한 신체적, 심리사회적, 영적 영역에 대한 종합적인 평가와 치료를 목적으로 하는 의료를 말한다.
　　　　가. 암
　　　　나. 후천성면역결핍증
　　　　다. 만성 폐쇄성 호흡기질환
　　　　라. 만성 간경화
　　　　마. 그 밖에 보건복지부령으로 정하는 질환
　　　7. "담당의사"란 「의료법」에 따른 의사로서 말기환자 또는 임종과정에 있는 환자(이하 "말기환자등"이라 한다)를 직접 진료하는 의사를 말한다.

제21조(호스피스사업)
① 보건복지부장관은 호스피스를 위하여 다음 각 호의 사업을 실시하여야 한다.
　　　1. 말기환자등의 적정한 통증관리 등 증상 조절을 위한 지침 개발 및 보급
　　　2. 입원형, 자문형, 가정형 호스피스의 설치 및 운영, 그 밖에 다양한 호스피스 유형의 정책개발 및 보급
　　　3. 호스피스의 발전을 위한 연구·개발 사업
　　　4. 제25조에 따른 호스피스전문기관의 육성 및 호스피스 전문 인력의 양성
　　　5. 말기환자등과 그 가족을 위한 호스피스 교육프로그램의 개발 및 보급
　　　6. 호스피스 이용 환자의 경제적 부담능력 등을 고려한 의료비 지원사업
　　　7. 말기환자, 호스피스의 현황과 관리실태에 관한 자료를 지속적이고 체계적으로 수집·분석하여 통계를 산출하기 위한 등록·관리·조사 사업(이하 "등록통계사업"이라 한다)

8. 호스피스에 관한 홍보
9. 그 밖에 보건복지부장관이 필요하다고 인정하는 사업

② 보건복지부장관은 제1항 각 호에 따른 사업을 대통령령으로 정하는 바에 따라 관계 전문기관 및 단체에 위탁할 수 있다.

제12조(호스피스·완화의료 사업의 위탁) ① 보건복지부장관은 법 제21조제2항에 따라 같은 조 제1항에 따른 사업을 다음 각 호의 어느 하나에 해당하는 전문기관 또는 단체에 위탁할 수 있다.

3 호스피스 주요 서비스[11]

3-1. 서비스 내용

　호스피스 대상 질환으로 말기 또는 임종과정에 있는 환자로 진단받은 환자 본인 또는 대리인은 호스피스 대상 환자임을 나타내는 의사소견서와 호스피스 이용 동의서를 작성하여 호스피스 전문기관에 신청 후 서비스를 이용할 수 있으며 언제든지 직접 또는 대리인을 통해 신청 철회가 가능하다. 크게 입원형, 가정형, 자문형(입원, 외래)가 있으며, 입원형은 요양병원 입원형, 자문형은 소아청소년 자문형을 별도로 운영하고 있다. 유형별로 서비스 내용은 통증, 호흡곤란 등 신체증상 완화, 심리적, 사회적 및 영적돌봄, 환자와 가족 교육, 임종준비 교육 및 돌봄 지원, 사별가족 돌봄 등으로 대동소이하다.

3-2. 서비스 제공유형 및 제공절차

가. 입원형 호스피스

　입원형 호스피스는 보건복지부로부터 지정받은 전문기관의 호스피스병동에 입원한 말기암환자 및 가족들을 대상으로 호스피스 돌봄 및 전문완화의료서비스를 제공하며, 이를 통하여 환자와 가족들에게 신체적, 심리·사회적, 영적 고통을 완화하여 삶의 질 향상에 기여한다.

　입원형 호스피스전문기관은 「연명의료결정법」 제25조에 따라 보건복지부령으로 정하는 시설·인력·장비 등의 기준을 충족하며 호스피스대상 환자에게 호스피스·완화의료서비스를 제공하는 의료기관이며, 요양병원은 시범사업('23.1월 기준) 중에 있으며, 입원형 호스피스전문기관의 사업안내에 따르며 말기환자와 가족의 필요를 중심으로 질병 경과에 따라 입원형·가정형·자문형 서비스의 유기적 제공을 권고한다.

입원형 호스피스 · 완화의료의 도입목적은 말기 환자와 가족의 삶의 질 향상과 생애말기 환자들이 죽음을 맞이하는 과정에서 환자와 가족들의 신체적 · 심리적 고통 및 경제적 부담 완화에 있으며 대상 질환은 암이다.

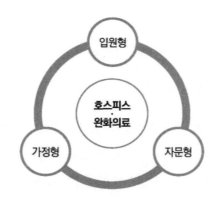

출처: 2024 호스피스 · 완화의료 사업안내(보건복지부)

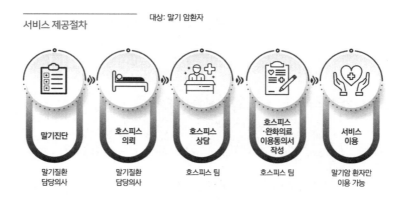

출처: 2023 국가호스피스 · 완화의료 연례보고서(보건복지부, 중앙호스피스센터)

나. 가정형 호스피스

가정형 호스피스는 가정에서 지내기를 원하는 말기환자 및 가족을 대상으로 보건복지부로부터 지정받은 전문기관의 호스피스팀이 가정으로 방문하여 돌봄 및 전문 완화서비스를 제공한다. 이를 통해 환자와 가족들의 신체적, 심리적, 사회적, 영적 고통을 완화하여 삶의 질 향상에 기여한다.

가정형 호스피스 전문기관은 「연명의료결정법」 제25조에 따라 보건복지부령으로 정하는 시설·인력·장비 등의 기준을 충족하며, 호스피스 대상 환자에게 가정형 호스피스·완화의료 서비스를 제공하는 의료기관으로 '가정형'으로 별도의 설명이 없는 한 '호스피스 전문기관' 설명 및 기준에 따른다. 도입목적은 수요자 측면은 가정에서 지내기 원하는 호스피스·완화의료 대상자의 삶의 질 향상, 선택권 보장, 말기환자와 가족의 불필요한 불편 및 경제적 손실 경감에 있으며, 대상 질환은 암, 후천성면역결핍증, 만성 폐쇄성 호흡기질환, 만성간경화, 만성호흡부전이다.

서비스의 내용은 호스피스팀의 포괄적인 초기 평가 및 돌봄계획수립, 환자와 가족의 심리사회적·영적 돌봄, 간호사의 주기적인 방문 및 간호제공, 장비 대여 및 연계, 필요시 의사 및 사회복지사 방문, 환자 및 돌봄 제공자 교육, 주야·간 상담전화, 환자 및 돌봄제공자 교육, 임종 준비교육 및 돌봄 지원이다.

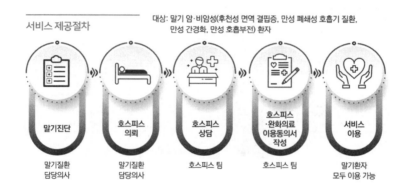

출처: 2023 국가호스피스·완화의료 연례보고서(보건복지부, 중앙호스피스센터)

다. 자문형 호스피스

자문형 호스피스는 일반병동과 외래에서 진료를 받는 말기환자와 가족을 대상으로 호스피스팀이 담당 의사와 함께 전문완화 의료서비스 및 호스피스 돌봄을 제공하여 환자와 가족들의 신체적, 심리·사회적, 영적 고통을 완화하여 삶의 질 향상에 기여한다.

대상 질환은 암, 후천성 면역결핍증, 만성 폐쇄성 호흡기질환, 만성 간경화, 만성호흡부전이며, 해당 진료과에서 치료를 받으면서 일반병동에 입원하거나 외래에서 호스피스·완화의료팀에 의뢰하면 협진 형태의 호스피스·완화의료 돌봄을 환자와 가족에게 제공하고 있으며, 의사결정과 돌봄 계획을 수립, 신체적 증상 완화, 심리사회적요구, 영적요구를 평가하여 돌봄을 제공하게 된다.

자문형 호스피스·완화의료 기관은 임종실을 운영하고, 환자와 가족에게 임종돌봄을 제공하기 위하여 원내 의료인들에게 임종돌봄에 대한 프로토콜을 제공하고 교육을 시행하고 있다.

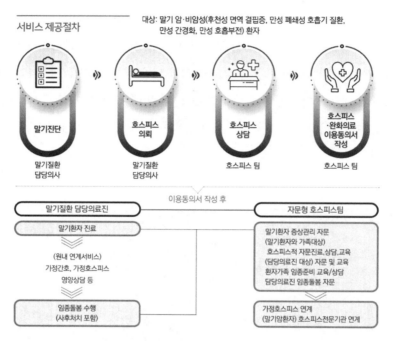

출처: 2023 국가호스피스·완화의료 연례보고서(보건복지부, 중앙호스피스센터)

라. 소아청소년 완화의료

소아청소년 완화의료는 생명을 위협하는 질환으로 치료받는 소아청소년 환자와 가족이 치료 과정에서 겪는 여러 가지 증상, 불편, 스트레스 등 신체적, 심리적, 사회적 어려움을 완화해주고 삶의 질 향상에 기여하는 통합적 의료서비스다. 소아청소년 환자와 그 가족 중에서 완화의료가 필요하다고 판단되는 경우, 성인 호스피스와 달리 진단 병명이나 질병 단계에 제한 없이 만 24세 이하 환자에 대해 시범 운영하고 있다.

제공되는 서비스에는 포괄적인 초기 평가 및 돌봄 계획 수립과 상담, 심리적·영적 돌봄, 사회적 돌봄, 퇴원 지원, 사별가족 돌봄, 신체적 돌봄, 의사소통 지원, 돌봄 제공자 교육, 임종 돌봄, 자원봉사자 교육 및 프로그램 운영이 있다.

소아청소년 완화의료팀은 완화의료가 필요한 소아청소년 환자에게 병실, 중환자실, 응급실, 외래에서 완화의료를 제공하는 다학제팀으로, 전문교육을 받은 의사, 전담간호사, 사회복지사를 중심으로 심리치료사, 영적돌봄제공자 등으로 구성되어 있다.

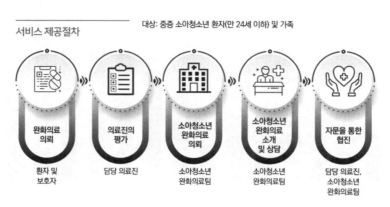

출처: 2023 국가호스피스· 완화의료 연례보고서(보건복지부, 중앙호스피스센터)

3-3. 통계현황[12]

우리나라의 호스피스 전문기관 현황 및 이용률을 살펴보면 2023년 호스피스 전문기관은 입원형 94개소, 가정형 39개소, 자문형 38개소, 소아청소년 완화의료 10개소로 총 188개소이다. 신규등록 암환자는 22,323명으로 2022년도 대비 10.5%(2,125명) 증가하였으며, 전국 호스피스 병상 수는 1,687병상이며 이 중 수도권(서울, 경기, 인천)이 807병상으로 전국 약 50% 차지하였다.

유형별 평균 등록기간 및 이용기간을 살펴보면 모든 유형 복합 이용(입원형 + 가정형 + 자문형) 시 평균 등록기간과 이용기간이 각각 92.7일, 88.5일로 가장 길었으며, 2가지 복합 유형 중에는 가정형과 자문형을 연계한 유형의 등록기간과 이용기간이 각각 81.2일, 77.1일로 가장 길었다.

지역별 호스피스 자체충족률은 대구(97.5%), 울산(96.4%), 대전(90.3%) 순으로 높았으며, 경북(37.6%), 충남(45.0%), 충북(56.0%) 순으로 낮았다. 사별가족 대상으로 호스피스 기관의 전반적 만족도를 조사한 결과는 전반적으로 90% 이상의 높은 만족도를 보였으며, 가정형(97.8%), 자문형

(93.6%), 입원형(90.8%) 순이다.

연도별 호스피스 기관 현황

● 총기관수(개소)　○ 호스피스 이용률(%)

	2008	2009	2010	2011	2012	2013	2014	2015	2016	2017	2018	2019	2020	2021	2022	2023
신규 등록 암환자	5,046	6,365	7,654	8,494	8,742	9,573	10,559	11,504	13,662	17,317	18,091	19,772	18,893	19,185	20,198	22,323
암 사망자	68,912	69,780	72,046	71,579	73,759	75,334	76,611	76,855	78,194	78,863	79,153	81,203	82,204	82,688	83,378	-

1) 기관 (개소 수) : 호스피스전문기관 (입원형/가정형/자문형) + 소아청소년완화의료 시범사업기관 + 요양병원 호스피스 시범사업기관
2) 이용률(%) = 연간 호스피스 신규 이용 암환자 수 / 암 사망자 수 X 100
3) 2023년 이용률은 2023년 통계청 사망원인 공개시점(2024년 10월~11월)에 따라 산출 예정

호스피스 신규 이용 환자 분포

단위: 명

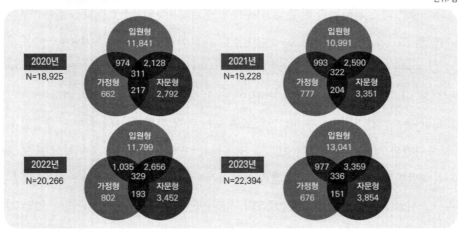

출처: 2023 국가호스피스·완화의료 연례보고서(보건복지부, 중앙호스피스센터)

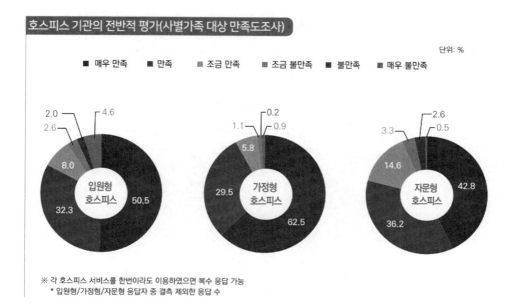

출처: 2023 국가호스피스 · 완화의료 연례보고서(보건복지부, 중앙호스피스센터)

3-4. 호스피스 · 완화의료 사업 운영 체계[13]

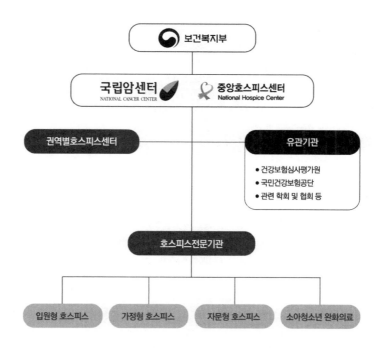

출처: 2023 국가호스피스 · 완화의료 연례보고서(보건복지부, 중앙호스피스센터)

중앙호스피스센터는 호스피스 대상 환자와 가족의 삶의 질 향상을 위한 호스피스·완화의료 제도의 Think-Tank로서 호스피스 정책지원, 사업기획, 호스피스 전문인력 양성교육, 연구 등의 역할을 수행하고 있다.

권역별호스피스센터는 권역 내 호스피스전문기관들에 대한 교육·홍보 및 의료지원 등 차별화된 중추적인 역할을 수행함으로써 체계적인 호스피스 제공 및 질 향상을 도모하고자 권역별호스피스센터를 지정·운영하고 있다.

4 호스피스·완화의료에 대한 진료 및 서비스 지침서

2016년 12월 연명의료결정법의 입법에 따라 호스피스 적용의 대상이 말기암 외에도 만성폐쇄성폐질환, 만성 간경화, 후천성면역결핍증 등 일부 비암성 질환 말기로 확대되어 말기 환자들이 자유의사에 따라 선택할 수 있는 법적 근거가 마련되었다.

4-1. 만성진행성 비암성 폐질환 환자를 위한 완화의료[14]

폐질환의 완화의학적 접근은 기본적으로 증상조절과 질병진행을 늦추는 질병조절치료와 더불어 갑작스러운 급성악화를 대비한 환자 스스로 즉각적인 대처를 할 수 있는 대처요령을 수립하고 교육하는 것이 중요하다. 또한 질병이 진행되어 '불응성 호흡곤란'이나 '호흡붕괴'의 상황에서는 마약성 진통제, 산소요법, 항불안제 등의 사용이 도움이 될 수 있다. 무엇보다도 질병의 진행과정 전체에서 환자 및 보호자와의 지속적인 의사소통을 통한 심리적 지지를 제공하고 사전돌봄계획을 수립하여 환자의 삶에 대한 가치관이 치료계획에 반영될 수 있도록 해야 한다. 폐질환 환자의 호흡곤란은 폐기능 문제뿐만 아니라 심리적인 요인과 동반된 다른 질환에 의한 영향이 복합되어 있으므로 환자와의 긴밀한 의사소통을 통해 고통의 원인을 이해하고 이에 다각적인 접근을 시도한다면 상당부분 고통을 개선시킬 수 있을 것이다. 만성폐질환은 치료의 초기부터 완화의료적 접근이 병행되어야 하며 너무 늦지 않은 시기에 완화의료팀에 의뢰되어야 한다.

완화의료는 개별 환자의 증상, 요구도, 두려움, 기대에 대한 이해를 공유하는 데에서 출발한다. 덴마크호흡기학회는 의료진에게 환자와, 가능하다면 돌봄제공자도 함께 매년 사전돌봄계획을 상의하도록 권고한다. 다학제팀은 상호이해를 통하여 치료계획을 수립한 이후에 환자의 요구와 자원에 부합하는 치료를 수행해야 한다. 완화의료를 조기에 도입하면 다양한 치료 요구도를 체계적으로 이해하고 이에 대해서 장기전략을 수립할 수 있다. 완화의료의 목표는 질병 여정 내내 환자와 돌봄제공자의 삶의 질을 개선하는 것이다.

4-2. 간경변증 환자의 완화의료에 대한 진료 지침[15]

말기 간질환은 암성 질환과 달리 그런 분명한 경계를 짓기가 어렵고, 임종까지의 기간을 예상하기 어려우며, 질환의 중중도가 호전과 악화를 반복하는 경향이 있어, 간질환에 대한 지속적인 전문 치료와 유지가 환자 생명 연장은 물론 완화의료적 측면에서도 중요하다. 말기 간질환자는 상당한 신체적, 심리적 고통을 겪게 되므로 충분히 호스피스·완화의료의 대상자가 되며, 호스피스·완화의료가 2달 이상 충분히 제공될 수 있도록 적기에 의뢰하는 것이 중요하다. 특히 간뇌병증이 발생하면 의사소통이 어려워지므로 미리 사전돌봄계획을 수립하는 것이 중요하며 환자가 신뢰할 수 있는 가족구성원이나 지인을 파악하여 참여시키며 법정 대리인을 세우는 것이 필요하다.

말기 간경변 환자에서 호스피스·완화치료 대상자의 선별은 전문 치료와 호스피스·완화치료 사이에 균형을 이루고 최선의 치료가 될 수 있도록 간 전문의가 치료의 중심에서 역할을 지속하고, 완화의료나 연명의료전문가가 협업 또는 자문하는 형태로 하여 환자의 최종 치료 목표를 점차 완화의료로 바꾸어 가는 형태의 다학제적 협업이 가장 중요하다.

5 호스피스 · 완화의료팀[16), 17)]

호스피스 · 완화의료 서비스의 팀협동은 필수이다. 호스피스 · 완화의료팀은 다학제간(interdisciplinary)팀이며 환자중심의 돌봄을 수행하는 팀이다. 전인적인 돌봄을 위해 의사, 간호사, 사회복지사, 성직자, 전문치료사(물리치료, 작업치료, 음악치료, 미술치료 등), 영양사, 약사, 자원봉사자 등 환자와 가족 돌봄에 필요한 다양한 전문가들로 구성한다. 우리나라에서 법적으로 요구되는 호스피스 · 완화의료의 필수 전문 인력은 의사, 간호사, 사회복지사로 구성되어 있으며, 전문 인력이 되기 위해서는 말기 암 환자에 대한 전인적평가 방법과 돌봄 계획 설립 방법, 환자와 가족에 대한 의사소통 및 상담법, 말기 암 환자의 통증 및 증상 관리 등 완화의료와 관련된 60시간 이상의 교육을 이수해야 한다.

호스피스 · 완화의료팀은 전문화된 완화의료 서비스를 제공하고 있으며 환자의 신체증상 조절, 재원기간의 단축, 환자와 가족의 만족도 그리고 비용 측면에서 긍정적인 영향을 미치고 있다. 팀원들은 말기 암 환자, 가족, 보호자를 위해 협력하는 팀 목표를 가지는 하나의 공동체이며 이들은 계획수립, 문제해결, 의사결정, 팀과 연관된 업무를 평가하고 수행하는 데 서로 의존하며 일한다. 팀은 높은 수준의 협력과 의견교환을 하며 환자, 가족의 변화된 요구를 반영하는 돌봄계획을 확인, 수정, 기록하며, 전문성과 관련된 표준과 원칙에 의해 조화된 돌봄을 제공한다. 호스피스 · 완화의료팀원의 역할은 다음의 표와 같다.

〈표 5-2〉 호스피스 · 완화의료팀원의 역할

의사	환자에게 필요한 의학 분야에 능통, 통증 조절과 그 외 다른 증상관리에도 숙달해야 하며, 의학적 치료의 갈등 상황에 대한 평가, 감독 및 조정 역할을 한다. 의료적 의사결정에 대해 논의하고, 연구 수행과 연구 결과의 적용을 판단하는 통합적인 역할을 한다.
간호사	환자에게 신체적, 심리사회적, 그리고 영적인 측면을 포괄하는 전인간호를 제공한다. 증상관리, 환자 및 가족의 교육, 간호상담, 가족 지지, 임종 돌봄, 일상생활에서 환자의 상태에 따라 최적의 건강기능을 유지할 수 있도록 돕고 안전한 환경에서 돌봄을 받을 수 있도록 간호한다.
사회복지사	환자와 가족이 질환과 장애로 겪는 개인적 · 사회적 문제를 관리, 질환의 진행과 사별 과정에서 지지를 제공하는 역할을 한다. 심리사회적 관점에서 환자와 가족의 요구를 평가하며, 환자의 기능 저하와 경제적 어려움에서 비롯하는 가족 내의 문제를 예견하여 지원한다. 또한 지역사회의 자원을 연계하며, 사별 후 가족 돌봄을 제공한다.
영적돌봄자	경험이 많고 개인적인 판단을 배제할 수 있어야 하며, 삶의 의미와 관련된 질문에 대해 상담해야 한다. 환자의 과거 정리와 미래에 대한 준비를 돕기 위해 환자의 이야기를 잘 들어 주며, 환자와 가족에게 의미 있는 종교의식을 준비, 그들을 지원하는 역할을 수행한다.
자원봉사자	상황에 따라 다양한 역할을 수행하며 주요 역할은 의료자원이 부족하거나 일반적인 상황에서 의료진을 도와 환자와 가족이 최상의 삶의 질을 누리도록 돕는다. 팀에 자원봉사자를 포함하면 지역사회 차원에서의 지원과 전문 지식을 형성할 수 있다. 자원봉사자는 적절한 훈련과 교육을 받아 환자와 가족에게 돌봄을 제공하고, 의식을 고양시키고, 재활 지원을 수행하는 등 여러 역할을 할 수 있다.

6 호스피스 · 완화의료 개선 방안[18), 19)]

생애말기는 환자와 가족의 신체적 · 심리적 고통, 돌봄 부담 등이 급증하는 시기로, 의료 · 복지적 돌봄과 지원이 필수적이다. 우리나라는 다른 국가들에 비해 빠른 속도의 노인 인구증가를 경험하고 있으며, 저출산과 핵가족화로 인해 돌봐 줄 가족이 부족한 환경에 직면하고 있다. 말기환자의 돌봄에 있어서 호스피스 · 완화의료의 정착을 위해서는 개인의 자율성을 존중하는 문화가 조성되어야 할 것이며, 지나친 가족의 개입과 책임을 당연시하며 무의미한 의료집착적인 치료의 경우 전통적인 사회규범이나 개인적인 가치관을 변화시키기 위한 노력이 필요할 것이다. 전문의료기관의 대도시 편중의 문제, 체계적인 완화의학 교육프로그램의 부재, 의료인들의 호스피스 · 완화의료의 인식 부족, 표준화된 서비스 지침의 개발 등의 많은 어려움을 극복해 나가야 할 것이다.

생애말기 보살핌은 존엄한 죽음과 더불어 고령인구 증가에 따라 더욱 중요하게 다뤄져야 할 것이다. 자택 임종 증가를 위한 가정형 호스피스 활성화는 인구구조의 변화의 측면에서 중요한 문제이다. 가정형 호스피스 활성화를 위해 호스피스제도 개선과 더불어 간병문제를 해결할 수 있는 전문인력 양성 및 의료의 집착에서 벗어나 죽음을 삶의 연속상의 일부로 자연스럽게 받아들일 수 있도록 임종문화에 대한 인식변화가 필요하며 어떻게 유도해나갈 것인지 노력이 필요할 것이다.

노인 호스피스 환자를 위한 돌봄은 신체 · 심리 · 영적 영역에 걸쳐 이루어져야 하며 돌봄을 제공하는 과정에서 가장 우선시 되는 것이 노인 자신의 생애말기 돌봄 방식이라는 것을 인지할 필요가 있다. 노인의 '평화로운 죽음'을 둘러싼 다양한 논제들은 의료계와 지역사회의 큰 관심사이며 차후 장기 요양시설, 가정 등 임종이 이루어지는 장소에 따른 구체적인 노인 호스피스의 전략을 논의해야 할 것이다.

◆ 추천 책: 그래도 마지막까지 삶을 산다는 것[20)]

이 책은 매일 죽음과 마주하는 환자들을 돌보는 호스피스 전담간호사 18명의 코로나19시대의 호스피스 병동을 생생하게 기록한 인터뷰집이다. 임종이 가까운 말기 환자가 존엄한 죽음을 맞이할 수 있도록 신체적 고통을 완화하는 의학적 치료에 더해 심리적, 사회적, 영적인 부분을 돌보는 곳이 호스피스 병동이다. 코로나19로 인하여 호스피스 병동은 간병과 면회 기준이 마련되었고, 또한 병동이 폐쇄되는 어려움도 겪는다. 가족의 면회 제한뿐만 아니라 자원봉사와 영적 돌봄의 공백이 현장의 간호사들도, 호스피스케어 외의 업무를 해야 하는 간호사들도 힘겨운 시간들이었을 것이다. 또한 코로나19와 사투를 벌이며 홀로 외롭게 죽음을 맞는 이들과 그렇게 가족을 떠나보내고 죄책감과 그리움으로 고통스러워하는 유가족들의 모습을 목격할 수 있다. 이런 힘든 상황에서도 생의 말기에 있는 환자들이 평안한 임종을 맞을 수 있도록 애쓰는 간호사들의 모습을 보며, 호스피스 전문 간호사로서의 정체성 혼란을 이겨 내며 환자의 행복을 위해 끊임없이 답을 찾아가는 과정을 글로 읽으면서 간호사인 나에게도 그들의 직업의식에 절로 감탄하게 되었다. '사람 냄새가 난다'라고 가족 냄새가 났다고, 간호사들에게 선물을 꼭 주라고 유언을 하셨다는 할머니 환자분의 일화가 특히 더 떠오르며 죽음을 삶의 연장선상에서 바라보며 마지막까지 존엄한 인간으로 살아갈 수 있도록 돌보는 동반자 역할을 하는 호스피스 의료진들에게 감사의 인사를 전한다.

p. 154 엄마가 그 아이 죽을까 봐 살리려고 애쓰는 게 아니라 그냥 보살피는 거잖아요. 호스피스도 마찬가지예요. 살고 죽고를 떠나서 편안하게 보살피는 것. 저는 그냥 '돌보다'라는 단어에 다 들어 있다고 생각해요.

p. 179 마지막 순간까지 말기 암 환자와 가족을 간호할 수 있다는 것은 호스피스 간호사가 누릴 수 있는 특권이라고 생각한다.

참고문헌

1) https://www.who.int/health-topics/palliative-care

2) 가톨릭대학교 호스피스 교육연구소(2023). 호스피스·완화간호. 서울:군자출판사

3) Hospice UK Impact Report April 2022 - March 2023

4) https://www.hospiceuk.org/about-us/key-facts-about-hospice-care

5) 한다정·최영순·이동현(2022). 자택임종 증가를 위한 호스피스제도 개선 방안: 한국과 미국의 호스피스제도 비교를 중심으로. 한국콘텐츠학회논문지. 22(6). 567-579. https://doi.org/10.5392/JKCA.2022.22.06.567

6) NHPCO 2023 report

7) 가톨릭대학교 호스피스 교육연구소(2023). 호스피스 완화간호. 서울: 군자출판사

8) 박선숙·한승협·이영조·장영화(2023). 웰다잉을 위한 호스피스 실천론. 서울: 학지사

9) 오주연·이다희·임재우·신양준·박다혜·유혜림·최효정(2020). 호스피스완화의료서비스 제도개선방안. 원주:건강보험심사평가원

10) 법제처. https://www.law.go.kr/LSW//lsInfoP.do?lsId=012492&ancYnChk=0#0000

11) 보건복지부(2024). 호스피스·완화의료 사업안내

12) 보건복지부·중앙호스피스센터(2023). 2023 국가 호스피스·완화의료 연례보고서

13) 보건복지부(2024). 호스피스·완화의료사업안내

14) 보건복지부(2023). 만성 비암성 폐질환 환자를 위한 완화의료 국외 참고자료

15) 보건복지부(2023). 말기 간질환 환자를 위한 완화의료 국외 참고자료

16) 보건복지부(2024). 호스피스·완화의료사업안내

17) 보건복지부(2017). 말기환자 호스피스·완화의료 진료권고안

18) 신양준(2020). 영국의 생애말기돌봄(End of Life Care)제도. 정책동향. 14(4), 63-78.

19) 김경아(2023). 한국과 주요국의 웰다잉(Well-dying) 지원정책의 현황과 시사점. 한국노년학회지, 43(3). 303-329. https://doi.org/10.31888/JKGS.2023.43.3.303

20) 권신영(2024). 그래도 마지막까지 삶을 산다는 것은. 서울:클

제6장

상속과 관련 제도

———

정상익

1 초고령 사회에서 노인의 재산 상속

1-1. 상속의 개념

상속이란 피상속인의 사망 후 그의 재산이 상속인에게 이전되는 과정이나 행위를 뜻한다. 민법에 따르면, 상속은 피상속인의 유언이 없는 경우 법정 상속인에게 법률에 따라 정해진 비율로 자동 상속된다. 상속에는 부동산, 동산, 주식과 채권, 금융 자산, 현금, 사업 지분, 지식재산권 등 다양한 형태의 자산이 포함될 수 있다. 또한 피상속인의 금융기관 대출, 개인 간 채무를 포함한 모든 미납 채무도 포함된다. 따라서 상속에는 자산과 채무가 동시에 포함될 수 있다.

1-2. 상속의 의의

노년층의 재산 상속은 생전에 축적한 자산을 후세에 물려줌으로써 가족 간 경제적 연속성을 보장하고, 자녀 세대의 경제적 안정을 도모한다. 사회적으로도 상속은 중요한 의미를 가진다. 고령층 증가와 함께 재산 상속은 개인 가정뿐만 아니라 사회 전반에서 경제적 재분배와 복지의 핵심요소로 작용한다. 이를 통해 경제적 불균형을 일부 완화하고, 세대 간 빈부 격차를 줄이는 데 기여할 수 있다(이진기, 2019).

1-3. 상속의 필요성

가. 노인이 평생 축적한 재산의 적절한 관리

고령 사회에서는 노인들이 점점 더 많은 자산을 보유하게 된다. 이러한 자산은 평생 축적한 결과로, 이를 자손에게 효율적으로 이전할 수 있는 체계가 필요하다. 상속받은 재산을 피상속인의 의지에 따라 적절히 활용하고 관리할 수 있도록 지원하는 법적·제도적으로 정밀한 장치가 필요하다.

나. 적절한 상속을 통한 가족 간 갈등 예방

상속 분쟁은 가족 간 갈등을 유발할 수 있다. 이를 예방하기 위해 적절한 상속 절차와 유언 제도의 활성화가 필요하다. 이러한 제도는 갈등을 최소화하고 공정한 자산 분배를 보장하는 데 중요한 역할을 한다.

다. 자녀를 위한 경제적 지원과 노인 자신의 노후 재무 설계

상속은 자녀들이 경제적 기반을 마련하거나 안정적인 생활을 유지할 수 있도록 돕는 데 중요한 역할을 한다. 또한, 고령자 본인도 상속 계획을 통해 자신의 말년을 경제적으로 보장받는 방안을 마련할 수 있다.

2 상속의 기본원칙

2-1. 기본원칙

상속은 피상속인이 사망할 경우, 그의 재산이 법정 상속되거나 유언에 따라 이전되는 것을 원칙으로 한다. 상속 방식에는 유언상속과 법정상속 두 가지가 있으며, 유언이 없는 경우 법정상속이 적용된다. 우리나라는 민법 제1005조(상속과 포괄적 권리·의무의 승계)에 따라 피상속인의 모든 재산뿐만 아니라 채무까지도 상속받는 포괄승계 원칙을 채택하고 있다. 포괄승계를 하더라도 상속인은 상속과 관련된 권리와 의무의 범위를 선택하여 상속의 범위를 조정할 수 있다. 이와 관련하여 본 장 "5의 5-2. 상속 방식의 선택"에서 상세히 다루었다.

2-2. 상속 순위

상속 순위는 민법 제1000조(상속의 순위)와 제1003조(배우자의 상속순위)에 따라 피상속인 사망 후 재산 상속이 이루어지는 우선순위를 규정한 법률적 기준이다.

① 제1순위, 직계비속: 피상속인의 자녀가 상속의 첫 번째 순위가 된다.
   만약 자녀가 사망했다면, 그 자녀의 직계비속인 손자녀가 대신 상속받는다.
② 제2순위, 직계존속: 피상속인의 부모가 상속의 두 번째 순위가 된다.
③ 제3순위, 형제자매: 부모나 자녀가 모두 없을 때, 피상속인의 형제자매가 상속받는다.
④ 제4순위, 4촌 이내의 방계혈족: 위의 상속인들이 모두 없으면, 이 4순위자가 상속받는다.

배우자는 언제나 상속권을 가지며, 직계비속 또는 직계존속, 형제자매와 함께 상속받는 경우 일정한 지분을 가진다(민법 제1003조: 배우자의 상속순위). 만약 직계비속과 직계존속, 형제자매가 없다면 배우자가 단독상속자가 된다. 배우자는 4촌 이내 방계혈족과는 공동 상속자가 되지 않는다.

2-3. 상속 지분

상속인의 상속 지분율은 상속 순위 등에 따라 결정되며, 이는 민법 제1009조(법정상속분)에 다음과 같이 규정되어 있다.

① 배우자와 직계비속의 공동상속: 배우자의 상속분은 직계비속 1인의 상속분의 50%를 가산한 금액을 상속한다.

예 1) 배우자와 자녀 1인의 공동상속: "배우자 1.5 : 자녀 1"로 배분

   - 배우자는 1.5/2.5(60%), 자녀 1/2.5(40%)로 배분

예 2) 배우자와 자녀 2인의 공동상속: "배우자 1.5 : 첫째 자녀 1 : 둘째 자녀 1"로 배분

   - 배우자는 1.5/3.5(42.9%), 자녀 각각은 1/3.5(28.9%)씩 배분(* 소수점 반올림)

② 배우자와 직계존속의 공동상속: 배우자의 상속분은 직계존속 상속분의 50%를 가산한 비율로 계산한다. 직계존속이 2인이면 직계존속 상속분에서 반분한다.

예 1) 배우자와 직계존속 1인의 공동상속: "배우자 1.5 : 직계존속 1"로 배분

   - 배우자 1.5/2.5(60%), 직계존속 1인 1/2.5(40%)

예 2) 배우자와 직계존속 2인의 공동상속: "배우자 1.5: 직계존속 1인당 0.5"로 배분

   - 배우자 1.5/2.5(60%)

   - 직계존속의 몫은 1/2.5(40%)이고, 직계존속(부모) 1인당 0.5/2.5(20%)로 배분

③ 배우자와 형제자매의 공동상속: 배우자의 몫은 상속분의 2/3로 계산한다. 형제자매는 나머지 상속분 1/3을 인원수에 따라 균등 배분한다. 이때 형제자매는 피상속인(사망자)의 형제자매를 의미한다.

④ 직계비속, 직계존속, 형제자매 및 방계혈족의 단독 상속의 경우, 균등 배분한다.

상속인이 될 직계비속이나 형제자매가 상속개시 전에 사망한 경우, 그 자녀가 대신 상속할 수 있다. 이를 대습상속이라고 하며, 대습상속인의 상속분은 사망한 자의 상속분과 동일하게 책정된다(민법 1001조: 대습상속).

2-4. 상속자의 자격과 결격 사유

상속인이 되기 위해서는 피상속인이 사망한 시점에 생존해 있어야 하며, 상속인으로서 결격 사유가 없어야 한다. 태아의 경우 살아서 출생하면 민법 제1000조 제3항에 따라 상속인으로 간주되며, 유언에 의한 상속이나 유류분 반환 청구권 등에서도 상속인으로 인정된다.

다음과 같은 경우에는 상속권이 상실된다(민법 제1004조: 상속결격사유).
- 피상속인에게 부양의무를 이행하지 않았거나 범죄 행위를 저지른 경우
- 피상속인의 유언을 위조, 변조하거나 강요한 경우
- 피상속인의 상속 의사를 억압하거나 왜곡한 경우
이러한 결격 사유가 발생하면 다른 상속인에게 그 권리가 넘어간다.

3 상속의 종류

3-1. 신분상속과 재산 상속

신분상속과 재산 상속은 상속인이 피상속인의 신분적 권리 혹은 재산 중 어느 것을 승계하느냐에 의해 구분된다. 신분상속은 피상속인의 신분적 권리(예: 친권, 부양의무 등)를 상속인이 이어받는 것으로, 가족 관계에서 발생하는 비재산적 권리를 승계하는 것을 의미한다(민법 제909조: 친권의 내용, 민법 제974조: 부양의무자). 단, 일부 신분적 권리는 피상속인의 사망과 함께 소멸한다. 한편, 재산상속은 피상속인의 유산을 상속인이 물려받는 것을 뜻한다.

3-2. 생전상속과 사망상속

생전상속과 사망상속은 상속이 이루어지는 시점에 따라 구분된다. 생전상속은 피상속인이 생전에 재산을 미리 상속인에게 나누어 주는 방식으로, 법정상속이 아니라 증여하는 것을 의미한다. 이는 증여세 및 상속세 문제와 관련될 수 있으며, 상속 개시 후에는 공평한 분배를 위해 생전 증여분을 상속재산에 포함할 수 있다(상속세 및 증여세법 제13조: 상속재산에 가산하는 증여재산의 범위). 반면 사망상속은 피상속인의 사망 후 법정상속 순위 혹은 유언에 따라 자동으로 이루어진다.

<표 6-1> 생전상속과 사망상속 비교

	생전상속(증여)	사망상속
시점	피상속인의 생존 중	피상속인의 사망 후
법적성격	증여(법률적으로 상속이 아님)	상속 (법정상속 또는 유언상속)
법적근거	민법 제554조(증여 계약)	민법 제1005조(사망 후 상속개시)
재산분배	생전에는 증여세 부과 가능 사후에는 유류분 문제 발생 가능	상속세 부과 상속인들이 법정 절차에 따라 배분
특징	생전에 미리 재산 분배	피상속인의 사망과 함께 자동 상속

3-3. 법정상속과 유언상속

법정상속과 유언상속은 피상속인이 재산 분배를 미리 지정했는지 여부에 따라 구분된다. 법정상속은 피상속인이 유언을 남기지 않고 사망하거나 유언이 무효인 경우, 법정상속 순위와 비율에 따라 재산이 자동으로 분배되는 방식이다. 반면, 유언상속은 피상속인이 유언으로 상속인을 지정한 경우로, 유언에 따라 재산이 분배된다. 피상속인은 법정 상속인이 아닌 제3자에게도 재산을 남길 수 있으며, 유언이 유효할 경우 법정상속보다 우선 적용된다. 다만, 유류분 제도에 따라 법정상속인의 최소 상속분이 보장된다.

<표 6-2> 법정상속과 유언상속 비교

	법정상속	유언상속
개념	법에 따라 상속 순위와 지분 결정	피상속인의 유언에 따라 재산 분배
법적근거	민법 제1000조(상속의 순위) 제1009조(법정상속분)	민법 제1056조(유언의 대상) 제1118조(유류분)
상속방식	법정상속 순위와 지분에 따라 자동 분배	유언에서 지정한 상속인 및 분배 방식 지정
특징	피상속인이 유언 없는 사망 시 적용	피상속인 의사에 따라 재산 분배 가능 유류분 제도 적용

3-4. 단독상속과 공동상속

단독상속과 공동상속은 상속인의 수에 따라 구분된다. 단독상속은 상속인이 한 명일 때 발생하며, 해당 상속인이 피상속인의 재산을 단독으로 상속받아 모든 소유권과 관리 권한을 행사한다.

예를 들어, 피상속인의 자녀 등이 없고 배우자만 남은 경우, 배우자가 단독상속인이 될 수 있다. 공동상속은 상속인이 둘 이상일 때 적용되며, 상속인들은 피상속인의 재산을 법정상속분에 따라 공동으로 소유하며 권리와 의무를 분담한다. 재산 분할에 대한 합의가 이루어지지 않을 경우, 법원에 분할 청구를 할 수 있다.

〈표 6-3〉 단독 상속과 공동상속 비교

	단독 상속	공동상속
상속인	상속인이 한 명	상속인이 여러 명
법적근거	유언에 의한 단독상속(민법 1060조) 유류분(민법 1009조, 법정상속분)	민법 제1006조(공동상속의 포괄적승계) 민법 제1013조(상속재산의 분할 협의)
상속조건	유언에 의한 단독 상속, 상속인 간 단독 상속 합의, 타 상속인(들)이 상속 포기	법정상속 또는 유언상속
특징	상속 절차 간단, 상속인이 재산 독점	상속인 간 협의로 분할 가능
법적분쟁	유류분 반환 청구	유류분 반환 청구

3-5. 강제상속과 임의상속

강제상속과 임의상속은 상속재산 분배 시 상속인의 권리와 피상속인의 의사에 따라 구분된다. 강제상속은 법이 정한 상속인의 최소 상속분을 보장하는 방식으로, 피상속인의 유언으로 인해 상속인이 상속분을 받지 못하는 경우 유류분 제도가 적용된다. 반면, 임의상속은 피상속인이 유언에 따라 재산을 자유롭게 분배하는 방식이다. 피상속인은 법정 상속인이 아닌 제3자에게도 재산을 남길 수 있지만, 유류분 제도를 통해 법정 상속인의 최소 상속분은 보장된다.

〈표 6-4〉 강제상속과 임의상속 비교

	강제상속	임의상속
개념	법정 상속인의 최소 상속분을 보장	유언에 따라 자유롭게 재산을 분배
법적근거	민법 제1112조~제1118조(유류분)	민법 제1060조~제1090조(유언상속)
특징	법정 상속인의 유류분을 강제로 보호	피상속인의 의사에 따라 재산을 분배

3-6. 균분상속과 불균분상속

균분상속과 불균분상속은 상속재산을 상속인들 사이에 분배하는 방식에 따라 구분된다. 균분상속은 모든 상속인이 동등한 비율로 재산을 나누는 방식으로, 상속인들이 같은 순위에 있을 경우 균등하게 상속받는 것이 원칙이다. 반면, 불균분상속은 피상속인의 유언이나 상속인 간의 합의에 따라 재산이 동등하지 않은 비율로 분배되는 방식이다. 이 경우 특정 상속인이 더 많은 재산을 받을 수도 있으나, 유류분 제도를 통해 법정 상속인의 최소 상속분은 보호된다.

〈표 6-5〉 균분상속과 불균분상속 비교

	균분상속	불균분상속
개념	상속인들이 동일한 비율로 상속받음	상속인들이 동등하지 않은 비율로 상속
법적근거	민법 제1009조 제1항 (동일 순위 상속인 간 균등 분배)	민법 제1060조~제1090조 (유언상속 및 합의)
특징	상속인 간에 동일 비율로 상속 분배	유언이나 상속인 간의 합의에 따라 재산 비율이 달라짐

3-7. 본위상속 및 대습상속

본위상속과 대습상속은 상속인이 재산을 상속받는 방식에 따라 구분된다. 본위상속은 원래 상속 자격을 가진 상속인이 직접 상속받는 경우로, 법정상속 순위에 따라 상속 개시 시점에 생존한 상속인이 재산을 받는다. 반면, 대습상속은 상속인이 될 사람이 상속 개시 전에 사망하거나 상속 결격 사유가 있을 경우, 그 직계비속이 대신 상속받는 방식이다.

〈표 6-6〉 본위상속과 대습상속 비교

	본위상속	대습상속
개념	원래 상속인이 상속받는 것	상속인이 사망하거나 결격 사유가 있을 때 직계비속이 대신 상속
법적근거	민법 제1000조(상속의 순위)	민법 제1001조(대습상속)
특징	상속인이 직접 재산을 상속	본래 상속인의 자녀 등 직계비속이 대신 상속

4 피상속인의 상속 준비 관련 제도

4-1. 유언장

1) 개념

유언장은 피상속인이 자신의 재산을 사망 후 어떻게 분배할지를 미리 결정하는 법적 수단으로, 피상속인의 사망과 동시에 그 내용이 법적 효력을 갖는다. 이를 통해 법정상속 순서를 따르지 않고 피상속인이 원하는 대로 재산을 분배할 수 있으며, 특별히 고려하는 상속자에게 더 많은 금전적 배려를 할 수 있다(이양원, 2024; 정소민, 2018). 또한 유언장은 유언장 부재로 인한 가족 간의 불필요한 분쟁을 예방하는 데 도움을 준다.

2) 유언의 종류

유언장은 자필증서(민법 제1066조), 녹음에 의한 유언(민법 제1067조), 공정증서에 의한 유언(민법 제1068조), 비밀증서에 의한 유언(민법 제1069조), 구수증서에 의한 유언(민법 제1070조)처럼 다양한 방식으로 작성할 수 있다. 세부적인 작성 방식과 절차 등은 다음 장에서 상세히 후술하였다.

3) 유언장 공증 제도와 공적 보관 제도

유언장이 법적 요건을 갖추고 공신력을 확보하기 위해 유언장 공증 제도(민법 제1068조: 공정증서에 의한 유언)가 활용된다. 유언은 민법에서 규정한 다섯 가지 방식 중 하나로 이루어지며, 그중 공정증서에 의한 유언은 가장 신뢰할 수 있는 방법으로 꼽는다. 유언장을 공증하면 분실이나 위조의 위험이 사라지며, 유언 내용이 정확히 반영될 수 있다. 유언장 공증에 관한 세부적인 내용은 다음 장에서 상세히 기술하였다.

일본 등 선진국에서는 이런 공증 방식을 발전시켜 유언장의 공적 보관 제도를 도입하고 있다. 이는 유언자가 작성한 유언장을 법정 기관에서 안전하게 보관하여 관리하는 방식이다. 우리나라도 이 제도의 조속한 도입이 요구된다(한소혜, 2022).

4-2. 유언대용신탁

1) 개념

신탁법 제59조에 근거한 유언대용신탁은 유언과 동일한 효과를 가지는 생전신탁으로, 위탁자가 생전에 재산을 신탁으로 설정하여 사망 후에도 원활한 재산 분배가 이루어지도록 하는 방식이다. 유언대용신탁을 통해 사망 이후 재산이 미리 지정된 수익자에게 자동으로 이전되며, 유언장 없이도 재산 승계가 가능하다.

2) 효과

유언대용신탁은 재산 승계의 유연성과 안전성을 동시에 제공하는 효과적인 도구이다. 위탁자는 생전에는 신탁에서 발생하는 수익을 직접 수취하거나 신탁 재산을 관리할 수 있으며, 사망 후에는 신탁 재산이 미리 지정된 수익자에게 자동으로 이전된다(강성모, 2023).

또한, 유언대용신탁을 통해 사전에 신탁을 설정함으로써 상속인 간의 분쟁을 예방할 수 있다. 신탁 설정 시 유류분 권리자의 권리를 보호할 수 있으며, 권리가 침해되면 유류분 반환 청구도 가능하다. 위탁자의 사망 후에도 수탁자가 재산을 안정적으로 관리하므로, 자산 관리의 연속성이 보장된다.

3) 유언대용신탁 절차

신탁 절차는 신탁 설정, 수익자 지정, 신탁 재산 관리, 사후 집행으로 나누어진다.

① 신탁 설정: 위탁자가 생전신탁을 설정하며, 수탁자와 수익자를 지정한다. 이때 신탁 계약서가 작성된다.

② 수익자 지정: 위탁자는 생전에 자신이 사망한 후 재산을 받을 수익자를 미리 지정한다.

③ 재산 관리: 수탁자는 위탁자가 살아있는 동안 재산을 관리하며, 사후에는 지정된 수익자에게 재산이 이전된다.

④ 사후 집행: 위탁자 사망 시 신탁 계약에 따라 수익자에게 재산이 자동 이전된다.

이 과정에서 유류분 권리자의 권리가 보호된다.

4) 유언대용신탁 상품

유언대용신탁은 주로 금융기관이나 신탁회사를 통해 이루어지며, 이 기관들이 신탁의 설정, 관리, 집행을 담당한다. 국내 주요 금융기관에서 제공하는 대표적인 유언대용신탁 상품으로는 하나은행의 Living Trust, 우리은행의 우리 내리사랑 유언대용신탁, 신한은행 유언대용신탁 등이 있다.

4-3. 증여(생전상속)

1) 증여의 개념

증여는 증여자가 자신이 소유한 재산을 무상으로 수증자에게 이전하는 계약을 의미한다. 증여는 당사자 간의 합의에 따라 이루어지며, 사망 전 재산을 이전하는 방식으로서 상속과는 구별된다.

증여에 대한 법적 구속력은 계약이 성립됨으로써 발생하며, 관련 규정은 민법과 상속세 및 증여세법에서 다루고 있다. 특히, 상속세 및 증여세법에서는 증여세의 부과 기준과 절차를 명확히 규정하고 있다. 주요 조항으로는 제2조(증여세 과세대상), 제31조(증여재산의 범위), 제53조(증여세 과세가액), 제56조(증여공제), 제57조(과세표준과 세율) 등이 포함된다.

2) 증여의 장점

① 생전 재산 분배 가능: 재산을 생전에 분배함으로써 피상속인의 의도를 반영할 수 있다.

② 절세: 세금 공제 한도 내에서 재산을 미리 나누어 증여하면 상속세 부담을 줄일 수 있다.

③ 재산 관리 용이성: 피상속인이 재산을 직접 관리하면서 수증자에게 적절히 이전할 수 있다.

④ 재산분쟁 예방: 상속이 개시되기 전에 미리 재산을 증여하여 상속인 간의 분쟁을 예방할 수 있다.

3) 증여의 단점

① 증여세 부담: 증여가 이루어질 때 증여세가 즉시 부과되며, 이는 상속세보다 상대적으로 높은 세율이 적용될 수 있다.

② 증여 후 재산 감소: 증여가 이루어지면 피상속인이 보유한 재산이 감소하여 이후 재산 관리에 어려움이 있을 수 있다.

4) 증여분의 상속재산 귀속

피상속인이 생전에 증여한 재산이라 하더라도 직계비속이나 배우자에게 증여한 재산 중 사망 10년 이내의 증여된 부분은 상속재산에 포함된다. 또한 기타 수증자에게 증여한 재산은 사망 5년 이내의 증여분이 상속재산에 포함된다(상속세 및 증여세법 제13조: 상속재산에 포함되는 증여재산).

5) 상속 관점에서의 증여 관련 쟁점

생전에 증여된 재산이라 하더라도 유류분 권리자는 그 권리를 주장할 수 있다. 이는 피상속인이 일부 상속인을 배제하고 다른 사람에게 증여하는 경우, 유류분 청구를 통해 권리를 회복할 수 있도록 보장하는 제도이다(박광수, 2021).

4-4. 유산기부

1) 유산기부의 의의

유산기부는 기부자가 사후에 자기 재산 일부 또는 전부를 공익단체에 기부하는 행위로, 고령 사회에서 자산을 사회에 환원하는 중요한 방법이다. 주로 자선단체나 비영리기관을 통해 이루어지며, 개인의 유산을 활용해 공익을 실현하고 공동체의 복지 증진에 기여한다.

2) 유산기부에 따른 법적 절차

유산기부를 진행하려면 몇 가지 법적 절차를 거쳐야 한다. 먼저, 유산기부의 취지와 계획을 가족들과 충분히 논의하여 동의를 구하는 것이 중요하다. 그다음, 변호사 등 전문가와 함께 유산기부에 필요한 법적 요건과 절차를 확인해야 한다. 마지막으로, 기부 의사를 명확히 하기 위해 유언장을 작성하고 공증을 받아 기부자의 의사를 법적으로 유효하게 해야 한다.

3) 세제 혜택

유산기부는 상속세를 줄이는 데 중요한 세제 혜택을 제공한다. 기부된 재산은 상속세 과세가액에 포함되지 않아 상속인의 상속세 부담을 경감할 수 있다(상속세 및 증여세법 제16조: 공익법인 등에 출연한 재산에 대한 상속세 과세가액 불산입).

4) 자손과의 갈등 방지

유산기부는 상속인과의 갈등을 초래할 수 있으며, 특히 유류분 제도는 상속인의 권리를 보호하기 위해 기부의 자유를 제한한다. 이러한 갈등을 방지하려면 유언장 작성 시 상속인들과 충분히 협의하여 기부에 대한 합의를 도출하는 것이 중요하다. 또한, 유산기부와 관련해 유류분 제도의 적용을 완화하거나 예외를 두는 방안이 논의되고 있다(국회기부문화선진화포럼, 2019).

5   상속인 보호를 위한 제도

5-1. 유류분 제도

1) 개념

유류분 제도는 상속인이 상속재산에서 법적으로 보장받을 최소한의 몫을 의미한다. 피상속인이 특정인에게 재산을 몰아주거나 생전 증여로 재산을 편중한 경우, 다른 상속인들이 유류분을 청구하여 자신의 최소한의 상속 몫을 보장받을 수 있다.

2) 유류분의 배분율

유류분은 상속인의 법정상속분에 따라 비율이 정해지며, 직계비속과 배우자는 법정상속분의 1/2, 직계존속과 형제자매는 법정상속분의 1/3로 규정된다(민법 제1112조: 유류분의 비율). 이는 상속재산의 규모와 관계없이 법적으로 보장되는 비율이다.

3) 제도의 한계

유류분 제도는 다음과 같은 한계점을 드러내고 있다(방효석, 신영호, 2022).

① 피상속인의 재산 처분권 제한: 유류분 제도는 피상속인이 자신의 재산을 자유롭게 처분할 권리를 상당히 제한한다. 피상속인이 재산을 기부하거나 특정 상속인에게 몰아주고자 하더라도, 유류분 청구로 인해 이러한 의사가 실현되지 않는 경우가 종종 발생한다.

② 분쟁 발생: 유류분 반환 청구는 상속인들 간의 갈등을 심화시킬 수 있으며, 이는 가족 간의 불

화를 초래하고 종종 소송으로 이어지기도 한다.

③ 제도적 미비: 한국의 유류분 제도는 법조문이 단순하여 실질적인 법적 분쟁 해결에 충분하지 않다는 비판이 있다. 헌법재판소는 2024년 4월 25일, "민법 제1112조 제4호의 형제자매의 유류분 조항"을 위헌으로 결정하였다. 또한 유류분 산정 시 상속인의 기여분을 고려하지 않는 민법 제1118조(유류분 산정 시 상속인의 기여분 미반영)에 대해 헌법불합치 결정을 내리고 2025년 말까지 법률 개정을 요구하였다.

유류분 반환 관련, 우리나라는 원물 반환을 원칙으로 하고 있어 반환 과정에서 여러 문제가 발생하는 경우가 많다. 반면, 일본은 원물 반환뿐만 아니라 가액 반환도 허용하여 상속인 간의 분쟁을 효과적으로 해결하고 있다(방효석 & 신영호, 2022). 우리나라도 유류분 반환 방식의 다변화가 필요하다.

4) 대법원 판례: 유류분의 가격 산정

대법원은 유류분 부족액을 계산할 때 증여 및 유증 된 재산의 가치를 상속 개시 시점으로 평가해야 한다고 판시하고 있다(대법원 선고 2009.7.23. 2006다281126 판결). 특히, 증여된 재산의 가치가 상속 개시 시점에서 많이 증가한 경우, 유류분 청구권자는 해당 시점의 시가를 기준으로 반환을 청구할 수 있다.

5-2. 상속 방식의 선택: 단순승인, 한정상속, 상속포기

상속재산을 상속받는 범위에 따라 상속재산 전체를 승계하는 단순승인(민법 제1025조: 단순승인의 의의), 일부만을 승계하는 한정상속(민법 제1028조: 한정승인의 효과), 재산 승계를 포기하는 상속 포기(민법 제1030조: 상속포기의 효과)로 구분할 수 있다.

1) 단순승인

① 개념

단순승인은 상속인이 피상속인의 재산과 채무를 모두 제한 없이 승계하는 상속 형태이다(민법 제1025조: 단순승인의 의의). 상속인이 상속을 포기하거나 한정승인을 하지 않으면, 민법에 따라 자동으로 단순승인이 이루어진다. 즉, 상속인이 특별히 다른 조처를 하지 않으면 피상속인의 권리와 의무를 모두 승계하게 되며, 이로 인해 피상속인이 남긴 채무까지 떠안게 된다.

② 단순승인의 위험관리

단순승인은 상속인이 피상속인의 채무까지 모두 승계한다는 점에서 재정적 위험이 크기 때문에, 이를 관리하기 위해 상속 개시 후 신속히 상속 포기나 한정승인을 고려해야 한다. 특히, 한정승인은 상속재산의 범위 내에서만 채무를 갚도록 하여 상속인의 재정적 부담을 줄이는 효과적인 방법이다.

또한, 상속인이 단순승인을 의도하지 않았더라도 상속재산을 처분하는 등의 행위를 한 경우, 민법 제1026조(단순승인의 간주)에 따라 법정 단순승인으로 간주될 수 있으므로 신중한 재산 처리가 필요하다. 상속 개시 후에는 재산을 처분하거나 활용하기 전에 상속 상태를 명확히 파악하고, 법률 전문가의 조언을 받는 것이 중요하다.

③ 대법원 판례: 상속 포기 심판 전 상속재산 처분

단순승인과 관련된 대표적인 사례로 대법원 판결(2016. 12. 29. 선고 2013다73520)이 있다. 이 사건에서 상속인은 상속 포기를 신고했으나, 상속 포기 심판이 내려지기 전에 상속재산을 처분했다. 이에 법원은 상속재산을 처분한 행위가 법정 단순승인의 사유에 해당한다고 판단하며, 상속 포기의 효력이 없다고 판시했다.

2) 한정상속

① 개념
한정상속(한정승인)은 상속받은 재산의 한도 내에서만 피상속인의 채무를 변제하는 제도로, 상속인의 재정적 부담을 제한하는 방식이다(민법 제1028조: 한정승인의 효과). 즉, 상속인은 피상속인의 채무를 모두 떠안지 않고, 상속받은 재산의 범위 내에서만 책임을 진다. 이는 피상속인의 채무가 재산보다 많은 경우 상속인의 재정적 부담을 줄이는 유용한 방안으로, 피상속인의 재산과 채무를 포괄적으로 승계하는 단순승인과는 구별된다.

② 법적 절차
한정승인은 상속 개시 후 3개월 이내에 가정법원에 상속재산 목록과 함께 신고해야 한다(민법 제1029조: 한정승인의 방식). 이를 통해 상속인은 상속재산의 범위 내에서만 채무를 부담하게 된다. 한정승인의 절차는 민법 제1030조(한정승인의 신고 및 처리)에 따라 다음과 같이 진행된다.

㉮ 상속 개시와 상속 상태 확인: 상속인이 상속 개시 사실을 알게 되면, 피상속인의 재산과 채무를 조사한다.
㉯ 상속재산 목록 작성: 상속재산과 채무를 조사한 후 목록을 가정법원에 제출한다.
㉰ 가정법원 신고: 상속인은 상속 개시 후 3개월 이내에 가정법원에 한정승인 신청을 해야 하며, 법원이 이를 심사한 후 수리하게 된다.
㉱ 상속재산 분배 및 채무 변제: 상속재산을 활용해 채무를 변제하며, 채권자는 상속 재산을 초과한 부분에 대해 더 이상 청구할 수 없다.

③ 쟁점 사항
상속재산 처분 문제: 한정승인 이후 상속재산의 처분에 관한 규정이 명확하지 않아, 상속재산을 담보로 제공하거나 처분하는 과정에서 상속 채권자와 법적 분쟁이 발생할 가능성이 있다.

④ 판례: '상속 채권자 vs 상속인의 고유 채권자', 우선 청구권자 사례

대법원 2016.5.24. 판결: 이 판례는 상속 채권자와 상속인의 고유 채권자가 상속재산을 두고 경쟁하는 상황에서, 상속 채권자가 상속재산에서 우선 변제받을 권리를 인정한 사례이다. 법원은 상속재산이 먼저 상속 채권자의 책임 재산으로 사용되며, 상속인의 고유 채권자는 그 이후 남은 재산에서 변제를 청구할 수 있다고 판시했다.

3) 상속 포기

① 개념
상속 포기 제도는 상속인이 피상속인의 재산과 채무를 모두 포기하여 상속인의 지위를 벗어나는 것을 의미한다(민법 제1041조: 상속포기의 의의). 이는 상속재산에 포함된 모든 권리와 의무를 승계하지 않겠다는 의사표시로, 상속인을 처음부터 존재하지 않았던 것으로 간주한다. 상속 포기를 통해 상속인은 피상속인의 재산뿐만 아니라 채무도 부담하지 않게 된다.

② 주요 내용
상속 포기는 상속 개시 후 3개월 이내에 가정법원에 신고해야 하며, 신고가 접수된 후 수리 심판을 통해 효력이 발생한다(민법 제1042조: 상속포기의 신고, 민법 제1043조: 상속포기의 효과). 상속 포기는 소급 효력이 있어, 상속 개시 시점부터 상속인이 아니었던 것으로 간주된다. 포기가 이루어지면 해당 상속인의 상속분은 다른 상속인들에게 귀속되거나, 차순위 상속인에게 승계된다(민법 제1043조: 상속포기의 효과).

③ 쟁점 사항
㉮ 법적 불확실성
상속 포기를 했더라도, 상속재산을 관리하는 과정에서 실수로 상속인의 행위를 하면 단순승인으로 간주될 위험이 있다. 이는 상속인이 상속재산을 처분하거나 사용하는 경우 발생할 수 있다.

㉯ 가족 간 갈등
상속 포기로 인해 다른 상속인들의 상속 비율이 변경되면서 가족 간의 분쟁이 발생할 가능성이 있다. 이는 특히 상속재산의 규모나 분배에 대한 의견 차이가 클 경우 갈등을 심화시킬 수 있다.

ⓓ 순차적 포기의 복잡성

상속 포기를 하면 상속권이 차순위 상속인에게 자동으로 넘어가므로, 모든 상속인이 차례로 포기해야 하는 복잡한 절차가 필요할 수 있다. 이 과정에서 시간과 비용이 추가로 소요될 수 있다.

ⓔ 판례: 상속 포기 신고수리 전 상속재산의 처분

대법원 2004. 3. 12. 선고 2003다63586 판결: 상속 포기 신고가 수리되기 전에 상속재산을 처분한 경우, 상속인은 단순승인을 한 것으로 간주된다고 판시했다. 상속 포기가 이루어진 이후에는 단순승인으로 추정되지 않지만, 상속재산을 먼저 처분 한 경우에는 상속 포기 효력이 인정되지 않는다는 판례이다.

5-3. 특별 연고자의 상속

1) 개념

특별 연고자는 법정 상속인이 없는 경우, 피상속인과 특별한 관계를 맺고 있던 자를 말한다. 민법 제1057조의2(특별연고자에 대한 분여)에 따르면, 상속인이 존재하지 않을 때, 피상속인과 생계를 같이하거나 피상속인의 요양과 간호를 담당한 자, 혹은 피상속인과 특별한 연고가 있는 자가 청구를 통해 상속재산의 일부를 분여 받을 수 있다.

2) 제도 도입 배경

특별연고자 제도는 상속인이 없는 경우 상속재산이 국고로 귀속되는 것을 방지하고, 피상속인과 생전에 밀접한 관계를 맺었던 사람들에게 재산을 분여함으로써 보다 정의로운 상속을 실현하기 위해 도입되었다. 이 제도는 피상속인의 의사를 존중하며, 동시에 사회적 정의를 실현하기 위한 장치로 기능한다.

3) 자격

특별 연고자가 되기 위해서는 피상속인과의 관계가 구체적이고 지속적이어야 하며, 민법 제1057조의2(특별연고자에 대한 분여)에 따라 다음과 같은 자격 요건을 충족해야 한다.

- 법정 상속인이 아니어야 함(예: 친구, 동거인, 며느리, 사위 등 법률상 가족이 아닌 자)
- 피상속인과 생계를 같이 했던 자(예: 내연 배우자, 사실상 양자)
- 피상속인의 요양과 간호를 담당한 자
- 피상속인의 재산 형성이나 유지에 기여한 자
- 그 외 피상속인과 특별한 연고를 맺은 자

4) 상속 혜택

특별 연고자는 법정 상속인이 아니므로 상속재산 전체를 받을 수는 없으며, 가정법원이 인정하는 범위 내에서만 재산의 일부를 분여받을 수 있다. 다만, 이 재산은 상속이 아니라 특별한 연고로 인해 국가로 귀속되는 것을 방지하기 위한 취지에서 주어지는 재산 분여이다. 또한, 상속과는 달리 특별 연고자가 분여받는 재산에는 채무 상속이 포함되지 않는다.

5) 쟁점 사항: 상당성 판단의 불확실성

특별연고자의 청구가 타당한지 여부는 법원의 재량에 따라 결정되며, 재산의 분여 여부와 분여 범위 역시 개별 사건에 따라 달라질 수 있다(김종구, 2019)는 점에서 불확실성이 존재한다.

6) 판례: '내연 연고자의 재산 분여 청구' 사례

대법원 2011.7.28. 선고2011스44: 특별 연고자와 관련된 사례로, 상속인들이 모두 상속을 포기한 뒤 내연관계에 있던 자가 가정법원에 특별 연고자로 재산 분여를 청구한 사건이 있다. 법원은 해당 내연 관계자가 피상속인과 오랜 기간 생계를 함께했다는 점을 인정하여 일부 상속재산을 분여하였다.

특별 연고자 제도는 상속인이 없는 경우 사회적 정의와 피상속인의 생전 관계를 고려하여 재산 분배하는 제도로 법원의 재량에 의존하여 특별 연고자의 지위를 판단한다.

6   상속 관련 공익 서비스

정부의 안심 상속 원스톱서비스(정부 24, 2024)는 상속인이 사망자의 재산을 효율적으로 조회할 수 있도록 제공되는 공익 서비스이다. 이 서비스는 상속인이 사망자의 금융거래, 토지, 자동차, 세금, 연금 가입 여부 등의 재산을 한 번의 통합 신청으로 조회할 수 있게 해 준다. 이를 통해 상속인은 개별 기관을 방문하지 않고 필요한 정보를 간편하게 확인할 수 있다.

(제공되는 정보)
- 금융거래: 사망자 명의의 모든 금융채권과 채무
- 연금: 국민연금, 공무원연금, 사립학교교직원연금, 군인연금 가입 여부 및 대여금 채무 유무
- 세금: 국세 및 지방세 체납액, 미납 세금, 환급금
- 부동산: 개인별 토지 및 건축물 소유 현황
- 자동차: 사망자가 소유한 자동차 내역

(신청 자격)
- 제1순위 상속인: 사망자의 직계비속과 배우자
- 제2순위 상속인: 직계비속이 없는 경우, 사망자의 직계존속과 배우자
- 제3순위 상속인: 직계비속과 직계존속이 없는 경우, 사망자의 형제자매

(신청 방법 및 시기)
- 신청 시기: 사망신고와 동시에 신청 혹은 사망일이 속한 달의 말일부터 1년 이내에 신청 가능

(신청 경로)

- 온라인 신청: 정부24 웹사이트(www.gov.kr)
- 오프라인 신청: 시·구·읍·면·동 주민센터 방문

이 서비스는 상속 절차를 간소화하고 상속인이 신속하고 정확하게 정보를 조회할 수 있도록 설계되었다.

◆ 추천 책: 존 그리샴의 소설 "속죄 나무(Sycamore Row)"의 상속 논쟁

1) 소설의 개요

미국 소설가 존 그리샴(John Grisham)이 쓴 작품으로, 미국의 인종 갈등과 유산 상속 문제를 다룬 작품이다. 이 소설은 시빌 허버트(Sibyl Hubbard)가 자살하기 직전 작성한 유언장을 중심으로 한 상속 분쟁을 다룬다. 그는 백인 부유층 사업가로, 자기 재산 대부분을 오랫동안 자신을 돌본 흑인 가사도우미 레티 랭(Letty Lang)에게 남기기로 유언장에 명시하여 그의 가족들을 충격에 빠뜨린다.

2) 가족 vs 가사도우미

- 가족 입장: 시빌 허버트(Sibyl Hubbard)의 자녀들은 유언장이 부당하며 자신들의 법적 상속권이 침해되었다고 주장한다. 그들은 시빌이 정신적 압박 또는 조작에 의해 가사도우미 레티 랭(Letty Lang)에게 재산을 남겼다고 믿으며, 유언장의 진정성과 법적 효력을 문제 삼는다.
- 가사도우미 레티 랭(Letty Lang)의 입장: 레티는 오랜 시간 동안 시빌을 성실히 돌본 가사도우미로, 시빌과 신뢰와 유대를 쌓아 왔음을 강조한다. 그녀는 유언장이 시빌의 진심 어린 결정임을 주장하며, 유산을 받을 자격이 있다고 주장한다.

3) 법적 쟁점

- 유언장 유효성: 유언장이 법적으로 유효하려면 작성 당시 시빌이 정신적으로 명확하고, 강압 없이 자신의 자유 의지로 작성했음을 입증해야 한다. 이를 둘러싼 증거가 재판의 핵심 쟁점으로 부각된다.
- 유류분 권리: 시빌의 자녀들은 법적으로 일정 비율의 재산을 받을 권리가 있으며, 유언장 내용이 이를 침해했다고 주장한다. 이로 인해 유류분을 둘러싼 법적 다툼이 발생한다.

4) 결론 및 시사점

재판은 시빌 허버트(Sibyl Hubbard)의 유언장이 유효하다고 판결한다. 시빌이 과거 인종차별적

폭력의 피해자였던 흑인 남성의 가족을 돕기 위해 유산을 남기려 한 도덕적, 개인적 이유가 밝혀지면서 그의 선택이 명확한 의도에서 비롯되었음이 입증된다. 결국 레티 랭(Letty Lang)이 유산 대부분을 상속받는다.

이 소설은 상속 분쟁에서 유언자의 자유 의지와 법적 효력 존중의 중요성을 강조하며, 법적 상속권과 유언자의 의도가 충돌할 때 발생할 수 있는 복잡성을 조명한다. 가족 외의 제3자가 상속에 개입될 경우 공정성과 투명성이 필수적임을 시사한다.

참고문헌

강성모(2023), 유언대용신탁과 취득세, 조세연구 제23권 제4집:315~355

국가법령정보센터, https://www.law.go.kr/(2024) 민법 제5장 제1장 상속, 제2장 유언 등

국회기부문화선진화포럼(2019), 유산기부 활성화를 위한 입법 과제 세미나

김상용·박인환(2021), 상속권상실선고에 관한 법무부 개정안의 문제점, 중앙법학, 제23집 제1호:7~46

김종구(2018), 대법원 판례와 상당인과관계설 및 법적인과관계, 원광법학 제34권 제4호:95~114

박광수 외(2021), 개인 재무 설계, 경문사

박수영(2023), 상속과 약자보호, 성균관대학교 박사학위논문

박종결·전명길(2017), 상속결격제도에 관한 고찰, 한구컴퓨터정보학회, 제22권 제2호:135~138

박종미(2023), 상속포기와 상속포기자의 상속분이 귀속되는 상속인, 한양법학 제34권 제2집(통권 제82집):87~104

방효석·신영호(2022), 유류분의 헌법적 근거변화에 따른 유류분제도의 개선 방향, 고려법학 제104호:305~348

유명수(2018), "유언대용신탁, 고령 시대 최적의 재산 관리 제도입니다", 법무사 7월호, vol 613:48~51

이양원(2024), 유언장 개론, 웰다잉문화운동

이진기(2019), 상속의 이념과 방향, 비교사법, 제26권 1호(통권 84호):289~334

정부24 웹사이트, www.gov.kr,(2024), 안심 상속 원스톱서비스

정소민(2018), 유언능력에 관한 연구, 법학논총, 제35편 제2호:75~108

한소혜(2022), 유언서 보관제도 도입에 관한 제언, 가족법연구, 제36권 2호:199~242

제7장

유언의 법률적 특징과 방식

장선자

장은숙

1 유언의 기본 개념

1-1. 유언의 정의

유언은 법적으로 유언자가 자신의 사망과 동시에 특정 법률효과를 발생시키기 위해 행하는 단독행위이자 요식행위이다. 이는 다른 사람과의 합의 없이 이루어질 수 있으며, 계약의 형태로 행해지는 사인증여와는 다르게 법률에 규정된 특정한 형식을 요구한다. 유언은 일반적으로 상속이나 유증 등 재산관계의 처분과 관련이 깊지만, 신분과 관련된 사항도 포함할 수 있다.

1-2. 유언의 목적과 필요성

유언의 주요 목적은 사망자의 최종 의사를 존중하고, 그 의사가 사후에도 잘 실현되도록 보장하는 것이다. 이를 통해 유언자는 자신의 재산을 특정한 방식으로 분배할 수 있으며, 가족이나 친지들의 간섭 없이 자기 의사를 실현할 수 있는 기회를 갖는다. 유언은 또한 유언자가 원하는 대로 상속재산의 분배 방법을 구체적으로 명시할 수 있기 때문에, 상속인 간의 서로 다른 해석으로 인한 갈등을 예방하는 데에도 중요한 역할을 한다.

유언의 필요성은 첫째, 사망한 후에 자신의 의도가 왜곡되지 않도록 보호할 수 있다. 둘째, 유언이 없을 경우, 법정상속 규정에 따라 재산이 분배되는데, 이는 유언자의 의중을 전혀 반영하지 못할 수 있다. 따라서 유언은 법적 문제를 미리 방지하고 가족 간의 분쟁을 예방하는 수단이 된다. 셋째, 유언을 통해 유언자는 자신의 생애를 통해 쌓은 재산을 어떻게 관리하고 분배할 것인지에 대한 명확한 방침을 갖출 수 있으며, 이는 남아 있는 가족에게 큰 도움이 된다.

2 유언의 법적 요건

2-1. 유언의 성질과 특성

유언은 고인의 의사를 법적으로 표현하는 중요한 문서로서, 개인의 사망 이후에 법적 효력을 발생시키기 위해 특정 요건을 충족해야 한다. 유언의 성질은 일반적으로 일신전속적 행위, 요식행위, 상대방 없는 단독행위 등으로 설명될 수 있으며, 이러한 성질은 유언의 법적 효력을 보장하기 위해 필수적이다.

가. 일신 전속적 행위

유언은 일신 전속적 행위로, 유언자가 단독으로 작성하고 의사를 표현하는 법적 행위이다. 이는 유언자가 직접 자신의 의사를 나타내야 하며, 타인에게 대리하여 유언을 실행할 수 없음을 의미한다. 또한 무능력자의 경우에도 법정대리인의 동의 없이 유언을 할 수 있기 때문에, 유언자는 자신의 주체적인 의사를 바탕으로 유언을 작성해야 한다. 이 특성은 유언자가 실제로 무엇을 의도했는지를 명확히 하여 후에 발생할 법적 분쟁을 예방하는 데 중요한 역할을 한다.

나. 요식행위

유언은 법률상 요식행위로, 특정한 형식과 절차를 따라야만 그 효력이 인정된다. 대한민국 민법에 따르면, 유언의 작성은 반드시 법정 된 형식—자필증서, 녹음 유언, 공정증서, 비밀증서, 구수증서—에 따라야 하며, 이를 따르지 않을 경우 유언은 무효로 간주된다. 이러한 요식주의는 유언의 위조나 변조를 방지하고, 유언자의 진정한 의사를 확보하기 위한 법적 장치로 작용한다. 유언자가 있는 그대로의 의사를 밝히기를 원할 때, 정해진 요건을 충족시키는 것이 필수적이다.

다. 단독행위

유언은 상대방 없는 단독행위로, 유언자의 의사표시가 다른 사람의 동의나 승낙을 필요로 하지 않는다. 즉, 유언자는 법적으로 허용된 행위의 범위 내에서 자신의 재산이나 권리를 처분하는 권리가 있으며, 이를 위해 반드시 유언에서 규정된 요건들을 따르기만 하면 된다. 이러한 특성은 유언자가 고인의 유산에 대한 최종적인 결정을 내릴 수 있도록 함으로써, 유언에 따른 재산의 정확한 분배가 이루어질 수 있게 한다. (김형배 (2006). 《민법학 강의》 제5판. 서울: 신조사. 167쪽)

라. 사망 후 효력 발생

유언의 효력은 유언자가 사망한 후에 발생한다. 이는 유언이 일단의 법적 관계를 정리하는 수단이지만, 유언자가 생전에 의사를 확정 짓지는 않으며 사망 후 예측할 수 있는 법적 효과를 미친다는 점에서 특이하다. 즉, 유언의 효력은 유언자의 사망 시점에 발생하며, 이때부터 지시된 사항이 법적으로 보장받게 된다. (1091조) 유언자로 하여금 사후에도 자신의 의사를 반영할 수 있는 장치를 마련하는 것이 유언의 주요 목적 중 하나이다.

마. 철회 및 취소 가능성

유언자는 언제든지 자신의 유언을 철회할 수 있는 권리를 보유한다. 이는 임의철회와 법정철회로 나뉘며, 유언자는 유언의 작성 후에도 언제든지 유언의 내용을 수정하거나 변경할 수 있다. 또한 유언이 착오, 사기, 강박 등의 요인으로 이루어진 경우, 취소할 수 있으며 이는 유언이 법적으로 보호받기 위해 필요한 요건이다. 유언자의 의도를 훼손하거나 변경하는 행위를 방지하는 중요한 장치로 작용한다는 점에서, 유언의 철회 및 취소 가능성은 유언의 중요한 성질 중 하나로 보아야 한다.

2-2. 유언의 법적 효력 발휘 요건

유언은 법적으로 돌아가신 후에 효력이 발생하는 문서로, 두 가지 주요한 법률적 특성을 지닌다. (「민법」 제1060조)

첫째, 유언은 엄격한 방식 요건이 요구되며, 방식 위반 시 유언 자체가 무효가 된다.

둘째, 유언자는 생존하는 동안 언제든지 유언을 변경하거나 철회할 수 있으며, 따라서 최신 유언이 모든 이전 유언의 효력을 초배하게 된다. 이러한 특성은 유언자의 의도와 유언의 형식이 법적 효력을 갖기 위한 필수 요소임을 나타낸다.

3 유언 방식과 특징 및 장단점

3-1. 유언의 방식

가. 자필증서 유언의 방식(「민법」 제1066조제1항)

자필증서 유언은 유언자가 자신의 전문, 연월일, 주소 및 성명을 자필로 작성하고 날인해야 유효하다. 유언의 전문에는 누구에게 어떤 재산을 물려줄지 수유자와 유증재산을 특정하여 기재해야 하며, 전 재산 혹은 일부를 물려주는 포괄적인 유증도 가능하다. 이 방식은 반드시 자필로 작성해야 하며, 타인이나 프린트된 목록을 첨부하는 것은 유언을 무효로 할 수 있다. 또한, 유언의 내용을 변경할 경우에도 유언자가 자손에 기재하고 날인을 해야 하며, 이는 자필 유언의 법적 효력을 보장하는 데 필수적이다.

자필증서 유언의 사례

- 유언장 -

나 홍길동은 서울 강남구 00로 00 103동 102호(대치동, 00아파트)를 포함하여 재산 중 1/2은 아내 000
에게, 나머지 1/2은 딸 홍00에게 상속한다.
아내 000과 딸 홍00은 위 아파트를 담보로 5,000만원을 대출받아 큰아들 홍00에게 주기 바란다.
유언집행자로 딸 홍00을 지정한다.
아이들에게 당부한다. 내가 사망한 후 어머니를 잘 모시고 단란하게 지내기 바란다.

2024. 00. 00. 서울 강남구 00로 00 103동 102호(대치동, 00아파트)
홍길동 (인)

출처: 유언장개론, 이양원, 2024

자필증서에 의한 유언증서

유 언 자 ○ ○ ○
19○○년 ○월 ○일생
등록기준지 ○○시 ○○구 ○○길 ○○
주소 ○○시 ○○구 ○○길 ○○(우편번호)
전화 ○○○ - ○○○○

유언사항

1. 나는 다음과 같이 유언한다.
(1) 재산의 사인증여(민법 제562조 계약임, 등기원인은 "증여"가 된다) 또는 유증(민법 제1073조 단독
    행위임, 등기원인은 "유증"이 된다)에 관하여, ○○시 ○○동 ○○번 대지 ○○㎡는 이를 상속인
    중 장남 □□□(주소: 생년월일 :   )에게 증여하고, ○○시 ○○동 ○○번 대지 ○○㎡
    와 동 지상 철근 콘크리트조 슬라브지붕 1층 주택 건평 ○○㎡는 차남 □□□(주소: 생년월
    일:)에게 증여하고, 이 사인증여(또는 유증)는 나의 사망으로 인하여 효력이 발생한다.
(2) 유언집행자의 지정에 관하여 위 사인 증여계약(또는 유증)의 이행을 위하여 유언집행자로 ◇◇◇
    (주소: 주민등록번호:)를 지정한다.

작성일자 서기 20○○년 ○월 ○일
유 언 자 성명 ○○○ (인)

출처: 생활법령정보, 24.10.15.

나. 녹음 유언의 방식(「민법」 제1067조)

녹음 유언은 유언자가 유언의 내용을 구술하면서, 자신이 유언자임을 증명하고, 연월일을 구술
해야 한다. 증인은 유언자의 구술을 직접 듣고, 유언자의 녹음임을 확인하는 구술을 해야 하며, 이
과정에서 증인이 유언의 내용을 반복하는 것도 가능하다.

녹음 유언 절차 사례

> 초등학교 교사를 정년퇴직한 75세 비혼여성 황진이 씨는 봉사단체에서 만난 40세 장애인 수양딸, 그리고 유기견센터에서 입양한 반려견 촐랑이와 함께 한강이 보이는 반포동 아파트에서 살고 있습니다. 학교 재직할 때부터 장애아동을 위한 봉사활동을 해 왔고, 정년퇴직 이후에는 장애인지원, 동물보호, 기후위기 대응 등 다양한 활동에 직접 참여하거나 후원금 지원을 하였습니다.
>
> 가족 중 친정부모는 이미 돌아가시고 네 자매 중 언니 2명은 이미 사망, 여동생만 남아 있고, 조카들과는 그동안 거의 왕래가 없었는데, 지난해부터 명절 때 조카들이 찾아와 인사하기 시작했습니다.
>
> 올 초 조카들이 인사 왔을 때 창밖 한강을 내다보면서 이 집은 누가 가질 것인지 자기들끼리 농담을 주고받는 것을 듣고 기분이 몹시 나빴습니다.
>
> 황진이 씨는 수양딸에게 재산을 일부 줄지언정 조카들에게 재산을 물려줄 생각은 전혀 없었습니다. 때문에 동물보호단체, 장애아동보호단체 등과 연락하면서 유산기부 방식과 절차를 협의하던 중 코로나 19에 감염되어 중증치료를 받게 되었습니다.
>
> 황진이 씨는 건강이 회복되자마자 유언하기로 결심했습니다. 다만 손이 떨리고 눈이 잘 보이지 않아 자필 유언장을 쓰고 싶지 않았고 공중사무소 가는 것도 내키지 않아 녹음 유언을 하기로 결정했습니다.
>
> 황진이 씨는 장애아동지원단체 담당 직원을 증인으로 세우고, 미리 준비한 유언 원고를 읽는 모습을 휴대전화로 녹음·녹화하여, 녹음 원본은 유언집행자로 지정한 장애아동지원단체에 맡겼습니다.

출처: 유언장개론 이양원, 2024

다. 공정증서 유언의 방식(「민법」 제1068조)

공정증서유언은 공증인의 면전에서 유언자가 유언의 내용을 구술하고, 공증인이 이를 필기하여 낭독하면서 증인 두 명의 서명이 필요한 방식이다.

공정증서 유언은 위조 및 변조의 위험이 적으며, 유언 등본이 공증인 사무소에 보관되어 안전성을 확보할 수 있다. 다만, 이 방식은 반드시 공증사무소에 가야 하며, 증인이 두 명 필요하고, 비용이 발생하는 단점이 있다. 상속인들 간의 분쟁 가능성이 적을 경우, 자필증서 유언이나 녹음 유언이 더 경제적일 수 있다.

공정증서 유언은 법적 안전성을 제공하지만, 그 절차와 비용이 부담될 수 있다. 따라서 상황에 맞는 적절한 유언 방식을 선택하는 것이 중요하다.

85세 무연고자 김수임 씨 사례

부천 춘의동 영구임대아파트에서 살고 있는 85세 김수임 할머니는 평생 홀로 살아 가족이 아무도 없습니다. 관절염으로 몸이 불편해서 외출이 어려운데 마음씨 착한 야쿠르트 아주머니 홍은주 씨가 매주 찾아와 돌봐 주어서 무척 고맙게 생각합니다. 김수임 할머니가 가진 것이라고는 영구임대아파트 보증금과 어렸을 때 어머니가 물려준 금반지뿐입니다.

김수임 할머니는 자신이 죽으면 자신에게 소중한 보증금과 금반지를 홍은주 씨에게 물려주고, 고마운 마음을 전하고 싶은데 방법을 알지 못해서 고민 중입니다.

김수임 할머니는 법률구조공단을 찾아가 상담했습니다.

상담 변호사는 상속인을 알 수 없어 법원의 유언검인을 받기 어려운 점, 상속 재산이 크지 않은 점 등을 고려해서 공정증서 유언을 추천했습니다.

김수임 할머니는 이웃집 할머니 두 분께 증인을 부탁해 함께 공중사무소로 가서 공정 증서 유언을 마쳤습니다. 유언을 마치고 돌아오는 길에 김 할머니는 오래 묵은 숙제를 마친 듯 홀가분한 마음이 들었습니다.

출처: 유언장개론, 이양원, 2024

3-2. 유언 방식의 특징 및 장단점

구분	특징	장점	단점
자필증서 유언	유언 내용과 연월일, 주소, 성명을 모두 직접 손으로 쓰고, 도장을 찍어야 함	가장 간편한 방법	사망 후 유언이 진정으로 작성된 것인지 판명되지 않을 수 있음. 위조·변조의 위험이 있음
공정증서 유언	공증인 앞에서 유언 내용을 말하면, 공증인이 유언장을 대신 작성하는 방식. 증인 2명이 참여해야 함	가장 확실한 방법	비용이 들고, 유언 내용이 누설될 수 있음
녹음 유언	유언 내용, 성명, 연월일을 직접 말하고, 증인 1명이 유언의 정확함과 이름을 말해야 함	문자를 모르는 사람도 이용할 수 있음	위조·변조가 쉽고, 유언자의 음성으로 동일성 확인이 어려울 수 있음
비밀증서 유언	유언서를 밀봉 날인하는 방식. 증인 2명이 참여해야 하고, 일정 기간 내에 확정일자를 받아야 함	유언장의 존재는 분명히 하고, 내용은 비밀로 하고 싶을 때 유용함	유언의 성립이나 효력에 다툼이 생길 수 있고 분실·훼손의 위험이 있음
구수증서 유언	유언자의 유언을 대신 받아 적게 하는 방법. 증인 2명이 참여해야 함	질병이나 급박한 사정으로 다른 방식에 의한 유언을 할 수 없을 때 예외적으로 인정됨	

출처: 아름다운재단기부컨설팅위원회 법률 분과 황예영

4 유언의 법적 효력 발생 과정

유언은 고인의 의사를 명확히 하는 법적인 문서로, 사망 이후에 효력을 발생시키는 특별한 성질을 지니고 있다. 유언의 법적 효력은 여러 요건과 과정을 통해 발생하며, 이를 통해 고인은 자신의 재산을 어떻게 분배할지를 지정할 수 있다.

4-1. 사망 시점에 효력 발생

유언의 법적 효력은 유언자가 사망한 시점에 발생한다. 즉, 유언은 유언자가 살아있을 때는 그 자체로 효력을 가지지 않으며, 고인이 사망한 후에야 비로소 효력을 발휘한다. 대한민국 민법 제997조에 따르면, 유언과 상속은 유언자 및 피상속인이 사망한 때부터 효력이 발생하는 것으로 규정되어 있다. 이는 유언자가 생전에 재산에 대한 의사를 체계적으로 정리하고, 그 사망 이후에 그 의사가 유효하게 평가받을 수 있도록 하기 위한 조치이다.

4-2. 요식행위의 요건 충족

유언은 특정한 요식을 요구하는 법적 행위로, 법에서 정한 형식을 충족해야만 그 효력이 인정된다. 대한민국에서 인정되는 유언의 종류인 자필증서, 녹음 유언, 공정증서 등의 각 방식은 각각 엄격한 형식적 요건을 가지고 있다. 예를 들어, 자필증서 유언의 경우, 유언자는 반드시 모든 내용을 자필로 작성하고 연월일과 주소, 성명을 기재해야 하며, 이를 날인해야 한다.

이러한 요식행위의 요건을 충족하지 못할 경우, 유언은 무효가 되며 따라서 법적 효과를 상실하게 된다. 유언의 방식이 규정된 법적 요건을 충족해야만 고인의 진정한 의사가 법적으로 보호받을 수 있다는 점에서, 요식의 중요성이 강조된다.

4-3. 유언의 등록보관 방법과 검인 절차

유언의 법적 효력을 강화하기 위해서는 필요에 따라 유언의 등록 및 검인 절차가 요구되기도 한다. 특히 공정증서 유언의 경우, 공증인 앞에서 유언의 내용을 구술하고 증인들과 함께 서명하여 공식적으로 기록되는 절차를 거쳐야 한다. 이러한 절차를 통해 유언 내용의 위조 및 변조를 방지하고, 법적 효력을 더욱 안전하게 확보할 수 있다. 유언장 검인기관은 전국 가정법원에서 진행된다.

가. 유언의 등록: 공인서비스
유언장 공인서비스는 유언장을 공증하는 과정으로, 문서의 진정성을 확보하고 법적 효력을 부여한다. 공증인의 도움을 받아 법적 분쟁 예방하고 작성자의 의도 존중하고 정확한 명시를 통해 고인의 의도를 실현한다.

유언장 공인서비스의 절차는 일반적으로 다음과 같은 단계로 진행된다.

① 유언장 작성: 법적으로 요구되는 형식과 내용을 충족해야 한다.
② 공증인 선임: 유언장 공인은 정식으로 등록된 공증인이어야 한다.
③ 유언장 공증: 공증인은 유언장의 내용, 작성자(유언자)의 의사, 서명 여부 등을 확인하여 공증을 실시한다.
④ 공증된 유언장의 보관: 공증이 완료된 유언장은 안전하게 보관해야 하며, 필요한 경우 접근할 수 있도록 해야 한다.

나. 유언장 공증기관과 필요성

□ 유언장 공증기관
공증사무소는 전국에 분포되어 있어, 가까운 곳을 찾아가 공증을 받을 수 있다. 이곳에서는 공증인이 유언장을 인증해 주며, 국가에서 공증 권한을 받은 전문 인력이 담당한다. 법무법인에서도 공증 서비스를 제공한다. 법률 상담도 함께 진행할 수 있어서, 유언 내용이 복잡하거나 법률적인 자문이 필요할 때 유용하다. 유언 공정증서를 받기 위해 가정법원에서도 공증 절차를 진행할 수 있다. 법원을 통해 작성된 유언장은 확실한 법적 효력을 갖게 된다. 가정법원을 통해서도 공증을 받을 수 있다.

□ 유언장 공증의 필요성

유언장을 공증받음으로써, 해당 문서가 법원에서 인정받을 수 있는 법적 효력을 갖는다. 이는 여러 이해관계자 간의 불필요한 분쟁을 예방하는 데 기여한다. 공증인은 유언의 내용이 작성자의 의사에 기반하여 정당하게 작성되었음을 확인함으로써, 유언장의 신뢰성을 높인다. 이는 유언장이 작성되었을 당시의 상황을 이해하고 있는 제3자가 확인하는 과정이기 때문이다. 공증된 유언장은 자산의 분배뿐 아니라, 자신의 사망 후에 대한 처리 방법에 대한 명확한 지침을 제공한다. 이를 통해 가족이나 후계자에게도 큰 도움이 된다.

□ 유언장 공증 비용의 구성 요소

유언장 공증의 비용은 다음과 같은 요소들로 구성된다.

공증인 수수료, 제출 서류 비용, 기타 부대비용은 간단한 유언장, 대개 10만 원에서 30만 원 사이의 비용이 발생할 수 있다. 유언장 또는 추가 서비스 요청 시 비용이 30만 원 이상이 될 수 있으며, 상황에 따라 다르게 책정된다.

유언장은 개인의 중요한 법적 문서이자, 사후 가족들에게 남길 메시지이다. 따라서 공정하고 합리적인 비용을 통해 유언장을 공증받는 것이 중요하다. 공증 비용은 지역별, 공증인별로 차이가 있을 수 있으니, 사전 상담을 통해 정확한 비용을 확인하는 것이 바람직하다.

□ 유언 공증 필요서류

유언 공증 필요서류 (주민등록번호 전체 표시 발급)			
유언자	증인 2명 (친인척 제외)	수증자 겸 유언집행자	단순수증자
기본증명서(상세)	기본증명서(상세)	기본증명서(상세)	주민등록등본
가족관계증명서(상세)	가족관계증명서(상세)	가족관계증명서(상세)	
주민등록등본	주민등록등본	주민등록등본	
인감증명서	유언공증 당일에만 신분증 도장 지참 후 참석	유언집행자, 유언자 사망 후 등기절차 등 진행하실 분	
인후견인 등기사항 (가정법원 발급)			
유언공증 당일에만 신분증 도장 지참 후 출석			

· 증빙서류(유연재산): 토지대장, 토지등기사항전부증명서, 건축물대장, 건축물대장사항전부증명서(전유부), 집합건물등기사항전부증명서
· 기타 증빙서류(분양계약서, 임대계약서, 통장, 각종 채권증서)

출처: 공증인 강수정

4-4. 유언의 검인(檢認)

대상 유언 방식	자필증서유언, 녹음유언, 비밀증서유언
법원의 역할	유언 방식에 관한 모든 사실을 조사한 후 이를 확정
법적 근거	「민법」 제1091조 및 「민사소송법」 제364조.

유언자의 최종 의사를 확실하게 보존하고, 이해관계인이 그 내용을 확실히 알 수 있도록 하는 절차

□ 검인 청구 절차

유언의 증서나 녹음을 보관한 사람 또는 이를 발견한 사람이 유언자의 사망 후 지체 없이 법원에 제출하여 검인을 청구해야 한다. 「민법」 제1091조 제1항에 명시되어 있다. 검인의 정의는 민사소송에서 법관이 그의 감각작용에 의해 직접 사물의 성상을 검사·인식하여 증거자료로 하는 증거조사인 일종의 검증절차이다. (법적 근거 「민사소송」 제364조)

상속개시지	사망한 유언자의 주소를 의미하며, 유언자가 다른 장소에서 사망한 경우에도 상속개시지는 유언자의 주소
검인 청구 절차	유언의 증서 또는 녹음의 검인을 청구하는 경우, 해당 증서나 녹음대를 제출.(「가사소송규칙」제86조 제1항)
제출 요건	제출해야 하는 유언장 등은 정해진 방식에 의한 아니라도, 유언을 적은 것이라고 생각되는 증서라면 모두 제출

□ 유언증서를 개봉 시

법원이 봉인된 유언증서를 개봉 시	유언자의 상속인, 그 대리인, 그 밖에 이해관계인의 참여가 필요
법적 근거	「민법」제1092조
봉인한 유언증서(비밀증서에 의한 유언) 비밀증서	미리 그 기일을 정하여 상속인 또는 그 대리인을 소환하고, 이해관계인에게 통지

□ 검인 조서 작성

조서 작성 의무	가정법원은 유언의 증서 또는 녹음을 검인할 때 개봉과 검인에 관한 조서를 작성
법적 근거	「가사소송규칙」제86조 제1항
기재 사항	제출자의 성명과 주소, 제출, 개봉과 검인의 일자, 참여인의 성명과 주소, 심문한 증인, 감정인, 상속인, 그 밖의 이해관계인의 성명, 주소와 그 진술의 요지
사실조사의 결과 작성된 조서	판사, 법원사무관 등이 기명날인

□ 검인의 고지 및 비용 문제

검인의 고지 의무: 가정법원이 유언증서의 개봉과 검인을 한 경우, 출석하지 않은 상속인 및 유언의 내용에 관계있는 사람에게 그 사실을 고지해야 한다. (「가사소송규칙」제88조) 고지비용은 유언자가 부담하거나 상속재산에서 부담된다.

검인의 고지의무	가정법원이 유언증서의 개봉과 검인을 한 경우, 출석하지 않은 상속인 및 유언의 내용에 관계있는 사람에게 그 사실을 고지해야 함
법적 근거	「가사소송규칙」제88조
고지비용	유언자가 부담하거나 상속재산에서 부담됨

유 언 증 서 검 인 신 청 서

신 청 인 ○ ○ ○
19○○년 ○월 ○일생
등록기준지 ○○시 ○○구 ○○길 ○○
주소 ○○시 ○○구 ○○길 ○○(우편번호)
전화 ○○○ - ○○○○
유언자와의 관계 : 배우자
유 언 자 □ □ □
19○○년 ○월 ○일생
등록기준지 ○○시 ○○구 ○○길 ○○
주소 ○○시 ○○구 ○○길 ○○(우편번호)
전화 ○○○ - ○○○○

청 구 취 지
유언자 망 □□□가 20○○. ○. ○. 작성한 별지의 자필증서에 의한 유언서의 검인을 청구한다.

청 구 원 인
1. 신청인은 유언자 망 □□□가 작성한 별지의 자필증서에 의한 유언서의 보관자이며, 유언자 망 □
□□의 배우자이다.
2. 신청인은 20○○. ○. ○. 유언자 망 □□□가 별지의 자필증서에 의한 유언서를 작성하여 신청인
에게 보관토록 하여 보관하고 있던 중, 유언자가 사망했으므로 민법 제1091조 제1항에 의하여 이건
검인을 청구한다.

첨 부 서 류

1. 기본증명서(유언자)1통1. 가족관계증명서(유언자) 1통
1. 말소주민등록등본 1통1. 주민등록등본 1통
1. 유언증서 원본 1통1. 납부서 1통

출처: 유언장개론, 이양원, 2024

4-5. 유언의 철회와 변경

유언자는 항상 자신의 유언을 철회하거나 변경할 수 있는 권리를 가진다. 이러한 철회 및 변경 권리는 유언자의 사망 전까지 지속되며, 이를 통해 유언자는 언제든지 자신의 의사를 수정할 수 있다. 유언의 철회 및 변경이 이루어질 경우, 원래의 유언은 효력이 사라지게 되고, 나중에 작성된 유언이 유효하게 된다.

5 　해외 사례

유언장 작성 시 준수해야 할 법적 요구사항은 국가마다 다르다. 일본과 미국의 경우에도 유언장 작성 방식과 유효성 요건이 상이하다 . 따라서 각국의 법적 규정을 정확히 파악하고 준수하는 것이 매우 중요하다.

5-1. 일본 유언장: 공적 유언장 보관제도

초고령사회로 진입한 일본은 상속재산의 처리문제가 일본 사회의 유지·발전에 큰 영향을 주고 있으며, 이 문제의 해결을 위해 유언 특히 자필유언의 활성화가 필요하다고 보고, 2018. 7. 6.(平成 30年 7月 6日) '법무국의 유언서 보관 등에 관한 법률'을 입법, 2018. 7. 13.(平成 30年 7月 13日) 공포하고, 2020. 7. 10.(令和 2年 7月 10日)부터 시행하였다.

위 법률의 입법 취지는 '고령화의 진전 등 사회경제 정세 변화에 비추어 상속을 둘러싼 분쟁을 방지하기 위해 법무국에서 자필증서 유언과 관련된 유언서의 보관 및 정보를 관리하는 제도를 창설하는 동시에 해당 유언서에 대해서는 가정법원의 검인을 요하지 않는 것으로 하는 등의 조치를 강구할 필요가 있다. 이것이 이 법률안을 제출하는 이유이다'라고 하여 고령사회에서의 상속 재산 처리문제의 해법으로 자필 유언장 보관제도를 도입함을 명시하였다.

유언서 보관법에 따른 자필 유언서 보관을 통하여 보관된 유언서의 진정성, 형식적 하자의 예방, 분실·훼손·은닉·위조·변조의 방지, 수증자에 대한 통지, 검인 생략 등의 편익이 발생하여 유언자와 수증자의 편의를 돕고, 유언과 관련된 법적 분쟁을 획기적으로 줄일 수 있다.

법 시행 1년이 지난 2021년 6월 말까지 1년에 2만849건(법무성, 2020년 7월 ~ 2021년 6월)의 보관 신청이 있었고(월 평균 1737건), 2021년 7월부터 2022년 5월까지 사이 1만5039건의 보관신청이 있어 꾸준히 증가하는 추세를 보이고 있다.

2020년 7월 일본 전역의 312개 법무국에 설치된 유언장 보관소에는 시민들이 작성한 자필 유언장이 안전하게 보관돼 있다. 시민들이 유언장을 보관하려면 유언 당사자가 법무성 산하의 법무국을 직접 찾아야 한다. 자신의 주소나 본적지, 보유 부동산이 위치한 곳의 관할 법무국에서 접수할 수 있다. 유언 조작이나 변조를 막기 위해 가족 등 대리인 접수는 불가능하다. 자필로 작성한 유언장을 가져오면 담당자는 본인이 맞는지, 요건과 규격을 잘 지켰는지 확인한다.

유언장으로 인정되면 법무국 내 비밀 서고에 보관된다. 당사자는 자신이 사망할 때를 대비해 유언장이 보관소에 있다는 사실을 알 수 있도록 3명까지 지정할 수 있다. 이후 수수료 3,900엔(약 3만5,000원)을 지불한다.

5-2. 미국: 다양한 유언 방식과 법적 절차

미국에서는 홀로그래프 유언장, 자필증서 유언장, 공증 유언장 등 3가지 유형이 활용되고 있다. 유언장에는 반드시 유언자 정보, 상속인 정보, 재산 분배 내용 등이 구체적으로 기재되어야 한다.

☐ 미국의 3가지 유형의 유언장

유언장	형식	증인
홀로그래프유언장 (Holographic will)	유언자가 직접 전문을 손으로 쓰고 날짜와 서명을 기재한 유언장 모든 내용을 유언자가 직접 기재(간단)	필요 없음
자필증유언장 (Self-proved will)	유언자가 직접 전문을 손으로 쓰고 날짜와 서명을 기재한 유언장 모든 내용을 유언자가 직접 기재. 증인진술서 포함	증인 2명이상
공증 유언장 (Notarized will)	유언자가 공증인 앞에서 유언장에 서명 공증인과 증인들도 함께 서명 가장 엄격 유언장의 진위성을 높이는 대신 비용이 발생	증인들도 함께 서명

□ 미국 유언장 작성 시 유의사항

미국에서 유언장이 무효가 되는 주요 사유는 유언자가 정신적으로 유언장 작성에 필요한 의사 능력이 없는 경우, 유언장 작성 시 강압이나 사기 등 부정한 방법이 동원된 경우, 유언장의 형식적 요건을 충족하지 못한 경우, 예를 들어 홀로그래프 유언장에 서명이 없거나, 공증 유언장에 증인 서명이 없는 경우, 유언장의 내용이 연방법이나 주법에 위배되는 경우이다.

□ 미국에서 유언장에 포함되어야 하는 필수 사항

유언자의 성명, 주소, 생년월일 등 신원 정보, 유언장 작성일과 유언자의 서명, 상속인 및 수유자의 성명과 인적 사항, 구체적인 재산 분배 내용, 유언 집행자 지정 여부 및 정보이다. 특히 재산 분배 내용은 모호함이 없도록 명확하고 상세히 기술되어야 한다. 유언장의 진위성과 법적 효력을 높이기 위해 증인이나 공증인 참여 등의 절차적 요건도 충족시켜야 한다.

6   유언장 작성 교육과 지원

유언장을 써야만 하는 첫 번째 이유는 상속재산을 둘러싼 혈육 사이의 재판싸움을 방지하기 위해서이다. 두 번째 이유는 피상속인의 뜻에 따라 상속재산을 물려주기 위해서이다. 세 번째 이유로는 유언장이 웰다잉의 설계도 역할을 할 수 있다는 점이다.

유언장 교육의 현황은 다양한 측면에서 진행되고 있으며, 사회적 관심이 높아지고 있다. 유언장 교육은 점점 더 중요해지고 있으며, 다양한 경로를 통해 많은 사람들이 이에 대한 정보를 얻고 있다. 유언장 쓰기 교육기관은 대한노인회 ,한국법무사회, 법률구조공단, 한국노인종합복지관협회, 복지관 및 커뮤니티 센터 치매센터 등에서 웰다잉의 교육과 함께 또는 개별로 이루어지고 있다. 이러한 교육은 개인의 권리와 책임을 이해하고, 가족과의 관계를 개선하는 데 도움을 주고 있다.

한국노인종합복지관협회는 보건복지부의 지원으로 「2024년 웰다잉문화 확산을 위한 노년세대 웰다잉교육 체계화사업」을 통해 노인종합복지관에 특화된 표준화된 웰다잉교육 프로그램을 개발하였다. 이는 노년층을 위한 웰다잉교육의 보급 확대를 목표로 하는 2024년도 교육 체계화 노력의 일환으로, 296명의 전문강사를 육성하여 노인복지관에서 체계적인 교육을 실시하고 있다. 2024년 5월 평택팽성노인복지관 어르신 인생노트 웰다잉특강 '가장 아름다운 러브레터 유언장, 묘비명'으로 진행되었다.

□ 유언장 쓰기 교안 예시

활동명	유언장 쓰기
목표	자신의 유언장을 유언장의 의의와 작성방법에 맞게 작성하고 가족들에게 소개할 수 있다.
소요시간	1시간 30분 / 1회
준비물	활동지, 필기도구, ppt, 유언장 템플릿, 필기구, 참고 자료
진행인력	주진행자 1명, 보조진행자 1명(권고)

진행방식	① 유언장 내용 고민하기
	   - 내 인생에 대한 전반적인 평가
	   - 가족들에게 하고 싶은 말
	   - 재산 등에 대한 처리
	   - 남게 되는 사람들에게 하고 싶은 말
	   - 그 밖에 수의, 영정사진, 장지, 장례비용 처리, 상조회 및 사망보험 가입사항, 시신 및 장기
	    기증여부, 장례유형(매장, 화장 등), 제사문제 등
	
	② 유언장 적어 보기
	   유언장을 유언장 작성 방법에 따라 작성해 본다.
	
	③ 가족들에게 공유하는 방법 고민하기
	   어떤 방법으로 유언 내용을 가족들에게 공유할 것인지 논의한다.

출처: 법률신문, 이양원 변호사

7 유언 무료 상담 서비스와 공익단체 지원

7-1. 유언 무료 상담 서비스: 웰다잉 유언무료상담센터

　웰다잉 유언무료상담센터에서는 유언장의 작성 방법과 관련 법률적 요건에 대한 전문적인 지도를 무료로 제공하고 있다. 법률적 조언으로 유언장에 포함해야 할 사항과 수혜자 지정 등의 법적 절차에 대한 설명하여 준다. 100세 시대 웰다잉에 필수적인 유언장 쓰는 문화를 만들고, 널리 확산하기 위하여, 유언에 관한 모든 질문에 변호사가 직접 상담해 드리는 무료상담기관이다.

출처: 웰다잉 유언무료상담센터

7-2. 공익 단체에 기부

　1365 기부 포털은 다양한 공익 단체와 자선 단체에 기부할 수 있는 정보를 제공한다. 기부하고자 하는 단체를 쉽게 찾고, 기부 절차를 안내받을 수 있다. 국세청에서는 공익법인에 대한 정보를 제공하고 있으며, 기부 절차와 관련된 안내를 받을 수 있다. 이를 통해 공익 단체의 신뢰성을 확인하고, 기부를 결정하는 데 도움이 된다.

- 환경 보호: (세계자연기금(WWF), 그린피스), 인권 및 사회 정의(국제앰네스티, 휴먼라이츠워치), 교육(유니세프, 국제교육재단), 건강(대한암학회, 한국심장재단), 동물 보호(동물사랑실천협회, 한국동물보호연합), 빈곤 퇴치 및 개발(세이브더칠드런, Oxfam) 각 단체의 웹사이트를 방문하여 그들의 사명과 활동을 살펴보고, 기부가 어떤 방식으로 사용될지를 검토하는 것이 좋다. 유언장에 기부할 단체를 명시할 때는 정확한 이름과 등록번호를 포함하는 것이 중요하다.

공익신탁 제도는 기부자가 기부재산을 특정 개인이나 기관에 맡겨 관리하게 하면서, 그 원금과 수익을 기부자가 지정한 공익적 용도로 사용하도록 하는 제도이다. 이를 통해 기부자의 의사를 존중하며, 장기적으로 공익적 목적을 달성할 수 있다.

한스 할터의 저서 "유언"은 역사적으로 중요한 인물들의 마지막 말을 통하여 그들의 인생관과 세계관을 탐구하는 책이다. 이 책은 생의 마지막 순간을 품위 있게 마무리한 사람들의 유언을 모아 그 내용을 살펴보며, 독자에게 죽음이라는 주제에 대한 심오한 성찰을 제공한다.

"유언"은 역사를 움직인 인물들의 마지막 발언을 체계적으로 정리한 책이다. 이 책에서는 정치가, 철학자, 과학자 등 다양한 분야의 위인 157인의 유언을 소개하고 있으며, 각 유언은 그들의 생애와 어떻게 연결되는지를 분석한다. 저자는 샤를 다윈, 앤서니 페치, 스티브 잡스 등 다양한 인물들의 마지막 순간의 발언을 모아 그들이 남긴 메시지를 분석하며, 죽음을 준비하는 태도와 생의 의미를 성찰하게 만든다.

책은 단순히 유언의 내용을 나열하는 데 그치지 않고, 각 인물들이 죽음을 어떻게 인식하고 받아들였는지를 심리적으로 접근한다. 저자는 유언을 통해 인간 존재의 가장 중요한 질문, 즉 "어떻게 살 것인가?"에 대한 성찰을 이끌어 낸다. 이와 함께 죽음을 맞이하는 태도와 그에 따라 달라지는 삶의 가치관에 대해서도 이야기한다.

"유언"이 발행된 후 여러 논의가 이루어졌다. 죽음과 생명에 대한 현대인의 인식 변화이다. 과거에는 죽음이 터부시되었던 경향이 있었지만, 최근에는 죽음을 자연스러운 삶의 한 과정으로 받아들이려는 움직임이 증가하고 있다. 두 번째 이슈는 유언의 법적 및 윤리적 측면이다. 유언은 단순히 개인의 재산 분배를 넘어, 고인의 마지막 의사를 존중하는 중요한 문서로 간주된다. 그러나 경제적 이해관계가 얽힐 경우 가족과의 갈등이 발생할 수 있다는 점에서, 유언이 지닌 사회적 마찰과 긴장감에 대한 논의도 필요하다.

할터의 "유언"은 현대 사회에서 인생의 의미와 죽음을 어떻게 받아들일지를 고민하는 중요한 시사점을 제공한다. 특히, 유언을 통해 독자는 자신의 죽음과 삶의 의미를 되돌아보게 되고, 이를 통해 더 나은 삶의 방향성을 찾을 수 있는 계기를 마련할 수 있다. 이 책은 단순한 역사적 유산을 넘어, 생의 본질에 대한 질문을 던지며, 독자 각자가 자신만의 유언을 생각해 볼 수 있도록 유도한다. 또한, 죽음을 앞둔 사람들이 자신의 이야기를 정리하는 데 도움을 줄 수 있는 중요한 자료가 된다. 할터는 여러 인물들의 유언을 통해, 독자들이 자신의 삶을 되돌아보며 후회 없는 삶을 살도록 유도하고 있다. 이러한 접근은 현대 사회에서 죽음에 대한 논의가 활발히 이루어져야 한다는 점을 강조한다.

한스 할터의 "유언"은 역사적으로 중요한 인물들의 마지막 발언을 통해 죽음과 생, 그리고 삶의 의미를 탐구하는 중요한 작업이다. 이 책은 독자가 죽음을 받아들이고 자신의 삶을 성찰할 수 있는 기회를 제공하며, 현대 사회에서 죽음의 인식을 변화시키기 위한 노력으로 평가될 수 있다. 이러한 점에서 할터의 "유언"은 단순한 독서 자료를 넘어, 우리에게 깊은 인사이트와 질문을 던지는 중요한 작품으로 자리 잡고 있다.

참고문헌

이양원(2024), 유언장개론, 웰다잉문화운동

김형배(2006), 《민법학 강의》(제5판), 서울: 신조사.

유언(위키백과, 우리 모두의 백과사전).

유언(한국민족문화 대백과사전, 한국학 중앙 연구원).

이로문(2024. 12. 01.), [친족상속법] 유언, 유언의 방식, 네이버 블로그.

유언이란(찾기 쉬운 생활 법령 정보, 2024. 10. 15.).

유지은(2020. 1. 14.), 유언법적효력, 네이버 블로그.

김수환(2023. 2. 6.), 유언장공증비용, 네이버 블로그.

강수정, 유언공증.

찾기 쉬운 생활법령 정보, www.easylaw.go.kr.

1365 기부포털, 기부활동 가이드 - 소득공제.

건강을 위한 정직한 지식, 코메디닷컴(kormedi.com).

한국일보(2024. 01. 16., 2024. 04. 22.)

아름다운재단 기부컨설팅위원회 법률 분과, 황예영(출처).

정다원(2021), 웰다잉프로그램이 노인의 죽음준비와 웰다잉 인식에 미치는 효과.

제8장

장사(葬事) 문화와 제도의 변화

———

김덕수

1

장례(葬禮)와 장묘(葬墓) 문화

1-1. 전통적 장례와 장묘 문화

장례(葬禮)와 상례(喪禮)라는 용어를 통용해서 사용하기도 하나 상례가 장례보다는 넓은 의미이다. 상례가 상중(喪中)에 행하는 모든 의례를 의미한다면, 장례는 이 중 시신을 처리하는 과정이나 장법(葬法)과 관련된 것만을 의미한다고 볼 수 있다.[1] 장례의 절차나 문화는 시대별 지역별로 사람들이 가지고 있는 죽음에 대한 이해에 따라 다르며, 변하기도 한다. 우리나라는 보편적으로 무속적인 장례와 불교식 장례, 유교식 장례, 기독교식 장례 절차가 행해지는 경우가 많으나, 서로 혼합된 형태로 나타나기도 한다. 장례의 기본 방식으로 정통적(正統的)이지는 않지만 유교(儒教)적 방식을 채택하고 있는 경우가 많다. 조선시대에 오면서 성리학(性理學)이 국가 지배이념으로 정착되고, 이에 따라 성리학을 집대성한 주희(朱熹)가 관혼상제(冠婚喪祭)에 관하여 자세히 수록한 『주자가례(朱子家禮)』가 장례의 표준으로 여겨졌으며, 좋은 땅에 묘지를 씀으로 인해 돌아가신 분의 자손이 번성할 것이라는 풍수사상(風水思想)이 유행함으로 오랜 시간 매장이 장묘의 기본으로 자리 잡았다. 장묘라고 하는 것은 장사를 지내고 묘를 쓰는 것을 의미하는데 주로 시신을 처리하는 방법이라고 볼 수 있다. 세계의 많은 지역에서는 죽은 사람을 정성스럽게 모시는 모습을 볼 수 있다. 정성스럽게 모시는 방법이 지역, 종교, 문화에 따라 달라지므로 인류에겐 다양한 장묘문화가 존재한다. 장묘문화의 발생 이유는 다양하나 시신의 부패를 가까이 둘 수 없는 위생적인 이유가 있으며, 고인을 추모하고 애도하는 이유도 존재한다. 또한 죽음 이후 세계에 대한 관점과 이해에 따라서도 다양한 방법으로 표현되게 된다. 이집트처럼 시신을 영구히 보관하기 위한 방법도 있었지만, 대체로 다양한 방법으로 고인을 추모하며 자연으로 되돌리는 형태가 일반적이다. 고대로부터 수많은 장묘 방식이 존재했으며, 대략적인 장묘의 방법을 살펴보면 다음과 같다.[2]

명칭	방법
화장(火葬)	시신을 불에 태우는 방식, 남은 골분의 처리 방법은 문화권별 다양
매장(埋葬)	시체나 유골을 땅속에 묻는 방식
수장(水葬)	시신을 강이나 바다로 보내며 장사 지내는 방식
수장(樹葬)	풍장(風葬)이라고도 하며, 죽은 사람의 시체를 삼림 속의 나무에 안장
천장(天葬)	조장(鳥葬)이라고도 하며, 시체를 새나 짐승의 먹이가 되게 하는 방식
현관장(懸棺葬)	시신 담은 관이나 널을 절벽이나 암석 사이의 공중에 매다는 방식
옹관장(甕棺葬)	시신을 옹기에 놓아 안치하는 방식
굴지장(屈肢葬)	좌장(坐葬)이라고도 하며 사지를 구부려 몸을 움츠린 상태로 묻는 방식
이차장(二次葬)	시신을 두 번 이상을 처리함. 일반적으로 사자를 한 곳에 놓아 두어 살이 다 썩어 없어지면, 뼈만 골라 묘지를 쓰는 방식

1-2. 장례와 장묘 문화와 변화

우리나라는 현대에 들어오면서 국토 이용에 대한 개념이 변화하고, 묘지로 인한 환경훼손을 비롯한 여러 사회적 문제들이 발생하게 된다. 이에 화장(火葬)이 이러한 문제를 해결할 수 있는 효과적인 방법이라 생각되어 1990년대 이후 대대적인 개혁운동이 시작되었다. 정부의 집중적인 홍보, 국토의 효율적 이용에 대한 인식 확대, 화장시설 확충, 핵가족화에 따른 편의주의 확산(사후 관리의 편리성) 등의 복합적인 원인으로 현재 장사의 방법은 화장으로 전환되었다고 볼 수 있으며, 화장 후에 원하는 방식의 다양한 장묘가 이루어지고 있다.[3] 화장 이후에 골분을 봉안시설에 안치하는 봉안묘(납골)의 경우가 가장 많다. 화장 후 봉안시설에 안치하는 것 외에 고인의 골분(骨粉)을 산이나, 강, 바다, 연고지, 특정 장소 등에 뿌리는 산골(散骨)의 방식도 존재한다. 이는 후대에 부담을 주지 않고 자연으로 깨끗하게 되돌리는 긍정적 의미를 지니지만, 고인을 추모하는 장소나 상징물을 갖고 싶어 하는 유족의 바람을 충족할 수 없어, 아직까지 우리 사회에서 많이 행해지고 있는 방법이라고 볼 수 없다. 하지만 2023년에 보건복지부에서 발표한 「제3차 장사시설 수급 종합계획(2023-2027)」[4]에 따르면 공간점유가 없는 지속 가능한 장사방식인 산분장(散粉裝) 제도의 활성화를 중점 추진 과제로 삼고 있는 바, 기존의 산분장의 단점을 개선하여 고인을 추모할 수 있는 별도의 헌화 공간 마련 등의 개선책을 통하여 산분장을 활성화하고 대국민 홍보에 나설 것으로 보인다. 산골장이 산과 바다 등에 골분을 뿌리는 것이라면 골분을 지정된 자연장지나, 자연산림에 묻는 자연장의 방법이 있다. 자연장은 봉분을 만드는 것보다 훨씬 적은 면적이 소요되며, 수목, 화초, 식물이 추모의 상징물 역할을 한다는 장점이 있어, 우리나라뿐만 아니라 장묘 선진국이라 불리우는 여러 나라에서도 계속해서 증가하고 있다. 2022년의 성인남녀 1,520명으로 대상으로 한 장사정책에 대한 설문조사를 보면 전체 설문자의 89.1%가 후손에 대한 배려와 장례절차의 간편성, 자연보호의 이유로 희망하는 장사법으로 화장을 선택하고 있으며, 또한 72.8%가 산분장 정책에 찬성하고 있다. 선호 자연장으로는 53.9%가 수목장을, 26.3%가 수목장림을 선호하고 있는 것으로 나타났다.[5] 화장한 유골의 골분을 자연장하는 형태는 크게 수목장, 수목장림, 화초장, 잔디장으로 구분해 볼 수 있다. 이 중 수목장과 수목장림은 수목의 밑이나 주변에 고인의 유해를 모신다는 공통점이 있으므로 장법은 같다고 볼 수 있다. 하지만 수목장림은 이미 산림의 형태로 되어 있는 지역에 조성하는 것을 의미하는 것으로 인공적으로 조성한 것이 아니라 산림에 있는 지형 그대로를 큰 변화 없이 사용하는 것을 의미한다. 이에 일반적으로 수목장림은 수목장보다 훨씬 자연친화적으로 볼 수 있다. 정부는 장례문화의 인식개선을 위해 '한국장례문화진흥원'을 정부 위탁 운영기관으로 운영하고 있으며, 이곳에서는 'e하늘 장사정보시스템 운영 및 관리', '장사정책·장례문화 연구 및 콘텐츠 개발', '장사시설 종사인력에 대한 교육', '친자연적 장례문화 교육 및 홍보'의 업무를 담당하고 있다. 또한 장사시설 거래명세서 발급 의무화(2018), 장사시설 가격 정보 현행화를 위한 지침 개정(2018), 장례식장 이용 계약 체결 전 내용에 대한 설명 의무 부과(2021) 등의 제도 정비를 통해 국민에 대한 장사 서비스 질 향상을 위해 노력하고 있다. 하지만 여전히 많은 국민들은 장사시설에 대한 기피나 혐오감을 가지고 있다. 이에 삶과 죽음이 공존하는 생활공간의 일부로서 친근하게 받아들일 수 있게 장사시설의 개선과 인식의 전환을 위한 노력이 필요하다. 또한 장례 문화에 있어 과도한 금액이 지출되고 많은 사람이 모이는 장례식에서 '작은 장례식'으로, 일정한 장소에 함께 모여서 추모하는 장소 중심의 추모 문화에서 '온라인 비대면 추모 문화'로의 전환도 서서히 일어나고 있는 변화라고 볼 수 있다. 특히 코로나19 이후 장례식 조문과 부고를 알리는 범위가 축소되고 있으며, 각종 설문조사에서 향후 온라인 추모 서비스 등을 이용할 의향이 있다는 응답이 높아지고 있다. 한국장례문화진흥원은 온라인 추모 및 성묘 서비스를 제공하고 있으며, 서비스 제공 시설 및 범위를 지속적으로 확대하고 있다. 또한 메타버스, VR(가상현실) 기술을 활용하여 고인의 생전 모습을 보다 생생하게 보고, 느끼며 추모하는 서비스의 고도화 역시 추진 중이다.

〈표 8-1〉 전국 화장률 추이

년도	1970	1981	1991	2001	2005	2008	2013	2017	2023
화장률(%)	10.7	13.7	17.8	38.3	52.6	61.9	76.9	84.6	91.8

출처: 보건복지 issuw &focus 31호, e하늘(장사정보) 등 자료 종합

1-3. 정부 장사시설 수급 종합계획 주요 내용

　정부는 3차례에 걸친 「장사시설 수급 종합계획」을 수립하고 실천하고 있다. 1차 종합계획은 2013~2017년, 2차 종합계획은 2018 ~ 2022년에 진행되었다. 두 차례에 걸친 종합계획에 따라 화장 문화가 정착되었으며, 자연장지 및 봉안시설이 확충되었으나 지역별 화장시설의 편차가 존재하며, 장사시설에 대한 부정적 국민 의식 또한 여전하여 국민이 원하는 수준의 장례복지 실현에는 크게 못 미치는 형편이다. 이에 이전 정책의 주요 성과와 반성을 바탕으로 「제3차 장사시설 수급 종합계획(2023~2027)」을 수립하여 진행 중에 있다. 3차 종합계획의 대략적인 내용은 장사에 대한 공적 책임을 강화하고, 친자연적(지속 가능한) 장사시설 확대를 목표로 하고 있으며, 특히 고령인구의 급속한 증가에 따라(2020년에 약 31만 명이 사망한 데 반하여, 2030년 41만 명, 2070년 70만 명이 사망할 것으로 예측된다.) 2070년에 65세 이상의 고령인구는 1,747만 명으로 총인구의 46.4%에 해당할 것으로 예측되므로 이에 걸맞은 시설의 확충도 필요하다. 또한 화장시설의 지역별 불균형 해소도 중요한 목표 중의 하나로, 화장 문화가 정착되었으나, 수도권의 화장시설 부족은 매우 심각한 수준으로 지역 편차가 크다고 볼 수 있다. 이에 시설의 추가 건립 및 재조정도 필요하다. 지속 가능한 장사시설을 확충하고, 인식개선 측면에서도 새로운 장사문화 선도를 위해 환경 변화에 발맞춘 장사정보시스템 고도화, 대국민 장사 서비스 신뢰 확보, 미리 준비하는 장례 확산 기반 마련 등을 추진하고 있다.

〈표 8-2〉 행정적 차원의 일반적인 장례준비 사항[6]

병력이 있는 경우	자연사	사고사
병원 전화번호, 병명, 주치의 확인	해당 없음	
장례식장 선정(자택, 병원, 전문장례식장 등) 장례예식 소요비용 예산 수립		
유언기록, 영정사진, 지인연락처, 각종 증명서 준비 (참전유공자증, 기초생활수급자증명서, 병적증명서 등)		
병원 또는 119(병원 이송 요청)	112 또는 119(병원 이송 요청)	사고사(병사가 아닌 경우)의 경우 112로 신고하여 경찰의 수사 결과에 따라 장례 절차 준비
※ 자택에서 장례를 치르는 경우 왕진 요청		
고인 주민등록증, 의료보험증 준비		
사망진단서 또는 시체검안서(7부) 발급 ※ 사고사인 경우 1부 추가		
장례식장 안치실 또는 자택 안치		

2 「장사 등에 관한 법률」의 이해

2-1. 「장사 등에 관한 법률」의 개관

　「장사 등에 관한 법률」은 장례와 화장, 매장, 개장, 묘지 및 화장시설 등에 관한 사항을 규정하는 법률이다. 1961년 12월 5일 제정되어 1962년 1월 1일부터 시행된 법률이다. 법률의 제명이 제정 당시에는 「매장등및묘지등에관한법률」이었으나, 1968년 12월 12일 「매장및묘지등에관한법률」로, 2001년 1월 3일 「장사등에관한법률」로 바뀌었고, 2008년부터 띄어쓰기를 하여 지금의 표기(「장사 등에 관한 법률」)가 되었다.[7] 흔히 '장사법'이라고 불리며, 공중위생 보호와 사망자의 존엄성 보장이라는 두 가지 목적을 지니고 있다. 장례와 관련된 용어의 정의와 장사시설의 종류, 장사 방법, 화장 장려 정책 관련 내용을 다루고 있다. 특히 '장례 및 화장'(사망 후 24시간이 지난 후에야 장례 또는 화장을 할 수 있음), '매장'(지정된 묘지에서만 가능하며, 매장 후 30일 이내에 관할 기관에 신고), '개장'(5년 이상 경과한 후에야 가능하며, 시장·군수·구청장의 허가를 받아야 함), '묘지'(묘지는 지정된 장소에만 설치할 수 있으며, 그 규모와 시설에 대한 기준이 정해져 있음), '화장시설'(화장시설은 지정된 장소에만 설치할 수 있으며, 그 설치 및 운영에 대한 기준이 정해져 있음)에 관한 내용을 규정하고 있다. 2023년 개정된 장사법은 사망자가 사전에 화장 또는 장례에 대한 의사를 밝힌 경우에 유족이 이 의사를 최대한 존중하는, 즉 사망자의 의사 존중을 강화하는 방향으로 개정되었으며, 환경오염을 경계하고 친환경 장례를 장려하기 위해 납관 시 사용되는 관의 종류를 제한하는 등의 조항도 마련되었다.

2-2. 장사법 이외의 관련 법률

장사에 대한 내용을 다루고 있는 법안은 장사법 이외에 「건전한 가정의례 정착 및 지원에 관한 법률」, 「가족 관계의 등록에 관한 법률」 등이 있다. 「건전한 가정의례의 정착 및 지원에 관한 법률」은 가정의례의 의식절차를 합리화하고 건전한 가정의례의 보급과 정착을 위한 사업 및 활동을 지원·조장함으로써 허례허식을 일소하고 건전한 사회기풍을 진작하기 위해 제정한 법률로 1999년에 제정되었다. 이 법은 상례와 발인, 운구와 탈상 기간 등에 대한 내용을 담고 있으며, 대체로 간소한 의식 절차를 강조하고 있다. 「가족 관계의 등록에 관한 법률」은 약칭으로 '가족관계등록법'으로 불린다. 출생 및 사망에 관한 행정적 절차와 신고 등에 내용으로 구성되어 있다. 또한 반려동물을 키우는 가구가 점점 증가함에 따라 반려동물과 관련된 산업이 빠르게 성장하고 있는데, 반려동물의 장례와 관련된 법안으로는 「동물보호법」 및 「폐기물관리법」이 있다. 특히 「동물보호법」에는 동물 장묘업이 규정되어있다. 이와 관련하여 반려동물의 사체 이송, 예식진행, 유골을 안치하고 납골당을 관리하는 등의 업무를 수행하는 '반려동물 장례 기관' 등이 호황을 누리고 있다.

3   장례지도사의 역할과 전망

3-1. 장례지도사가 하는 일

장례지도사란 상(喪)을 당한 유족의 요청에 따라 장례 절차를 주관하는 사람으로 장례상담, 시신관리, 의례지도 및 장사행정관리 등 종합적으로 장례의식을 관리하는 인력을 말한다. 장례상담은 고인이 사망한 후 전체적인 일정과 장례내용에 대하여 안내를 하는 것으로 사망 접수 및 확인, 장례일정 확인, 장례절차 및 방법안내, 장례용품 상담 및 안내를 하는 것이다. 시신관리는 염습(殮襲)을 비롯한 시신의 위생적인 처리를 위한 전체적인 관리를 의미하며, 의례지도는 조문예절 안내, 빈소설치 등을 안내하는 것을 의미한다. 장사행정관리란 장례와 관련된 각종 행정적인 업무가 원활하게 이루어질 수 있도록 장례행정 절차를 안내하는 것이다.

3-2. 장례지도사의 자격취득과 전망

유족의 요청에 따라 장례 절차를 주관하는 사람을 이전에는 염사, 염쟁이 혹은 장의사로 칭하기도 했으며, 다양한 민간 자격이 존재하였으나, 오늘날 장례지도사란 국가자격으로 통합되며 명칭도 '장례지도사'로 정착되었다. 정부는 지난 1981년부터 '염사제도'를 운영해 오다 지난 1993년 폐지했다. 지난 2011년 8월 「장사 등에 관한 법률」을 개정하면서 처음으로 '장례지도사'라는 자격을 법률로 규정했고, 2012년 5월부터 장례지도사 국가자격증 제도가 시행되었다. 자격증은 광역시장 및 도지사가 담당하며, 시도에 신고된 장례지도사 교육기관에서 장례상담, 장사시설관리, 위생관리, 염습법 등의 이론과 실기, 실습 도합 300시간의 교육과정을 이수한 자에게 발급된다.[8] '무시험 과정이수형 자격'으로 별도의 시험을 보는 것은 아니고 교육과정을 이수함으로 인해 자격이 발급

된다. 장례지도사 교육기관은 각 대학들의 평생교육원, 종교기관을 비롯하여 2023년 6월 기준 전국에 62개소가 운영되고 있으며, 교육신청자격은 만 19세 이상이며, 학력의 제한은 없다. 또한 관련 학과를 졸업하므로 장례지도사 교육과정 이수 시간 단축 등의 혜택이 있으며, 보다 전문적인 인력으로 성장할 수 있다. 대학은 4년제로는 을지대학교(성남캠퍼스) 장례지도학과가 있으며, 관련된 유사학과로는 부산과학기술대학교의 풍수명리복지학과가 있다. 2년제 대학으로는 대전보건대학교 장례지도학과, 창원문성대학교(舊 창원전문대) 사회복지장례학과, 서라벌대학교 장례서비스경영학과, 부산과학기술대학교 장례행정복지학과 등이 있다. 대학원 과정으로 을지대학교 대학원에서는 심도 있는 의과학적 연구를 통해 장례의 과학과, 실용화, 정보화, 글로벌 능력을 갖춘 인력 양성을 목적으로 석사과정을 운영하고 있으며, 관련 대학원으로 동국대학교 불교대학원의 생사문화사업학과(5학기의 석사과정과 4학기의 지도자과정이 운영됨)가 있다. 장례는 굉장히 특수한 분야로 전공에 대한 깊은 지식도 중요하지만 봉사하고자 하는 정신과 깊은 슬픔에 빠진 사람을 위로하고 공감할 수 있는 능력과 의사소통 능력을 갖춘 사람이 필요하다. 최근 가정에서 장례를 진행하는 경우가 많지는 않아 장례 산업의 수요는 증가하고 있으며, 웰다잉의 열풍으로 장례 산업에 대한 관심과 중요성이 증대되고 있다. 장례지도사들은 주로 상조업체나 병원 등에 소속되어 있다. 지금까지 약 3만 명의 장례지도사가 배출(2023년 기준)되었고, 현재 2만여 명이 활동 중이다. 장례지도사의 연봉은 평균 3,200만원 내외(2017년 기준 평균 연봉)이나 근무 형태 및 주어진 업무의 양과 질에 따라서 차이가 크다. 다만 장례관련 업체에서 장례지도사 자격을 갖춘 사람을 의무로 고용해야 하는 것은 아니다. 즉 장례지도사 자격이 없어도 관련 업종에 종사가 가능하다. 그러므로 장례지도사는 다른 전문자격이나 국가자격과 달리 아직까지 자격이 시장에서의 활용가치가 높지 않은 편이며, 자격취득까지 3개월 내외의 비교적 짧은 기간에 취득이 가능하고, 무시험으로 자격 취득이 가능하므로, 자격의 진입장벽이 높지는 않은 편이다. 장례지도사 관련 단체에서는 장례지도사 의무 고용제나 전문성을 높이기 위한 입법을 위해 노력하고 있다. 보건복지부에서 2023년 1월에 발표한 「제3차 장사시설 수급 종합계획(2023~2027)」을 보면 장사 서비스 질 제고를 주요 과제로 내세우고 있다. 이와 관련하여 장례지도사 등 자격관리 및 위상 강화를 추진하고 있는데 현행 '무시험 과정이수형 자격'을 '국가 자격 시험제도'로 전환하는 등의 장례지도사의 엄격한 자격 관리를 통한 위상을 강화하는 내용을 담고 있다. 또한 2010년 이후에는 인터넷에 저장 유통되는 의뢰인의 개인정보를 수집하여 영구적인 파기를 대리해주는 신종 직업 '디지털 장의

사'도 생겨났다. 물론 고인뿐만 아니라 살아 있는 사람도 의뢰가 가능하다. 세상을 떠난 사람들이 인터넷에 남긴 흔적을 제거해 주는 비즈니스로 사전에 가입된 회원이 세상을 뜨면 지정한 사이트나 SNS의 사진이나 댓글 등을 삭제해 주는 등 다양한 서비스가 가능한 영역이다. 하지만 당사자가 사망한 후 디지털 유산을 처리하는 문제 등은 아직 윤리적, 법적 규정이 미비한 상태이다. 최근에는 애완동물도 사람처럼 장례식을 해 주는 업체가 다수 생겨났으며, 이에 '애완동물 장의사(반려동물 장례지도사)'에 대한 수요도 많은 편이다.

4 준비하는 죽음

4-1. 사전 장례 의향서의 의미

우리는 태어나자마자 죽음을 향해 가고 있으며, 누구도 예외 없이 반드시 죽게 된다. 우리 문화에서는 대체로 죽음에 대한 논의를 꺼리는 것을 넘어 금기시하기도 한다. 하지만 육체적으로나 감정적으로 안정되어 있을 때 장례식 및 장묘의 절차와 방법, 부고를 알려야 하는 사람 등에 대한 정보를 미리 준비해 놓는 것이 좋다. 유족들은 사망한 사람에 대한 죄책감을 지닌 경우가 많으며, 이러한 죄책감이 과도한 장례 절차 및 비용으로 이어지게 된다. 과도한 장례 절차는 남은 가족에게 고통이 될 수 있다. 과거에는 삶 자체가 죽음을 준비하고 죽음의 예식을 진행하기 위한 것이라 할 정도로 죽음을 준비하는 데에 많은 에너지를 쏟았다. 고대 이집트에서 파라오는 즉위를 함과 동시에 자신이 묻힐 대규모의 무덤을 조성했다는 것은 잘 알려진 일이며, 우리나라 역시 조상이 돌아가시기 전에 수의(壽衣)를 준비하고, 가묘(假墓)를 조성하기도 하는 등의 죽음 준비의 과정이 존재하였다. 훌륭한 죽음의 조건에 관한 각종 연구는 통증의 완화, 타인에 대한 기여, 죽음에 대한 준비 등을 주요 요소로 제시하고 있으며, 이에 존엄하고 아름다운 죽음을 위해서는 적극적으로 자신의 죽음을 준비하는 과정이 필요하다. 죽음에 대한 준비를 통해 자신의 남은 삶을 더욱 의미 있게 사는 것은 물론 허례허식에서 벗어나 과도한 장례비용 등을 줄일 수 있고, 장례를 둘러싼 후손들의 갈등과 다툼을 줄이고, 자신의 의도대로 자신의 마지막을 진행할 수 있다. '사전의료의향서'가 임종 직전 자신이 받을 치료의 범위를 스스로 결정해 놓은 것이라면, '사전장례의향서'는 자신의 장례를 어떻게 치를지 미리 후손이나 관계자에게 알려 주는 문서이다. 법적인 구속력은 없지만 후손들이 작성자의 뜻에 따라 장례를 치르는 데 도움이 될 수 있다. 단체마다 소폭의 차이는 있지만 한국장례문화 진흥원에서 제작한 '사전장례의향서(이별노트)'가 대표적이다. 이 양식을 기초로

하여 조문객들을 위한 음식의 종류, 동영상 인사말, 장례식장의 음악 등을 선정하는 등 마지막을 자신이 원하는 방식으로 아름답게 준비할 수 있다. 좋은 죽음을 위해 유언장 작성을 비롯한 장례 절차 등도 본인의 의사대로 진행될 수 있게 하는 것이 필요하며, 사전장례의향서 작성을 통해 임종 장소, 시신 처리, 장례 절차, 매장방식, 부고의 범위 등 죽음에 관련한 사항 등을 미리 고민하고 준비하는 것이 필요하다.

[그림 8-1] 사전장례의향서(이별노트)

출처: 한국장례문화진흥원, 보건복지부 공동 제공[9]

4-2. 외국 사례

장례는 삶의 마지막 의례이다. 미국에는 장례를 사전에 준비하는 개념인 동시에 서비스의 이름이기도 한 프리니드(Pre-Need)[10]가 존재한다. 인생에서 자기 자신이나 사랑하는 가족의 가장 위급한 상황, 즉 죽음(Need)을 대비하여 사전에(Pre) 준비하는 제반 행위나 제도를 총칭하는 개념으로 죽음을 준비하는 과정이라고 할 수 있다. 프리니드는 좁은 의미로 죽음에 대비하여 필요한 돈을 저축한다든가 필요한 물품을 미리 확보하는 것을 의미하며, 넓게는 본인 및 사랑하는 가족의 죽음을 대비하여 삶을 정리하고 죽음을 설계하는 정신적 과정을 의미한다. 학문적 용어는 아니지만 미국 등의 나라에서는 보편화된 용어로, 관련 활동과 서비스는 다양하다.[11] 각각의 개인이 물질적으로나 정신적으로 죽음을 대비하여 미리 준비하여 수의(壽衣)를 마련하거나 가묘(假墓)를 준비하는 것, 유언장을 작성하는 것, 임종 직전의 케어 방법의 결정 등이 대표적인 활동이다. 공적인 차원의 프리니드는 사회 복지적 차원에서 정부나 지방자치단체가 주민들의 죽음을 위해 운영하는 제도라 할 수 있다. 주로 인간다운 죽음을 맞이하기에는 경제력이 부족한 저소득계층을 위한 제도이다. 저소득층을 위해 일정액의 장례보조금을 지급한다거나 용품을 무료로 지급하는 것 등이다. 일본의 개호보험이나 미국의 임종케어제도 PSDA(Patient self determination act) 등도 공적인 프리니드의 일종이라 할 수 있다. 사적인 차원의 프리니드는 장례보험이나 장례신탁, 상조회 등이 대표적이며, 미국인의 약 40%가 장례보험에 가입되어 있다고 한다. 미국은 공적, 사적 영역의 다양한 프리니드 사업을 통하여 사망 후 발생하는 장례 비용을 미리 지불하고 준비하고 있다. 장례 비용 상승에 대하여 미리 비용을 지불함으로써 사망 후 부담을 줄일 수 있고, 상속 문제로 인한 가족 간의 갈등을 예방할 수 있다. 또한 장례 방식, 묘지, 관 등의 장례와 관련된 다양한 세부사항을 본인의 의사대로 선택할 수 있으며, 경우에 따라 세금 혜택을 받을 수도 있다고 한다. 우리보다 일찍 고령사회를 경험하고 있는 일본에는 다양한 죽음 준비 활동과 이와 관련한 서비스가 존재한다. 일본인에게 '생전계약'이란 말은 낯설지 않다. '생전계약'이란 사후에 필요한 수속, 절차 등을 살아 있을 때 미리 계약해 두는 것을 말한다. 무연고 노인이 장례업체에 비용을 지불하고 자신의 장례식을 예탁하는 것이 대표적이다. '엔딩서포트 사업'은 일본에서 혼자 사는 고령자들의 노후생활과 죽음을 지원하는 행정 복지 제도로 자녀나 가족이 없는 고령자들이 마지막 순간까지 안심하고 존엄하게 삶을 마칠 수 있도록 돕는 것을 목표로 한다.[12] 정기적인 안부를 확인하고, 장례 준비 및 각종 행정 절차에 대한 도움뿐만 아니라 의료, 상담 등 다양한 서비스를 제공하고 있으며, 이 사업의 주체는 대체로 지방자치단체이다. 이에 지방자치단체의 여건에 따라 서비스와 질적 차이가 있기는 하지만 대체로 무료거나 매우 저렴한 가격에 서비스의 이용이 가능하다. 대표적으로 일본 도쿄의 도시마구(豊島區)에서는 구청이 적극적으로 임종 상담사업을 진행하고 있다. 도시마 구청은 일명 '슈카츠(終活)' 사업이라고 불리는 활동에 적극적이다. 슈카츠 우리말로 '종말활동'이다. 이는 죽음 앞에서의 마지막 활동을 의미한다. 노인들이 자신의 마지막을 준비하는 과정을 부르는 단어로 슈카츠라는 개념이 등장했고, 현재 일본에서는 일상어로 널리 쓰이고 있음은 물론 관련 서적도 많이 출판되고 있다. 물론 이전에 고급화되어 있는 요양원 등에서는 인생을 마무리하는 다양한 형태의 '슈카츠' 서비스를 제공했지만 이제 이러한 서비스를 구청에서도 무료로 제공하고 있는 것이다. 도시마구에 사는 65세 이상의 노인이면 누구나 자신의 장기·시신기증 여부와 유언장 등을 미리 등록할 수 있다. 구청은 본인이 사망하면 미리 등록된 사람에게 정보를 공유해 고인이 원했던 대로 뒷일을 처리하도록 한다. 또한 일본에서는 여러 단체가 주최하는 죽음 엑스포(Life Ending Industry Expo)가 일정한 시간적 간격을 두고 개최된다. 통상 수백여 개의 업체가 참여하는 대규모 전시에서 일본 사람들은 최신 장례 물품과 서비스를 경험함으로써 자신의 죽음을 세밀하게 대비할 수 있다.

장사문화사업 현황 및 전망

　장례에 관한 서비스를 제공하는 업체들의 서비스 영역과 방법은 점차 다양화, 첨단화, 개인화 (맞춤형)되고 있다고 볼 수 있다. 온라인 서비스가 강화되고 있으며, 자신의 장례를 미리 계획하고 준비하는 사전 계약 서비스도 활성화되고 있다. 우리나라는 빠르게 고령화 사회로 접어들고 있으며, 이와 관련한 장례 서비스의 수요는 계속 증가할 것이다. 특히 장례에 있어서 자연장 등 친환경 관련한 제도와 인프라가 확대될 것이고, 장례용품도 친환경적인 요소가 중시될 것으로 보인다. 기술 발전에 힘입어 장례식 과정을 중계하고, 온라인 추모관을 유지하는 등의 디지털, 인공지능을 활용한 서비스가 더욱 발전할 것으로 보인다. 또한 개인의 다양한 요구사항을 충족하기 위한 '맞춤형 장례식'에 대한 수요와 이를 위한 플랫폼 및 신생 직종인 '엔딩 플래너' 등의 역할도 주목 받을 것으로 보인다.

〈표 8-3〉 한국에서 운영 중인 웰다잉 관련 주요 플랫폼

라스트엑시트	빅웨이브의 iBack	메모비(Memovie)
품격 있는 죽음을 준비하기 위해 주변인에게 메시지를 남기는 타임캡슐 편지, 유언장 작성(법적인 효력), 금고 기능 활용, 유산 상속, 영정사진 촬영, 요양원이나 상조사 준비 등을 지원(서비스 예정)	부동산, 은행 예금, 주식, 펀드, 보험, 부채 등의 정보를 관리하며 녹음을 통해 자동으로 유언장 형식으로 변환되어 법적인 효력을 지님. 엔딩 플래너 서비스를 통해 자산관리, 신탁, 유언장 작성, 상조 준비, 영정사진 찍기 등의 죽음 준비에 필요한 모든 과정을 아우르는 프리미엄 서비스(국내 최초 웰다잉 플랫폼)	'좋은 죽음'을 준비하고 실천할 수 있도록 돕는 종합 '데스테크(Death Tech)' 서비스로 생전에 고인이 직접 작성한 부고, 사후 메시지를 원하는 시점에 원하는 사람에게만 순차적으로 전달하는 서비스 등을 제공

장례관련 사업의 대표격인 장례식장은 대체로 공급과잉상태로 볼 수 있다. 전국의 장례식장은 1995년 32개소에서 2000년 465개소, 2005년 763개소, 2008년 839개소로 급속도로 증가하여, 2023년 기준 총 1,039개의 장례식장(공영 장례식장 65개소)이 운영 중이다. 이는 장례식장의 영업이 1973년 허가제에서 1993년 신고제, 2000년 자유업으로 변경됨으로 인함이 크다. 자유업인 장례식장의 무분별한 난립으로 공급이 과잉인 상태이다. 총 빈소 수는 4,000여 개가 넘어 일평균 사망자 882명(2021년 기준)에 비해 매우 과다하여 신규 진입에 어려움이 있어 보인다.[13] 또한 장례 운영에 있어서 과거 대가족, 마을 공동체 중심의 상부상조 문화는 사라지고 장례식장과 상조서비스를 이용하는 게 일반화되었다. 2022년 공정거래위원회 자료를 보면 각종 상조회사의 가입자 수는 729만 명으로 집계되고 있다. 2000년대 이후 상조업은 급속한 양적 성장을 통하여 가입자와 예치금의 가파른 증가세를 경험하게 되나 법률적 규제가 미비하여 상조서비스와 관련된 소비자의 피해가 크게 증가하였다. 이를 방지하기 위해 「할부거래에 관한 법률」이 상조산업을 선불식 할부거래로 규정하고 재정 건전성과 소비자 보호를 위한 각종 규정을 신설하여 상조업에 대한 제도적 기반이 형성되었다. 현재 상조관련 시장은 일종의 성숙기로 이행하고 있으며, 자본력을 중심으로 상조업체가 개편되고 있다. 상위권 업체들은 대체로 할부 선불제로 운영되고 있다. 이는 일반적인 할부 거래와 달리 재화나 서비스를 제공하기 전에 미리 대금을 납입받는 특수한 형태의 거래이며, 거래 기간이 타 업종에 비해 장기간으로 설정되는 편이라 상조업체의 위법 및 도덕적 해이의 유인 요소가 강한 편이다. 이에 소비자가 선수금에 손해를 입을 확률이 적은 후불 상조 업체도 생겨나고 있다. 시신의 처리와 관련해서도 새로운 산업이 등장하고 있다. 지금까지는 전통적으로 선산에 묻히거나 화장 후 봉안묘 등에 두고 자녀들이 틈날 때마다 볼 수 있도록 하는 것이 일반적이었다. 하지만 사람을 자연의 한 부분으로 생각하고 기억을 간직할 수 있는 대상물로 만들고자 하는 서비스나 산업이 등장하고 있다. 미국의 Recompose사는 일명 퇴비장으로 불리는 녹색 장례식 서비스를 제공한다. 강철 용기에 시신과 나무조각, 짚 등과 산소를 주입해 미생물과 박테리아의 활동을 극대화시켜 빠르게(30일 정도 소요) 시신을 분해, 몇 주간 건조하여 식물을 키울 수 있는 흙으로 만드는 상품이다. 가족들은 이 흙을 사용하여 꽃이나 나무를 심어 가꿀 수 있어 의미를 부여할 수 있는 새로운 방법으로 주목받고 있다.

미국의 Spirit Pieces사는 사람이나 반려동물의 화장재 일부를 활용해 예술품으로 만들어 주는 서비스를 제공하고 있으며, 묘비에 멀티미디어 기능을 탑재하여 고인의 생애 영상 등을 넣어 디지털 묘비로 제작하는 서비스를 구현하는 업체도 있다. 한편 인공지능과 메타버스 기술을 활용하여 고인이 살아 있는 것처럼 생전 모습도 구현하고 대화도 할 수 있는 서비스도 개발되고 있다.

[그림 8-2] Recompose사의 퇴비장 모습[14]

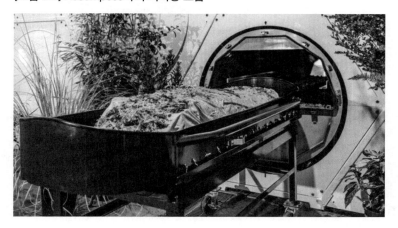

    장례의 형식은 종교별, 지역별, 시기별로 다양하지만 돌아가신 분을 존중하며 떠나보내고, 가족의 슬픔을 위로하며 이별의 슬픔을 치유하는 기본 정신은 대체로 동일하다. 일본의 장례문화를 바탕으로 삶과 죽음의 의미를 따뜻한 시선으로 그리고 있는 일본 영화 한 편을 소개한다. 우리와 문화적 차이가 존재하기에 오히려 일본의 장례 문화를 접할 수 있는 좋은 기회를 제공하는 영화『굿바이』는 일본의 소설 '납관부(納棺夫) 일기'를 원작으로 하고 있으며, 우리나라에 '어느 장의사의 일기'로 출판되었다. 섬세한 연출로 유명한 일본의 타키타 요지로 감독의 2008년 작품이고 우리나라에는 2020년에 개봉하였다. 아카데미 국제영화상 수상을 비롯한 다양한 영화제에서 수상할 정도로 높은 작품성을 인정받고 있기도 하다. 주인공 '엔도'는 첼로를 전문으로 연주하는 연주가인데 우연한 계기로 장례지도사의 일을 하게 된다. 정확히는 '납관사(부)'라는 직업으로 등장하는데 염습과 돌아가신 분을 아름답게 보이게 하기 위한 화장(엔딩 메이크업)을 하는 일이 주된 업무로 우리의 장례지도사와 유사하다. 영화 곳곳에서 주인공은 납관사의 일을 불길하게 생각하고, 천시하는 사람들을 만나게 되고 이 일을 계속해야 할지를 고민한다. 하지만 주인공 '엔도'는 장례지도사의 일이 돌아가신 분을 편안하고 아름다운 모습으로 만들어 주고 배웅하는 것을 통해 유가족의 슬픔을 위로하고, 돌아가신 분에 대한 좋은 추억을 간직하게 해 주는 소중한 일이라는 것을 깨닫게 된다. 영화를 보며 우리는 "죽음을 어떻게 받아들여야 하는가?"를 고민하게 되며, 나아가 "삶을 어떻게 살아가야 할지?"를 생각하게 된다. 삶과 죽음에 관한 자연스러운 성찰의 기회를 주는 명작 『굿바이』를 여러분에게 다시 한 번 강력하게 추천한다.

1) 김시덕(2012), 한국의 상례문화, 민속원

2) 이수봉(2008), 장례문화의 이해, 경인문화사

3) 장묘문화 개혁운동 10년, (사)한국장묘문화개혁범국민협의회, 2009

4) 제3차(2023-2027) 장사시설 수급 종합계획, 보건복지부, 2023

5) 이투데이 뉴스, https://www.etoday.co.kr/news/view/2209781

6) 한국장례협회, http://www.fta.or.kr/

7) 박보태(대구카톨릭대학교 박사논문) 2019, 장사법제에 관한 연구

8) 장례지도사 자격증제도 운영 매뉴얼(수정본), 보건복지부, 2016

9) 보건복지부 장사정보시스템(e하늘), https://www.15774129.go.kr/portal/main.do, 장례문화진흥원 https://www.kfcpi.or.kr/portal/home/main/main.do)

10) 강동구 · 이복순(2007) 프리니드(pre-need)와 상조서비스론, 지투지

11) 조필주(동국대 석사논문), 2007, 프리니드(Pre-Need)에 관한 연구

12) 김웅철(2024), 초고령사회 일본이 사는 법, 매일경제신문사

13) 2021 사회조사보고서, 통계청, 2021

14) 탄소중립 장례 서비스 업체, https://earthfuneral.com/

제9장

공영장례와 유품정리

———

신우균

1 공영장례

1-1. 공영장례의 정의

공영장례의 필요성과 법적 근거에 대한 내용을 다루고 있다. 핵가족화와 세대 간의 의식 변화 속에서, 소외 계층이 존엄한 죽음을 맞이할 권리를 강조하며, 모든 사람이 애도받을 권리를 누려야 한다고 주장한다. 공영장례는 단순한 장례비용 지원을 넘어, 사회적 기본권 운동의 일환으로 인식되고 있으며, 이로 인해 보다 평등한 장례 서비스가 가능해질 것이다. 또한, 법적 제도적 기반이 마련됨으로써, 더 많은 사람들이 장례의 존엄성을 보장받을 수 있는 기회를 얻게 된다.

가. 공영장례의 중요성

공영장례는 핵가족화와 세대 간 의식 변화 속에서 죽음의 가치가 변화하고 있음을 반영한다. 삶과 죽음은 연결되어 있으며, 존엄한 삶은 존엄한 죽음과 분리될 수 없다. 모든 사람은 인간답게 살 권리를 가지며, 이는 공영장례와 관련이 있다.

나. 공영장례의 필요성과 역할

공영장례는 모든 사람이 존엄하게 삶을 마무리할 권리를 위한 기본권 운동으로, 애도받을 권리를 보장하는 보편적 사회보장 운동이다. 장례는 고인을 애도하고 일상으로 돌아갈 수 있게 하는 기능을 가지며, 이는 저소득층이 느끼는 경제적 부담과 관련이 있다. 공영장례가 없다면 저소득층의 시신은 바로 처리 수순에 들어가기 때문에, 이는 정신적 지원을 제공하는 역할을 한다. 무연고자는 "내가 죽으면 누가 장례를 치러 줄까?"라는 불안감을 느끼며, 공영장례는 이러한 불안을 어느 정도 해소해 준다. 1인 가구 증가와 같은 사회적 변화 속에서, 공영장례의 중요성은 더욱 커지고 있다.

다. 1인 가구와 공영장례 제도

1인 가구는 1명이 단독으로 생계를 유지하는 생활 단위를 의미하며, 이는 개정 건강가정기본법에 따른 정의이다. 공영장례는 무연고자 및 저소득층을 지원하기 위한 법적·제도적 근거를 마련하여 고인의 존엄성을 보장하는 것을 목적으로 한다. 서울시는 2015년부터 민간단체의 지원을 통해 무연고 사망자 장례를 시작하였으며, 보조금 지원에 한계가 있음을 인식하여 공영장례 조례 제정을 제안하였다. 2018년 서울시는 공영장례 조례를 제정하여, 무연고 사망자뿐만 아니라 장례를 치를 능력이 없는 기초생활보장 수급자*의 장례를 지원할 법적 근거를 마련하였다. 장례 이행 절차에 따르면 시장은 연고자를 알 수 없는 시신에 대해 장례의식을 진행한 후, 일정 기간 후 매장 또는 화장하여 봉안**해야 한다.

라. 공영장례 대상자 및 지원 기준

공영장례 대상자는 무연고 사망자와 연고자의 장례 처리 능력이 부족한 경우로 정의된다. 무연고자 정의는 연고자나 부양의무자가 없는 경우와 연고자가 시신인수를 거부하는 경우로 나뉜다. 공영장례 지원의 주요 관점은 연고자의 장례 처리 능력 부족, 이와 관련된 지원 기준은 신체적, 연령적, 경제적 능력 부족으로 구분된다. 지원 대상에 대한 연령 제한이 없으며, 지방자치단체장의 임의적 판단에 따라 공영장례 지원 결정이 이루어질 가능성이 있다. 보건복지부는 개정법에 따라 시군구별 공영장례가 원활히 추진되도록 지원할 예정이다.

마. 공영장례 운영 현황

공영장례 운영현황을 파악하기 위해 각 지자체에 표준 조례안을 안내하였다. 2024년 1월 기준으로 15개 시도(88.2%)와 177개 시군구(78.3%)에서 공영장례 지원 조례가 제정되었다. 예산 측면에서 8개 시도는 34억 원, 191개 시군구는 43.7억 원의 예산(2023년 기준)을 편성하여 운영하고 있다.

1) 나눔과 나눔(사회적 비영리 단체)

나눔과 나눔은 우리 사회 구성원 모두 인권을 존중받으며 살아갈 권리, 존엄하게 생을 마무리할

....
* 국민기초 생활 보장법에 의하여 국가로부터 기초 생활비를 수급 받는 자
** 시신을 화장하여 그 유골을 그릇이나 봉안당에 모심

권리가 있다는 것에 대한 인식을 증진하고 이러한 분위기를 조성하여 모든 사람이 사회의 일원으로서 그 가치를 인정받는 사회공동체를 만드는 데 기여하고자 있다.

- 지원(후원으로 이루어짐)

나눔과 나눔은 '애도할 권리와 애도 받을 권리'의 보편적 보장을 위해 '무연고 사망자' 분들의 마지막 순간을 동행하고, 사회적 장례 지원의 필요성을 알립니다. 존엄한 삶의 마무리를 위한 동행에 함께 참여해 주세요. 사단법인 나눔과 나눔의 활동은 후원자 여러분의 후원금과 자원 활동으로 운영되고 있다.

나눔과 나눔은 비영리민간단체(서울시등록1806호)이며, 서울시에 설립허가(제2018-250호)를 받은 비영리 사단법인이다. 또한 기획재정부로부터 지정기부금단체로 지정받은 법인이다. 후원해 주신 분께 소득공제를 받을 수 있는 기부금 영수증(지정기부금) 발급이 가능한다. 그리고 자원활동에 참여하시면 행정안전부 1365 자원봉사 포털을 통해 활동내역을 확인할 수 있다.

나눔과 나눔을 함께 하실 수 있는 방법은 다음 세 가지이다.

정기후원: CMS* 후원신청, 후원계좌, 직접 자동 이체 가능

임시후원: 나눔과 나눔 후원계로 직접 후원금을 입금

자원활동: 대리상주**, 영결식 등 장례 지원 및 재능 기부

2) 부산 영락 공원 공영장례 절차

부산시설공단 영락공원은 부산광역시와 함께 꾸준히 증가하고 있는 무연고자에 대한 공공장례 지원을 통해 공기업의 사회적 책무를 다하고 상부상조의 공동체적 가치실현에 기여하고자 한다.

1단계(공영장례 대상자 발생)

● (국, 군) 영락공원에 공영장례 협조공문 발송

● (구, 군) 위탁업체 하장예약(e하늘) 후 공영장례실 신청

● 화장예약 전 공영장례 예약 지양

....

* content management system 은행, 금융투자 등 금융회사와 금융결재원이 공동 운영하는 서비스.

** 무연고, 고독사시 연고가 없을 때 상주를 대리로 지원하는 의미.

- 화장 예약이 겹치는 경우 공영장례실 공동 사용

2단계(공영장례실 이용)

- (영락공원) 공영장례식 배정 등 일정 조율, 부고 게시
- (구, 군 위탁업체) 화장 일정에 맞춘 공영장례실 이용

3단계(공영장례 화장 및 봉안)

- (구, 군 위탁업체) 고인 화장장 운구 및 화장 무연고실 안치
- (영락공원) 증명서 발급, 공영장례 이용자 데이터 관리

[그림 9-1] 무연고 장례식: 영정사진 없음

출처: 내손안에 서울, 2024.04.19., 시민기자

1-2. 공영장례 근거(장사에 관한 법률)

가. 제1조(목적)

이 조례는 「장사 등에 관한 법률」 제 12조에 따라 장례를 치를 수 없는 무연고자 및 저소득층에 대한 장례지원에 필요한 규정함으로써 사회적 책무를 이행하고, 고인(故人)의 존엄성이 보장되는 것을 목적으로 한다.

위 조항에 따라 서울시 및 광역시도 지자체등에서 관련 조례와 법률을 개정하여 공영장례가 대상자들에게 원만한 혜택이 주어지도록 하고 있다. 서울시 공영장례는 2015년 민간에서 시작했다.

당시 서울시 비영리 민간단체 공익활동지원사업으로 '무연고 사망자 장례'를 지원한 '나눔과 나눔'은 2015 ~ 2017년 서울시 비영리 민간단체 보조금으로 장례를 지원했다. 그리고 보조금이 나오지 않는 달에는 후원금으로 장례를 치렀다. 보조금 방식으로는 한계가 명확했다. 안정적인 공영장례를 위해서는 '공영장례 조례'가 필요했다. 그래서 당시 서울시의회 보건복지위원회에 조례 제정을 제안하고 현장 경험을 바탕으로 활동가들이 직접 초안을 작성했다. 2017년 11월 발의된 조례 안은 광역단체로서는 서울시가 최초로 '공영장례 조례'를 2018년 3월 22일 제정했다. 이로써 무연고 사망자뿐 아니라 연고자가 있지만 장례를 치를 능력이 없는 기초생활보장 수급자들의 존엄한 삶의 마무리를 지원할 법적·제도적 근거를 두었다.

나. 한국장례문화진흥원(e하늘 장사정보 시스템)

화장예약 창구 단일화를 통한 국민화장예약 편의제공, 화장시설의 효율적 활용 및 투명성을 확보, 사망정보의 효과적 수집 및 연계를 통한 복지 급여 업무의 내실화, 장사문화 및 시설 등 장사 관련정보제공, 장사정책 홍보 및 통계자료 제공 등의 목적으로 보건복지부에서 구축함(2013. 05. 01., 한국장례문화진흥원에서 위탁 운영)

[그림 9-2] 주요 제공서비스

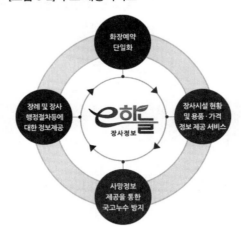

출처: 보건복지부 장사정보서비스(포털)

(※ 장사 등에 관한 법률 제12조(무연고 시신 등의 처리), 제33조의4 무연고 사망자 장례지원(한국장례문화진흥원 운영))

1-3. 공영장례의 미래

공영장례의 미래는 여러 제도적 개선을 통해 보다 인간다운 장례 절차와 사회적 애도가 보장되는 방향으로 나아갈 필요가 있다고 제안되고 있다. 공영장례는 현재 무연고사망자의 시신 처리에 초점을 맞추고 있지만, 앞으로는 존엄성을 유지할 수 있는 장례 서비스가 제공될 필요가 있다. 이를 위해 고독사 및 무연고사망자에게 보다 체계적인 장례 지원을 제공하고, 관련 법령을 개정하며 국가와 지방 정부 간의 역할 분담을 명확히 해야 할 필요성이 강조된다. 또한, 사회보험적* 성격의 장례 연금 제도의 도입이 고려되고 있으며, 이는 모든 사람이 평생에 걸쳐 소득 수준에 맞춰 적립한 장례비용을 바탕으로 국가가 이를 보조하는 방식으로 진행될 수 있다. 이러한 제도는 장례비용을 보다 체계적으로 마련하여 존엄한 죽음을 보장하는 데 기여 한다.

가. 예방적 차원에서 고독사 예방을 위한 조기 발견, 정서 지원, 맞춤형 통합 서비스 등의 구체적인 계획이 필요하다.

나. 치료적 차원에서는 심리 상담, 인지 기능 지원 등 노인대상 프로그램뿐만 아니라 일반 연령층으로의 지원 확대도 요구된다.

다. 안전 차원에서는 응급호출 및 알림 서비스 외에, 청장년층의 위험 신호에 맞춘 지원 프로그램을 개발할 필요가 있다.

라. 돌봄 차원에서는 생활관리사** 파견 및 정기적 방문 서비스가 포함되며, 청년들 간의 네트워크 운영 또한 중요한 대안이 될 수 있다.

마. 고독사는 사회구조적 문제로 국가적 대책 마련이 필요하며, 장례 서비스 지원은 복지 서비스의 일환으로 보호받아야 한다.

□ 서울시와 나눔과 나눔에서 공영장례 지원 업무 설명회

서울특별시 공영장례지원 업무 설명회를 나눔과 나눔이 주관했다. 나눔과 나눔이 서울시 공영장례지원 상담센터 수행을 하면서 실시한 첫 번째 큰 행사이기도 했다. 무엇보다 이번 설명회를

....
* 사회보험법은 국민에게 발생하는 사회적 위험을 보험방식으로 대처 하는 의미
** 고령자의 돌봄으로 국가지원제도로 방문요양, 목욕, 병원 동행등 일상을 지원

준비하면서 나눔과 나눔이 서울특별시 공영장례지원 업무 메뉴얼을 제작한 것이 큰 성과 중에 하나이다. 물론 앞으로 더 많은 사례와 현장의 의견을 반영해야 하겠지만 전국 최초의 공영장례 업무 메뉴얼이라는 측면에서 그 의미가 크다고 할 수 있다.

[그림 9-3] 서울시 공영장례 지원 업무 설명회 안내

출처: 나눔과 나눔, 2019.04.24.

1-4. 일본의 공영장례

일본에서 무연고자의 공공장례가 증가하며, 경제적 이유로 고인의 시신을 인수하지 않는 사례가 늘어나고 있음을 보여 줍니다. 우리나라 역시 이와 유사한 상황에 처해 있으며, 장례의 존엄성을 지키기 위한 세심한 정책 필요성이 강조된다. 또한, 기술 발전을 통한 창의적인 추모 방식이 논의되며 장사문화에 대한 진전을 이루는 방향으로 나아가야 함을 시사한다. 이는 장례 문화의 변화와 사회적 책임에 대한 인식을 촉구하는 중요한 메시지를 포함하고 있다.

가. 일본의 초고령사회와 공공장례 문제

일본에서는 초고령사회*에 진입하면서 공공 부담으로 장례를 치르는 사례가 증가하고 있으며, 2022년 이후 최다치를 갱신하였다. 무연고자 증가로 인한 무연유골 및 방치된 무연묘의 증가가 사회적 문제로 대두되고 있으며, 시설 부족 현상을 겪고 있다. 2022년도 일본의 '장제부조'에 의해 국가와 지자체가 부담한 장례비는 전국에서 5만 2561건으로, 이는 2021년도 대비 약 3800건 증가한 수치이다. '장제부조'로 총 약 110억 엔의 비용이 발생하였으며, 이 제도는 유족이 장제비를 지출

....
* 전체인구의 65세 이상의 노인인구가 차지하는 비율이 20% 이상인 사회

할 수 없을 때 행정이 비용을 부담하는 구조로, 유가족이 아닌 제3자가 장제를 집행하는 경우에도 적용된다.

공공 장례가 가장 많은 도시는 도쿄로, 2022년 장례 건수가 9313건에 달했으며, 도쿄 및 오사카의 지자체 부담 비용은 각각 20억 엔과 11억 엔에 이를 것으로 예상된다.

나. 일본의 무연고자 증가 원인

일본에서 무연고자가 증가하는 주된 원인은 경제적 어려움에 기인한다. 요코스카 시 내에는 약 200명의 유골이 있으며, 이들은 친족과 연락이 닿지 않아 무연고자 봉안당으로 이전될 가능성이 있다. 무연고자의 유족은 장례비용이나 신체적 부담 등으로 인해 시신 인수를 거부하고 있어, 다양한 사정이 존재한다. 또한, 친족 간의 감정적 거리나 오랫동안 떨어져 살아온 관계 때문에 시신 인수를 거부하는 경우가 많으며, 이에 대한 행정적 지원 체계가 부족한 점도 문제로 지적된다.

다. 무연고자와 일본의 사회적 문제

일본은 공공 장례와 고령자들의 빈곤 문제를 심도 있게 다루고 있다. 그러나 공공 장례에 필요한 비용은 국민의 세금을 사용해야 하는 당위성에 대한 설명이 부담으로 작용하고 있다. 무연고자의 증가로 인해 일본은 묘지 공간 부족 문제에 직면해 있다. 예를 들어, 가나가와·사가미하라 시의 '미네야마 영원' 시설에서도 관리되지 않는 묘가 많았다. 무연묘는 친족이 없는 무덤으로, 관리되지 않은 무덤이 20개로 알려져 있으며, 지방 정부는 이러한 무연묘 문제 해결에 어려움을 겪고 있다. 일본 총무성이 발표한 조사에 따르면, 전국 지자체의 약 58%가 무연묘를 운영하고 있으며, 아이치·도요타 시의 한 사찰에는 2만 기 이상의 무연묘가 존재한다고 보고되었다.

라. 최신 기술을 활용한 묘지 참배 서비스의 변화

기업과 지자체는 최신 기술을 이용한 묘지 참배 서비스를 도입하고 있으며, 예를 들어 메타버스[*] 묘지를 구축하는 시스템을 개발하고 있다. 상조업체는 '사이버 추모관'의 기능을 확대하여 AI로 고인의 음성을 학습하고, 메타버스에서 대화할 수 있는 서비스도 개발 중이다. AI를 활용해 100년, 200년 후에도 고인과 대화가 가능해진다는 의견이 있으며, 서비스는 2024년 7월에 개시될 예정이다. 프리

....
* met(가상 초월) universe(세계, 우주)의 합성어 가상 현실 플랫폼

드라이프는 AI 업체와 협력하여 고인 데이터로 딥러닝을 통한 '재회 서비스'인 '리메모리'를 선보이며 주목받았다. 이러한 변화는 무연고자 문제에 대한 관심에서 시작되었으며, 장사문화의 선진화로 나아가는 방향을 지향하고 있다.

2 고독 死는 무연고 死인가?

2-1. 고독 死

2019년 4월 18일, 오후 3시 서울특별시 공영장례지원 업무 설명회를 나눔과 나눔이 주관했다. 나눔과 나눔이 서울시 공영장례지원 상담센터 수행을 하면서 실시한 첫 번째 큰 행사이기도 했다. 무엇보다 이번 설명회를 준비하면서 나눔과 나눔이 서울특별시 공영장례지원 업무 매뉴얼을 제작한 것이 큰 성과 중에 하나이다. 물론 앞으로 더 많은 사례와 현장의 의견을 반영해야 하겠지만 전국 최초의 공영장례 업무 매뉴얼이라는 측면에서 그 의미가 크다고 할 수 있다.

가. 고독사(孤獨死)의 정의

〈표 9-1〉『고독사 예방 및 관리에 관한 법률』제2조

2022년 시점 법적 정의	2022년 시점 법적 정의 (2023.06.13. 개정시행)	현행법적 정의 (2024. 02.06 개정 시행)
가족, 친지 등 주변 사람들과 단절된 체 홀로 사는 사람이	가족, 친지 등 주변 사람들과 단절된 체 사회적 고립 상태로 생활하던 사람	가족, 친지 등 주변 사람들과 단절된 체 사회적 고립상태로 살아가던 사람
자살, 병사 등으로 혼자 임종을 맞고.	자살. 병사 등으로 혼자 임종을 맞고.	자살, 병사 등으로 혼자 임종 하는 것.
시신이 일정한 시간이 흐른 뒤에 발견이 되는 죽음.	시신이 일정한 시간이 흐른 뒤에 발견이 되는 죽음.	삭제

1) 1990년대 이후 일본에서 나 홀로 죽음이 급증하면서 신조어로 2011년부터 방송으로 알려짐

2) 자살, 타살은 보통 제외되는 경우도 있었으나 관련 법률이 제정되면서(2021년 4월 1일 시행) 법적으로 정의, 자살 포함

3) 고독사 예방 및 관리에 관한 법률(약칭: 고독사예방법)

나. 24년 고독사 실태조사(출처: 보건복지부)

〈표 9-2〉 고독사 사망자 및 전체사망자 수

(단위:명)

구분	2017	2018	2019	2020	2021	2022	2023
고독사 사망자 수	2,412	3,048	2,049	3,279	3,378	3,559	3,661
전체 사망자 수	285.534	298,820	295,110	304,948	317,680	372,939	352,511

〈표 9-3〉 전년대비 증감율 및 연평균

(단위: 명, %)

구분	2017	2018	2019	2020	2021	2022	2023	'17~'21* 연평균 증가율	'17~'21* 연평균 증가율
고독사 사망자수	2,412	3,048	2,049	3,279	3,378	3,559	3,661	8.8	5.6
전년대비 증감율	-	26.4	△3.3	11.2	3.0	5.4	2.9		

다. 청년층 고독사 증가

1) 청년 고독사의 현황과 심각성

고독사는 '고독사 예방 및 관리에 관한 법률'에 정의된 바와 같이, 주위와 단절된 채 홀로 임종을 맞이하고, 이후 시신이 발견되는 죽음을 의미하며, 무연고 사망도 포함된다. 현재 고독사는 노인 뿐만 아니라 2030 청년층의 심각한 문제로 대두되고 있으며, 2020년에는 청년 고독사의 실태조사 가 미비한 상황이다. 2019년과 2020년의 경찰 기록에 따르면 고독사 사건이 매년 증가하고 있으 며, 특이하게도 30대 이하 청년의 고독사가 약 10% 수준을 차지하고 있다 . 청년층의 고독사 원인 은 질병보다 자살이 가장 높은 비율을 차지하며, 2021년 통계에 의하면 20대와 30대의 사망 원인 1위가 각각 56.8%와 40.6%에 달한다. 이러한 통계들은 외로움 속에서 청년들이 처한 현실을 비관 하여 자살을 선택하는 경우가 많음을 시사한다.

2) 청년 고독사의 급증 원인 분석

청년 고독사 현상은 '1인 가구의 증가'와 밀접한 관련이 있으며, 2021년 기준 우리나라의 1인 가구가 전체의 40%에 해당하고, 2030세대의 1인 가구 비중은 32.2%로 나타났다. 높은 청년 실업률 역시 중요한 요인으로, 2019년부터 2021년 사이 25세에서 39세 사이 취업을 하지 못한 청년들의 수가 지속적으로 증가하고 있으며, 이로 인해 경제적 빈곤과 정신 건강에 부정적 영향을 미친다. 청년 복지 시스템의 부족으로 인해 청년층은 사회적 복지에서 소외되며, 청년고독사 관련 정책도 매우 미비한 상황이다.

3) 청년 고독사 문제 해결을 위한 맞춤형 접근 필요성

청년 고독사 문제를 해결하기 위해서는 청년만을 대상으로 한 구체적인 대응이 필요하다. 따라서, 정책의 대상인 청년을 더 세분화하여 적합한 개별적 서비스를 제공해야 한다. 다양한 고독 문제의 원인으로 인해, 다수를 대상으로 일률적인 서비스 제공보다는 1 대 1의 맞춤형 지원이 더 효과적일 것으로 보인다. 청년 고독사를 고령층 문제로 한정하는 관점을 탈피하고, 청년층까지 해당 문제의 관심 대상을 확대하는 사회적 인식의 변화가 필수적이다. 현재의 지역사회의 붕괴를 극복하고, 긴밀한 연대와 유대를 통해 사회적 고립을 방지하며, 사회적 가족을 형성하는 시스템이 중요하다.

4) 청년 고독사 문제의 심각성과 해결 방안의 필요성

사회안전망*을 구축하여 청년들의 고립과 단절을 방지하고, 실패하더라도 재기할 수 있는 사회 구조를 마련해야 한다. 제시된 해결 방안에는 사생활 침해 및 비용 문제와 같은 보완점이 있으며, 사회 변화가 필요하여 막연하게 느껴질 수 있고 오랜 시간이 소요된다는 한계가 있다. 청년 고독사의 주된 원인인 자살 문제에 대한 예산이 한국은 417억 원으로, 일본의 6조 7033억 원과 비교했을 때 매우 낮은 수준이다. 청년들은 복지와 정신 건강 문제에서 사각지대에 놓여 있고, 사회는 청년들의 고통을 성장통으로 치부하여 외로운 죽음을 맞이하게 하고 있다. 청년들의 고독과 고독사에 대한 경각심을 높이는 것이 예방의 중요한 열쇠가 될 것이다.

....

* SSN(social safety net)빈곤을 겪고 있는 취약한 가족과 개인의 삶을 개선하기 위해 존재하는 비기여 지원

라. 24년 고독사 실태조사(출처: 보건복지부)

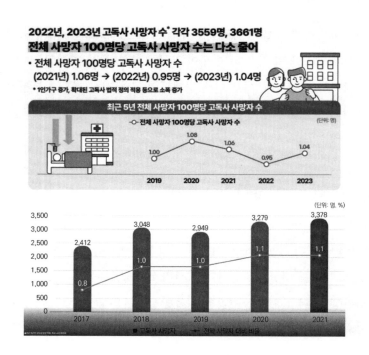

마. 24년 고독사 실태조사 성별 및 기초수급대상자(출처: 보건복지부)

〈표 9-4〉 고독사별 성별 비중(%)

구분	2017	2018	2019	2020	2021	2022	2023
남	81.9	82.6	81.1	82.3	84.2	84.2	84.1
여	18.1	17.4	18.2	17.7	15.8	15.8	15.9

〈표 9-5〉 전체 고독사 사망자 중 기초생활수급자 수 (단위:명)

구분	2019	2020	2021	2022	2023
전체	901	1,148	1,300	1,301	1,413

2-2. 무연고 死

무연고 사망자란 법적으로 가족, 친척, 또는 가까운 지인이 없어 장례 절차를 담당할 수 있는 사람이 없는 사망자를 말한다. 여러 가지 이유에 의해 무연고 사망자가 많이 나오고 있는 것이 현실이다. 특히 경찰 업무 중에 많이 늘어나고 있는 것이 오랫동안 가족과 단절되었던 사람이 변사자로 발견되어 가족에게 인계하려고 할 때 경제적인 이유로 거부를 하는 사례가 많이 늘어나고 있다.

제12조(무연고 시신 등의 처리) ① 시장등은 관할 구역 안에 있는 시신으로서 연고자가 없거나 연고자를 알 수 없는 시신에 대해서는 조례로 정하는 바에 따라 장례의식을 행한 일정기간 매장하거나 화장하여 봉안하여야 한다. 다만, 다른 법률에 특한 규정이 있는 경우에는 그러하지 아니 한다. 〈개정 2015. 1. 28., 2023. 3. 28.〉 (1-2. 장사에 관한 법률 참고)

가. 무연고 사망자 처리 절차

무연고자가 사망자가 발생하면 지방자치단체에서 사망자의 장례 절차를 대신 진행한다. 법률적인 근거는 '장사 등에 관한법률위반'에 따라 그 절차에 의해 처리된다. 경찰에서 변사자를 확인하고 가족 등을 확인하였지만 시신을 인수할 수 있는 사람이 없을 때는 공문에 의해 해당 지자체로 시신을 인계한다. 경찰로부터 시신을 인도받은 지자체에서 장례를 치르게 된다. 대체적으로 장례 절차는 아래에 내용과 같이 진행된 다음 처리가 이루어진다.

* 장례절차- 신원확인 - 공고 및 가족 확인- 장례절차

나. 무연고 시신 처리에 따른 사회적 책임

무연고 사망자의 시신 처리는 단순히 법적 절차로 끝나는 것이 아닙니다. 사회적 책임*을 동반하는 문제이다. 고령화와 1인 가구 증가로 인한 무연고 사망자가 늘어나고 있는 추세이고, 이는 사회적 고립과 연계된 문제와 연결이다. 무엇보다도 다음과 같은 문제점이 대두된다.

....
*   국가와 기업이 지켜야할 책임을 말하며, 책임성과, 투명성, 윤리적 행동 등을 말하고 있음

1) 경제적 비용 부담

지방자치단체에서 무연고 시신을 처리하는 국가적으로도 경제적인 부담을 안게 된다. 장례비용, 시신 처리 비용 등 모두 지자체 예산에서 지출이 되고, 이는 지역 사회 부담으로 이어진다.

2) 사회적 관심과 돌봄의 필요성

무연고 사망자의 증가는 개인의 삶과 사회의 관계에 대한 중요한 문제를 시사한다. 고령자나 사회적 약자에 대한 돌봄 시스템의 강화가 필요하며, 이들을 위한 사회적 안전망 구축이 시급한 과제이다. 가족과의 관계 단절, 경제적인 어려움, 정신적인 문제 등으로 인하여 고립된 삶을 살아가는 사람들을 위해 지역사회 차원의 지원은 필수적이다. 이 부분에 있어 인간이 함께 하고 서로 도와 가며 살아가야 하는 공동체 정신 발휘가 후손들에게 부끄럽지 않는 선조라 살아갈 수 있다.

다. 법적 보호와 제도적 보안

현행 법률은 무연고 사망자에 대한 기본적인 처리만 규정하고 있다. 앞서 설명된 것처럼 개선이 필요한 부분이 많다. 장례 절차의 간소화뿐만 아니라, 연고자를 찾기 위한 적극적인 노력과 설득으로 경제적인 지원, 무연고 사망자가 발생하지 않도록 예방하는 사회적 프로그램의 필요성이 제기된다. 무연고 사망자 문제는 현대 사회에서 점점 큰 이슈로 떠오르고 있다. 이는 고령화와 1인 가구 증가, 가족 간의 단절 등 복합적인 요인에 기인한다. 이러한 사망자의 시신 처리과정에서 경찰과 지자체가 맡은 역할은 매우 중요하다. 이와 동시에 사회적 관심과 책임도 필요하다. 단순히 법적인 절차로 끝나는 것이 아니라, 고립된 사람들에 대한 돌봄과 예방적 조치가 이루어져야 한다.

라. 무연고 사망자 장례지원

한국장례문화진흥원은 빈곤하고 소외된 무연고 사망자의 존엄한 마무리를 위하여 무연고 사망자 추모예식을 지원하고 있다.

(※ 장사 등에 관한 법률 제12조(무연고 시신 등의 처리), 제33조의4 무연고 사망자 장례지원(한국장례문화진흥원 운영))

장례를 치를 사람이 없는 무연고 사망자 증가	무연고 사망자 등 장례지원 지역별 편차
연고자가 없거나 알 수 없는 경우, 경제적 능력 부족, 가족관계 단절 등의 이유로 유족이 시신 인수를 거부·기피하는 사례가 증가하면서 장례를 치를 사람이 없는 무연고 사망 증가 ('17년)2,008명 → ('18년)2,447명 → ('19년)2,656명 → ('20년)3,136명 → ('21년)3,603명	'22년 9월 말 기준, 113개 지자체(광역 11개, 기초 102개)에 공영장례 조례가 제정되어 있으나, 예산이 없거나 예산액도 큰 차이를 보이며, 연고자 조사 완료 후 추모예식 없이 곧바로 화장 후 봉안하는 지자체 다수

마. 지원 내용

1) 지원 대상

무연고 사망 발생빈도가 낮고, 추모예식 없이 곧바로 시신을 화장 후 봉안하는 등 사업추진 어려움이 있는 지자체 우선 지원

* 발생빈도와 자체 지원 현황 등을 고려하여 서울·인천·경기·부산 및 도서지역 인 제주 제외

2) 지원 내용

공영장례 절차 등 상담서비스, 화장시설 이동부터 유골 보관 단계까지 장례예식 지원, 시신 운구 및 조문객 이동 편의 제공. 예식은 공설화장시설 분향실에서 진행하되, 분향실 이용이 어려울 시, 추모버스 내에 빈소 활용(별빛버스*)

[그림 9-4] 별빛버스

별빛버스 외관   조문객 좌석   별빛버스 빈소

출처 : 한국장례문화진흥원

....
* 조문객 좌석, 빈소 및 고인을 화장시설로 운구할 수 있는 저온 안치공간을 갖춘 무연고 사망자 추모버스

3   특수청소로 불리는 유품정리

3-1. 유품정리사

유품 정리는 감정적으로 힘든 과정이다. 슬픔 속에서 물건을 서둘러 처분하기보다는 충분한 시간을 두고 가족들과 상의해 각자의 의견을 반영하는 것이 중요하다. 또한, 유품 정리가 유언 집행이나 상속 문제와 연관될 수 있어 전문가의 조언이 필요할 수도 있다. 재산이나 부채 문제가 있는 경우, 법원이나 세무사를 방문해야 하는 상황도 발생할 수 있다. 고인이 떠난 후 가족, 친척, 지인들은 서로 다른 입장과 감정 속에서 갈등이나 오해를 겪기도 한다. 시댁과 친정, 본가와 처가, 집주인과 임차인 등 다양한 관계 속에서 유품 정리는 각자의 입장과 감정을 존중하며 조율하는 과정이 필요하다. 유품정리사는 이러한 상황에서 유족들의 입장을 경청하고 의견을 조율하여 감정이 격해지지 않도록 중재한다. 유품은 이른바 유산 중에서도 동산 등 물품 전반을 가리키지만, 고인이 생전에 사용하고 있던 생활 잡화나 의류·가구·전자제품 등 고물로서는 재산 가치가 얇은 물품도 포함된다.

고인의 유품을 유족이 서로 나누는 것을 유품분배라고 부르며, 갑작스러운 사건의 경우, 혹은 셋집이나 임대 아파트 등 임대 주택을 명도하지 않으면 안 되는 경우는, 장의 등의 제사가 끝나고 나서, 즉시 유품 정리·처분에 걸리는 것이 많다. 일기·편지·수첩(주소록이나 메모 등)·통장 등은, 1년부터 2년 정도는 필요하게 되기도 하므로 보관해, 그 외의 가구나 단상 등의 가재도구는 복지 시설에, 서적 등은 지역의 도서관이나 학교 등에 기증되기도 한다.

구분	평가기준
현금 예. 적금 수표 등 현금성자산	사망시점금액
귀금속류	금은방, 전당포 등 거래소 감정금액
부동산, 채권, 주식 등	당시 사항과 여건등을 고려하여 합리적인 방안으로 평가 금액을 산정하되, 그 평가 시전 및 방법 기준 등을 명시(고시가, 거래가, 종가 등)

① 귀중품 : 금품이나 통장인감 등, 직접적인 재산

② 추억의 물건 : 사진이나 편지 등 외, 취미의 도구나 수집물

③ 의류 : 의복이나 이불 등

④ 가구, 가전제품 : 생활 가전이나 장롱 등 가구류

⑤ 식료품 : 냉장고 내의 신선식품이나 보존식 등

이러한 분류에서는, 귀중품이나 추억의 물건 등은 직접 유족에게 인도해지지만, 추억의 물건의 범주에서도 안에는 유족의 기분을 해치는 것이 포함되는 경우는, 업자가 유족 측의 심정을 깊이 생각해 처분하기도 한다고 한다. 식료품은 원칙으로서 처분되지만, 가전제품에서는 중고품으로서 매각된 후, 그 매각이익이 유족에게 건네지는 경우도 있다. 또한 처분함·하지 않음은 원칙 유족의 의향이 반영된다.

3-2. 유품처리 과정

가. 귀중품 수색과 유품 분류

유품은 보관, 전달, 처분으로 세심하게 분류되며, 유언장이나 귀중품이 발견될 경우 즉시 유족에게 연락한다. 큰 유품을 먼저 정리해 공간을 확보한 후 작은 물건을 주의 깊게 찾아가며, 귀중품 수색은 분류 과정과 동시에 신중하게 진행된다.

나. 유품 분별과 유족 확인

유품 정리는 유족 간의 추억과 유품의 가치를 다르게 볼 수 있기 때문에, 사전에 의견을 공유해

갈등을 방지하는 것이 중요하다. 유족의 참여와 의견을 반영하여 유품을 신중하게 분류하고, 이를 통해 유족들이 고인의 물건을 정리하며 마음을 정리할 수 있는 소중한 시간을 제공한다.

다. 일괄 반출 작업

반출 작업은 운송 차량, 작업 인부, 사다리차, 배송기사 등 여러 허가된 업체가 참여해 한꺼번에 체계적으로 진행된다. 관리자의 꼼꼼한 확인 절차와 거래처 관리가 이루어져, 안전하고 효율적인 반출이 보장된다.

라. 경매, 판매, 처분 업무

미술품, 골동품, 민속품, 취미용품 등 감정이 필요한 유품은 전문가에게 의뢰하여 감정 후, 필요 시 경매 절차에 따라 투명하게 처리된다. 또한, 유품의 신속한 매각, 중고 판매, 임시 보관, 그리고 안전한 배송까지 책임지고 진행한다. 고객의 소중한 유품을 정성을 다해 관리하고 처분해 주고 있다.

마. 아카이브와 삶의 기록

고인의 소중한 물건들과 삶의 기록을 디지털 아카이브로 남겨 아름다운 추억을 보존한다. 기록 검토와 아카이브 작업을 통해 고인의 삶을 정리하고, 이를 바탕으로 추모 홈페이지를 제작하여 영원히 기억될 수 있도록 도와주고 있다.

바. 상속 지원 서비스

유품 정리 시 발생하는 부동산 처리, 상속 법률, 산재 처리, 상속세 납부 등 법적 · 행정적 업무를 상속 전문가와의 연계를 통해 원활하게 처리한다.

사. 특수 청소 관리

고독사나 자살 현장 등 외부에 공개하고 싶지 않은 경우, 특수 청소가 필요한 상황에서는 비밀 보장과 개인정보 보호를 철저히 준수하며 특수 청소 업체를 관리하여 안전하고 신속하게 처리한다.

아. 유품 나눔, 분리수거, 재활용, 대형폐기물 신고

유품 정리 시 불용품은 지자체의 기준과 적법 절차에 따라 분리수거, 재활용, 대형 폐기물 신고 등으로 처리된다. 재활용 가능한 물품은 재활용 처리하고, 음식물은 적절히 처리한다. 또한, 필요한 경우 기증 및 무료 나눔도 진행하여 자원을 효율적으로 활용하고 환경을 보호한다.

3-3. 유품정리 법률

제12조의 2(유품금품의 처부) 시장등은 제12조에 따라 무연고 시신 등을 처리할 때에는 사망자가 (遊)한 금전 또는 유가증권*으로 그 비용에 충당하고, 그 부족액은 유류물품의 매각대금으로 충당할 수 있다. 〈개정 2015. 1. 28〉

위조와 같이 무연고 등이 발생하였을 시 장례 절차에 걸쳐 가장 마무리 단계로서 유족들 간의 협의와 협조를 통하여 고인의 마지막 유품과 삶을 정리하며 존엄한 죽음에 대한 엄숙한 처분을 하게 된다. 현재로는 어떠한 자격증도 없이 사기업 또는 봉사자들로 진행되고 있으며, 별도의 법적 규약이 없다. 대한민국 1호 유품관리사 김석중의 천국으로 이사 이야기가 국민들에게 전해지면서 그들에 대한 인식 또한 달라지고 있다.

가. 유품정리사의 현재와 미래는?

유품정리인은 유품 정리 업체나 상조회사 등에서 일한다. 홀로 살다가 홀로 죽음을 맞이하는 고독사가 늘면서 고독사한 사람의 유품을 정리해 주는 유품 정리 업체도 덩달아 조금씩 늘고 있다. 유품 정리 비용은 혼자 살던 이가 머물던 공간의 넓이, 유품의 규모, 특수청소 여부에 따라 달라지는데 유품 정리만 할 경우 30만 원 수준이고, 주검의 혈흔·악취 등을 지우는 특수청소를 할 경우 비용은 400만원까지 상승한다. 일본의 유품 정리 업은 10년이라는 시간을 거쳐 어느 정도 산업화가 진행된 상태이다. 아직까지 우리나라에서는 이 일에 대한 정보를 모르는 사람들도 많지만 일본 상황에 비춰 10년 후를 기대해 볼 수도 있다.

....

* 재산권을 표시한 증권 권리의 발생, 행사, 이전이 증권으로 이루어지는 것으로 어음, 수표, 채권, 주권, 증권 등이 있다.

4 상조사업

4-1. 상조업체 일반현황

○ '22년 9월 기준 분석대상 72개 상조업체 총가입수는 757만 명, 총 선수금 규모는 7조 8,974억
원이다.

- '22년 상반기 대비 등록업체 수가 1개 증가하였으나, 가입자 수는 약 28만 명 증가하였고,
선수금 또한 4,213억 원 증가하였다.

〈표 9-6〉 가입자별 선수금 증가율

〈년/월〉

구분등록 업체 수	'9/9	'20/3	'20/9	'21/9	'21/9	'22/3	'22/9	'22년 상반기대비 증감(%)
등록업체	86	84	80	75	75	73	74	1(1.4)
가입자수	601	636	666	684	723	729	757	28(3.8)
선수금	55,849	58,838	62,066	66,640	71,229	74,761	78,974	4,213 (5.6)

* 2022년 9월말 기준 등록업체 74개 중 자료를 제출한 72개 업체의 자료를 토대로 작성함

가. 상조회사의 현행

현재 우리나라 상조회사의 선 입금 상조와 후불 상조로 나누어지고 있으며, 그에 따른 법률적
사항 참조

제1조(목적) 이 법은 할부계약 및 선불식 할부계약에 의한 거래를 공정하게 함으로써 소비자의
권익을 보호하고 시장의 신뢰도를 높여 국민경제의 건전한 발전에 이바지함을 목적으로 한다.

구분	상조현황	유지	폐업	비고
내용	362	79	283	등록 업체 기준/ 비 등록 업체 불확실

나. 지역적 상조업체현황

지역적으로 분석한 결과 상조업체와 가입자 모두 수도권에 집중되어 있는 것으로 나타났다.

① 수도권(서울, 인천, 경기) 수는 절반이 넘는 43개(59.7%)이며, 영남권(대구, 부산, 경상도)에는 18개(25.0%) 업체가 있다.

② '22년 상반기 대비 각지여결 상조업체의 비중은 변동이 거의 없으나 미미한 수준이다.

③ 수도권 상조업체 가입자 수는 578만 명으로 전체 가입자의 76.3%를 차지한다.

④ 수도권 업체가입자 수가 전체 76.3% 차지하는 반면, 강원 제주권은 14.7% 영남권은 7.6%, 광주·전라권은 1.1%, 대전·충청권은 0.3%에 그치는 등 지역별 편차가 매우 큰 것으로 나타났다.

〈표 9-7〉 지역별 상조 업체 현황

(단위: 개, 만 명)

지역별		수도권	영남권	대전 충청	광주 전라	강원 제주	계
업체 수(%)	'22.3	44(60.3)	18(24.6)	4(5.5)	4(5.5)	3(4.1)	73 (100.0)
	'22.9	43(59.7)	28(25.0)	4(5.6)	4(5.6)	3(4.1)	72 (100.0)
가입 수(%)	'22.3	555.2(76.1)	60.4(8.3)	1,9(0.3)	8.4(1.2)	103.2(14.1)	729 (100.0)
	'22.9	578.0(76.3)	57.1(7.6)	2.1(0.3)	8.4(1.1.)	111.6(14.7)	757.2 (100.0)

4-2. 상조회사 선수금 보전 현황

① 상조업체들의 폐업. 부도 등 소비자 피해가 발생할 경우를 대비해 총 선수금 7조 8,974억 원의 51.8% 4조 892억 원을 공제조합, 은행예치, 지급보증 등을 통해 보전하고 있는 것으로 나타났다. * 할부거래법상 상조업체는 소비자로부터 수령한 선수금 50%를 보전하여야 함.

② 공제조합 가입을 통해 선수금을 보전하는 업체는 34개사로 총 선수금(2조 9,324억 원)의 50.0%인 1조 4,662억 원을 보존하고 있다. 전체 상조 가입자의 32.1%(243.3만)가 공제조합 가입을 통해 선수금을 보전받고 있다.

③ 은행과 예치금액을 통해 선수금을 보전하는 업체는 30개 사로 은행예치를 통해 총 선수금 (3,654억 원)의 50.6%인 1,849억 원을 보전하고 있다. 업체 순, 전체사업자의 41.7%를 차지하나, 전체가입자의 3.4%(약 25.8만 명)만이 은행 예치 업체에 가입하고 있다는 점에서 주로 소규모 업체들이 은행예치계약을 맺고 있다고 볼 수 있다.

〈표 9-8〉 법정 보전비율 준수현황

(단위: 개, 억 원)

구분	50%이상보전	50%미만보전	전체
업체수(%)	69(94.1)	4(5.9)	72(100.0)
선수금(%)	78,926(00.04%)	48.0(0.06)	78,974(100.0)
보전금액	40,878	14.0	40,892
보전비율	51.8%	29.9%	51.8%

4-3. 공무원상조의 역할

① 공무원상조는 지역적으로 작은 범위에서부터 전국적 상조회로 이루어져 있다.

② 전국공무원상조는 360개의 정부자치단체 기관, 공사 공단으로 협약되어 운영하고 있으며, 전 국민을 대상으로 봉사적 정책을 만들어야 한다.

③ 공적상조회사로서 공영장례 및 사회적 죽음에 대한 장례 산업에서 넓은 기여와 국민의 신뢰가 요구된다.

가. 공무원상조의 기대

① 공영장례 무연고, 고독사 등에 대한 참여도 및 인적, 물적 자원 지원

② 사회적 죽음, 재난 재해 등에 대한 책임 있는 태도

③ 전반적인 장례문화의 혁신과 상조업체의 일관성 있는 상품 개발

◆ 추천 영화: 나는 유품정리사 이재훈

  2021년 5월 14일 공개된 넷플릭스 오리지널 드라마. 김새별, 전애원의 에세이 〈떠난 후에 남겨진 것들〉을 모티브로 한다. 감옥에서 갓 출소한 상구가 아스퍼거 증후군을 지닌 조카 그루의 후견인이 되고 유품정리업체 '무브 투 헤븐'을 운영하면서 일어나는 이야기를 담는 이야기다.

참고문헌

언론 및 인터넷 보도, 공영장례표준안, https://www.mohw.go.kr/board.es?mid=a10503000000&bid=0027&list_no=1480203&act=view

서울 시립대,비혈육 관계 지인의 서울 무연고 사망자 공영장례 경험 연구, https://www.dbpia.co.kr/journal/articleDetail?nodeId=NODE11173335(박진옥)

천국으로 이사이야기, 나는 유품정리사, https://movetoheaven.com/

나무위키(KBS 보도), 공영장례(무연고), https://namu.wiki/w/%EA%B3%B5%EC%98%81%EC%9E%A5%EB%A1%80

국가법령정보센터, 장사등에 관한 법률, https://www.law.go.kr/lsInfoP.do?lsiSeq=122658http://www.klog.or.kr/data/file/library_journal/3068654535_qgc8h4fC_01_EBB095ECA480ED9DAC.pdf#0000

나눔과 나눔, 공영장례(비영리 단체), http://goodnanum.or.kr/

부산영락공원, 공영장례, https://www.bisco.or.kr/yeongnakpark/funeral/funeral07/(영락공원)

KBS 24.11.14 방송, '쓸쓸한 죽음' 고독사… 원인과 대책은, https://www.youtube.com/watch?v=crZvlsSjeOw

한국장례진흥원, 공영장례 영리단체, https://www.kfcpi.or.kr/portal/home/contents/contents_view.do?menuId=M0004000100000000

소비자정책국할부거래과, '22년도 하반기 선불식 할부거래업자(상조업체) 주요정보 공개, https://www.ftc.go.kr/solution/skin/doc.html?fn=b7d2cc0178ed85e120bdd0a7123c6b5d40a0fe0414deafb57713ed56581497ed&rs=/fileupload/data/result//news/report/2022/

내 상조 찾아줘, 상조현황, https://www.mysangjo.or.kr/web/community/status.do

무브 투 해븐, 나는 유품정리사입니다, https://www.youtube.com/watch?v=nPFVdD9yHws

윤강인, 김종일, 황예임, 임시현(2021), 공영장례 조례분석 및 향후 과제 고찰, 한국지역사회학회, https://www.dbpia.co.kr/journal/articleDetail?nodeId=NODE10959425&language=ko_KR&hasTopBanner=true

제10장

취약한 노인의 죽음준비를 위한 웰다잉 관련 제도와 정책에 대한 이해

———

정주성

- 죽음 앞에서 모든 노인은 공평한가?

　사회적 취약계층이란 일반적으로 경제적, 문화적, 신체적, 정신적, 관계적 조건의 관점에서 사회 참여의 기회가 제한된 집단을 의미하나, 본서에서는 취약계층 노인을 독거, 빈곤, 장애, 인지증(치매)을 가진 노인으로 조작적으로 정의한다.

　취약계층 노인들은 그렇지 않은 노인들에 비하여 정보 접근성이 제한되어 자신의 인권과 자기결정권에 대해 이해하거나 관련 정보를 얻을 기회가 부족하다. 이러한 직·간접적 교육과 경험의 부재는 이들의 생활에 많은 제약을 초래할 것이다. 이들 취약계층 노인들의 좋은 죽음에 대한 생각, 준비, 의사결정 및 관련 제도 등 웰다잉(well-dying)에 대하여 살펴보자.

1 취약계층 노인의 좋은 죽음에 대한 인지, 자살, 연명치료에 대한 생각

1-1. 좋은 죽음에 대한 인지

2023년 노인실태조사에 의하면 조사대상인 9,955명 노인의 좋은 죽음의 중요성(중요+매우 중요)에 대한 인지 정도는 85.2%인데 비하여, 독거노인은 86.1%, 빈곤노인 85.2%, 기능상태 제한 노인*은 87.1%로 취약계층의 노인들의 경우 좋은 죽음의 중요성과 필요성에 대해서는 전체적으로 높은 편이다.

좋은 죽음에 대한 인지 정도를 독거노인과 비독거노인, 빈곤노인과 비빈곤노인, 기능상태 제한 노인과 기능상태 제한 없는 노인을 비교하면, 독거노인과 비독거노인의 좋은 죽음에 대하여 중요(매우 중요 포함)하다고 인지하는 비율이 각각 86.1%, 85.7%로 나타나며, 독거노인이 비독거노인보다 0.4%p 높은 것으로 나타나고 있다. 그러나 빈곤노인의 경우는 비빈곤노인에 비하여 중요(매우 중요 포함)하다고 인지하는 비율이 각각 51.2%, 52.6%로 나타나서 빈곤노인이 비빈곤노인보다 1.3%p 낮은 것으로 나타났다.

기능상태 제한 있는 노인, 제한 없는 노인의 경우는 각각 87.1%, 85.4%로 나타나고 있어서, 기능상태 제한 있는 노인이 그렇지 않은 노인에 비하여 1.7%p 높은 것으로 나타나고 있다.

이와 같이 독거노인이나 기능상태가 제한된 노인의 경우, 현재의 삶에 대한 회의와 어려움으로 좋은 죽음에 대하여 중요하게 인지하고 있으나, 빈곤노인의 경우는 본인 앞에 놓여 있는 현재의

....

* 기능상태는 수단적 일상생활 수행능력(IADL)과 일상생활 수행능력(ADL)에 1개라도 '부분도움' 이상의 기능제한이 있는 경우 '기능제한 있음'으로 구분하였으며, 수단적 일상생활 수행능력(IADL)과 일상생활수행능력(ADL) 척도를 사용하는데 수단적 일상생활능력(IADL)은 몸단장, 집안일, 식사 준비, 빨래, 약 복용 관리, 금전 관리, 외출, 물건 구매, 전화 사용, 교통수단 이용 등 10가지 지표로 구성되고, 일상생활능력(ADL)은 옷 입기, 세수·양치·머리 감기, 목욕, 식사, 보행, 화장실 사용, 대소변 조절 등 7가지 지표로 구성되어 있다.

다급함으로 미래에 대한 불안마저도 이를 감지하거나 생각할 수 있는 여력이 부족한 것으로 추측할 수 있다.

〈표 10-1〉 좋은 죽음에 대한 인지 정도

구분	매우중요	중요	보통	중요하지않음	전혀 중요하지 않음	계	명
전체	33.7%	52.1%	11.5%	2.4%	0.3%	100.0%	9,955
독거노인	33.1%	53.0%	10.8%	2.7%	0.4%	100.0%	3,281
비독거노인	33.9%	51.7%	11.9%	2.2%	0.2%	100.0%	6,674
차	-0.8%	1.2%	-1.1%	0.5%	0.2%		
빈곤노인	34.0%	51.2%	11.3%	3.1%	0.4%	100.0%	3,722
비빈곤노인	33.5%	52.6%	11.7%	2.0%	0.3%	100.0%	6,233
차	0.5%	-1.3%	-0.4%	1.1%	0.1%		
기능상태 제한	33.7%	53.4%	10.6%	1.7%	0.5%	100.0%	1,759
기능상태 제한 없음	33.6%	51.8%	11.7%	2.5%	0.3%	100.0%	8,196
차	0.10%	1.60%	-1.10%	-0.80%	0.20%		

출처: 2023년 노인실태보고서, 한국보건사회연구원

1-2. 자살생각률

2023년 노인실태조사를 살펴보면, 노인 자살생각률의 경우 조사대상자의 1.0%를 차지한다. 그러나 독거노인은 2.0%로 비독거노인(0.7%) 대비 2.85배 이상 높으며, 빈곤노인(1.4%)은 비빈곤노인(1.2%)에 비하여 1.17배, 기능상태 제한 노인(2.9%)은 그렇지 않은 노인(0.6%)에 비하여 4.8배 높은 것으로 나타났다. 기능상태 제한 노인(2.9%), 독거노인(2.0%), 빈곤노인(1.4%) 순으로 자살 위험에 노출되었고, 기능상태가 제한된 노인의 경우는 신체적, 정신적 고통으로 인한 일상생활의 어려움으로 그렇지 않은 노인에 비하여 가장 높은 자살 위험에 노출되었음을 알 수 있다.

이들 취약노인의 자살 생각 사유를 살펴보면, 독거노인은 신체적 어려움(45.8%), 외로움(27.7%), 경제적 어려움(7.6%), 배우자 등의 사망(7.5%)의 순서로 보이고 있으며, 빈곤노인은 신체적 어려움(43.9%), 외로움(26.0%), 경제적 어려움(13.2%), 정신적 어려움(5.6%)의 순서로 보이고 있으며, 기능상태 제한 노인은 신체적 어려움(68.1%), 외로움(16.1%), 정신적 어려움(5.6%), 경제적 어려움(5.0%)의 순서로 보이고 있다.

이와 같이 이들 취약계층 노인의 자살 생각의 사유는 신체적 어려움과 외로움이 가장 크며 다음으로 경제적 어려움이나 정신적 어려움으로 나타난다.

〈표 10-2〉 노인의 자살 생각률

구분	자살생각률	신체적어려움	정신적 어려움	경제적 어려움	외로움	사망(배우자, 가족,지인)	갈등(배우자, 가족,지인)	돌봄부담	기타	계	명
전체	1.0%	47.4%	5.8%	9.2%	23.1%	6.1%	2.5%	4.5%	0.4%	100%	104
독거노인	2.0%	45.8%	5.1%	7.6%	27.7%	7.5%	3.9%	0.4%	0.0%	100%	65
비독거노인	0.7%	49.1%	7.1%	11.8%	15.0%	3.8%	0.0%	11.5%	0.0%	100%	39
차	1.2%	-3.3%	-2.0%	-4.1%	12.7%	3.7%	3.9%	-11.1%			
빈곤노인	1.4%	43.9%	5.6%	13.2%	26.0%	4.1%	1.5%	3.4%	0.8%	100%	52
비빈곤노인	1.2%	50.3%	6.1%	5.1%	20.1%	8.2%	3.5%	5.5%	0.0%	100%	52
차	0.1%	-6.4%	-0.5%	8.1%	5.9%	-4.1%	-2.0%	-2.0%			
기능상태 제한	2.9%	68.1%	5.6%	5.0%	16.1%	2.1%	0.0%	3.0%		100%	51
기능상태 제한 없음	0.6%	28.3%	6.2%	13.4%	30.3%	10.2%	4.9%	5.9%		100%	53
차	2.3%	39.8%	-0.6%	-8.4%	-14.2%	-8.1%	-4.9%	-2.9%			

출처: 2023년 노인실태보고서, 한국보건사회연구원

1-3. 연명치료에 대한 생각

〈표 10-3〉 노인의 연명치료에 대한 생각

구분	매우찬성	찬성	반대	매우반대	잘모르겠다	계	명
전체	1.4%	4.7%	38.0%	46.1%	9.8%	100.0%	9,955
독거노인	1.4%	4.4%	36.4%	46.0%	11.7%	100.0%	3,281
비독거노인	1.4%	4.8%	38.8%	46.2%	8.8%	100.0%	
차	0.0%	-0.4%	-2.4%	-0.2%	2.9%		
빈곤노인	1.5%	5.1%	37.2%	44.5%	11.7%	100.0%	3,722
비빈곤노인	1.4%	4.4%	38.5%	47.1%	8.6%	100.0%	
차	0.1%	0.7%	-1.3%	-2.6%	3.1%		
기능상태 제한	1.0%	3.2%	39.1%	44.8%	11.8%	100.0%	1,759
기능상태 제한 없음	1.5%	5.0%	37.8%	46.4%	9.3%	100.0%	8,196
차	-0.5%	-1.8%	1.3%	-1.6%	2.5%		

출처: 2023년 노인실태보고서, 한국보건사회연구원

일반적으로 죽음에 임박한 노인의 경우, 자신의 고통을 완화하기 위하여 불필요한 연명치료를 중단하는 선택을 하게 되는데 노인실태조사 조사대상자 전체 노인의 55.9%가 연명치료 중단(반대+매우 반대)을 선택하는 데 비하여 독거노인은 57.6%, 빈곤노인은 56.2%, 기능상태 제한 노인은 56.6%로 이들 취약계층 노인의 연명치료 반대 의견은 조사대상 전체 노인 평균에 비하여 높게 나타난다.

독거노인의 연명치료에 대한 반대(매우 반대 포함)가 82.5%로 나타나고 있으며, 비독거노인은 85.0%로 독거노인에 비하여 2.5% 높게 나타나고 있다. 빈곤노인의 경우(81.7%)는 비빈곤노인(85.6%)과 비교하여 3.9% 낮게 나타나고 있다. 기능 상태 제한 노인(83.9%)은 그렇지 않은 노인(84.2%)에 비하여 0.3% 낮게 나타났다. 이와 같이 전반적으로 취약계층 노인의 경우 비취약 계층에 비하여 좋은 죽음에 대한 인지정도와 자살생각률은 높으나, 연명치료 중단과 같은 고통 없는 죽음에 대한 고려는 미흡함을 알 수 있다.

2 취약계층 노인의 삶 및 죽음 준비

2-1. 독거노인 현황

통계청에 의하면 전체 가구 중 독거노인 가구의 점유율은 2015년 6.4%, 2020년 7.9%, 2021년 8.5%, 2022년 9.1%, 2023년 9.7%로 매년 증가하고 있으며, 이들 독거노인 가구의 절대 수는 2019 년 1,532,847가구에서 2023년 2,138,107가구로 연평균 8.7% 높은 증가 속도를 보여 주고 있다.

[그림 10-1] 독거노인 가구비율

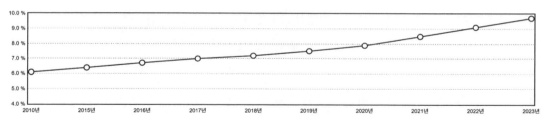

출처: 통계청 e-지방지표, 독거노인 가구비율

〈표 10-4〉 독거노인의 가구 수

구분	2019	2020	2021	2022	2023
전체가구	20,343,188	20,926,710	21,448,463	21,773,507	22,073,158
독거노인	1,532,847	1,660,711	1,824,434	1,973,146	2,138,107
점유율	7.5%	7.9%	8.5%	9.1%	9.7%

출처: 통계청 e-지방지표, 독거노인 가구 수

또한 이들 독거노인 중 정확한 노인(65세 이상)의 비중을 알 수 없지만 전체 고독사 인원 중 60대 이상이 비율이 2017년(38.7%), 2018년(44.6%), 2019년(43.7%), 2020년(46.8%), 2021년

(48.0%), 2022년(48.9%), 2023년(50.3%)로 매년(2019년 제외) 증가하고 있으며, 2023년의 경우 60대 이상의 고독사 비중이 전체 고독사 비중의 50%를 넘어섰다.

〈표 10-5〉 고독사 연령대별 비중

연도	19세이하	20대	30대	40대	50대	60대	70대	80대이상	계	60대이상
2017년	0.00	2.3	6.5	18.8	33.6	21.5	12	5.2	100.0	38.7
2018년	0.00	1.8	6.3	16	31.3	25.4	13.2	6	100.0	44.6
2019년	0.00	1.9	5.7	18	30.7	24.4	13.1	6.2	100.0	43.7
2020년	0.00	1.4	4.9	14.6	32.3	28.5	11.8	6.5	100.0	46.8
2021년	0.10	1.6	4.9	15.7	29.9	29.3	12.6	6.1	100.2	48.0
2022년	0.00	1.7	4.2	14.8	30.4	31.4	12.2	5.3	100.0	48.9
2023년	0.00	1.2	4.6	13.8	30.2	31.6	13	5.7	100.0	50.3

*연령미상 (경찰청 형사사법정보에 연령대를 확인할 수 있는 정보가 없는 경우) 제외: (2022년) 20명, (2023년) 33명

출처: 2024년 고독사 사망자 실태조사 결과발표, 보건복지부 보도자료(2024.10.17.)

2-2. 독거노인의 삶과 죽음 준비

2023년 노인실태조사에 따르면 독거노인의 경우 자산(27,846만 원)에서 부채(681만 원)를 제외한 평균 순자산이 27,165만 원이고, 월평균 소득은 174만 원으로 노인부부 가구의 월평균 소득(319만 원)에 비하여 83% 낮은 소득으로 경제적 자원을 이용한 다양한 생활에 필요한 물품 및 서비스를 구매하는 데 어려움이 예상되며, TV/라디오 청취 시간 또한 4.2시간으로 노인 부부 가구(3.7시간)에 비하여 높고, 친구/지인/이웃의 숫자 또한 3.5명으로 노인 부부 가구(3.9명)에 비하여 저조한 것으로 나타난다.

이와 같이 독거노인의 경우 경제적 자원의 부족뿐만 아니라 사회문화적 자원의 한계로 문화적, 사회적 고립감이 높으며, 이로 인해 건강상태, 경제상태, 사회관계 만족도가 비독거노인에 비하여 낮게 나타나고 우울 증상 또한 노인부부 가구에 비하여 2.03배 이상 높은 것으로 나타나는 등 다양한 측면에서 신체적, 정신적 어려움을 겪고 있다.

독거노인의 죽음에 대한 준비와 관련해서는 수의 또는 영정사진 준비(30.48%), 장지 선택(18.91%), 장례 상담 및 상조회 가입(15.07%), 상속 처리 및 장례 의향 논의(11.14%), 사전의향서 작성(10.39%) 순으로 나타나며, 비독거노인은 수의 또는 영정사진 준비(27.86%), 장지 선택(21.18%), 장례 상담 및 상조회 가입(17.51%), 사전의향서 작성(11.11%), 상속 처리 및 장례의향

논의(9.89%)순으로 조사되어, 독거노인은 비독거노인과 비교하여 연명치료 중단 사전의향서 작성이 장례 상담 및 상조회 가입보다 높은 순위로 나타나서 죽음 준비항목에 대한 우선순위에 차이가 나타난다.

노인실태보고서에는 독거노인이 비독거노인에 비하여 죽음 준비에 대한 교육 수강이 높게 나왔으나, 진세림(2022)은 독거노인의 경우, 죽음에 대한 교육이 취약하여 웰다잉에 대한 실질적인 정보 및 교육의 접근성 취약으로 개인이 부딪히는 문제를 해결해 주거나, 필요한 정보를 제공하는 정보적 지지가 필요하다고 한다. 이는 표본집단의 차이에서 나온 결과의 상이라는 점을 고려해야 할 것이다.

〈표 10-6〉 독거, 비독거노인의 죽음 준비

구분	죽음준비 교육수강	가족과 상속처리 장례의향 논의	장례상담 및 상조회 가입	유서작성	사전연명 의료의향서 작성	장기 등 기증서약	장지	수의 또는 영정사진	명
전체	4.11%	10.28%	16.75%	4.51%	10.87%	4.41%	20.37%	28.70%	9,955
독거노인	4.78%	11.14%	15.07%	4.49%	10.39%	4.78%	18.91%	30.43%	3,281
비독거노인	3.70%	9.89%	17.51%	4.53%	11.11%	4.21%	21.18%	27.86%	6,674
차	1.08%	1.25%	-2.44%	-0.04%	-0.72%	0.57%	-2.27%	2.57%	

출처: 2023년 노인실태보고서, 한국보건사회연구원

2-3. 빈곤노인 현황

생활에 필요한 돈이나 자원이 부족해서 기본적인 생활을 유지하기 어려운 상태를 빈곤이라 말하며, 이로 인해 경제적 어려움뿐만 아니라 신체적 건강, 정신적 안정, 사회적 관계에서도 문제가 생길 수 있으나, 본서에서는 경제적 측면만을 고려하여 OECD의 통계자료 및 국내 통계자료의 기준인 중위소득의 50% 미만의 가구 또는 개인을 빈곤으로 정의한다.

보건복지부의 노인빈곤율에 대한 보도자료에 따르면 가처분소득 기준 우리나라 노인의 빈곤실태(45.6%)를 살펴보면 여성(49.0%)이 남성(41.2%)보다 농어촌(57.6%)이 중소도시(47.0%), 대도시(42.1%)보다 높고, 연령대별로 살펴보면 65~69세 빈곤율은 35.0%), 70~74세는 44.2%, 75~79세는 53.7%, 80세 이상은 56.6%로 연령이 증가할수록 높게 나타나며 특히, 80대 이상의 경우 노인 10명당 5.7명으로 65~69세 노인에 비하여 빈곤율이 1.6배 높은 것을 확인할 수 있다. 또한 80대 이상 노인들 중 농어촌의 경우 빈곤율이 67.5%로 동일 연령대 대도시의 노인 빈곤율(52.4%)과

15. 12%p 차이가 난다.

〈표 10-7〉 2020년 노인 빈곤율 현황

구분		전체	대도시	중소도시	농어촌
노인 빈곤율	시장소득	63.1	59.0	65.8	75.5
	가처분소득	45.6	42.1	47.0	57.6
빈곤감소효과 (%p)		17.5	16.9	18.8	17.9
빈곤율 (가처분)	연령별 65-69세	35.0	32.4	36.2	46.1
	70-74세	44.2	41.5	45.3	54.7
	75-79세	53.7	50.7	55.0	63.4
	80세이상	56.6	52.4	57.6	67.5
	성별 남	41.2	37.5	42.9	54.3
	여	49.0	45.8	50.2	60.1

출처: 노인빈곤율, 보건복지부 보도자료(2024.03.08.)

2-4. 빈곤노인의 삶과 죽음 준비

2023년 노인실태조사에 의하면 빈곤노인의 경우 자산(23,060만 원)에서 부채(523만 원)를 제외한 평균 순자산이 22,538만 원, 월 평균 소득이 87만 원으로 조사대상 전체 가구 평균 월소득(289만 원)에 비하여 현저히 낮아 경제적 자원을 이용한 다양한 생활에 필요한 자원을 구매하는 데 어려움이 예상되며, TV/라디오 청취 시간 또한 4.3시간으로 조사대상 전체 노인 가구 평균(2.9시간)에 비하여 높고, 친구/지인/이웃의 숫자 또한 3.3명으로 일반가구 평균(3.7명)에 비하여 저조한 것으로 나타난다.

이는 신체적 정신적 건강 상태에도 영향을 미쳐 주관적 건강 상태는 29.6%가 건강한 편(매우 건강 또는 건강한 편)으로 나타나 조사대상 전체 노인(평균 40.5%) 비교하여 10.9%p 낮으며, 만성질병 3개 이상 보유자 또한 43.2%로 조사대상 전체 노인(평균 35.9%)보다 7.3%p 높으며, 우울 증상의 경우는 16.5%로 이 또한 조사대상 전체 노인(11.3%)보다 5.2%p 높게 측정되어 경제적 자원 부족뿐만 아니라 신체적, 정신적 건강 또한 좋지 못함을 알 수 있다.

또한 상기 보고서의 빈곤노인 죽음에 대한 준비와 관련하여 수의 또는 영정사진 준비(33.71%), 장지 선택(21.75%), 장례 상담 및 상조회 가입(12.15%), 사전의향서 작성(10.08%), 상속 처리 및 장례의향 논의(9.79%) 순으로 나타나며, 비빈곤노인은 수의 또는 영정사진 준비(25.81%), 장지 선택(19.76%), 장례 상담 및 상조회 가입(19.37%), 사전의향서 작성(11.34%), 상속 처리 및 장례 의향 논의(10.61%) 순으로 조사되어 빈곤노인과 비교하여 죽음 준비 항목에 대한 우선순위에 차이는 없음을 알 수 있다.

장례의식 준비와 관련하여 빈곤노인의 장지 선택(21.75%)은 비빈곤노인과 비교하여 1.99%p 높게, 수의 및 영정사진(33.71%)은 비빈곤노인보다 7.9%p 높게, 장례 상담 및 상조회 가입은 7.22%p 낮게 나타나는 등 비빈곤노인과 비교하여 빈곤노인의 직접적인 장례 준비는 비교적 차이가 크게 나타남을 확인할 수 있으며, 빈곤노인의 스스로 죽음을 준비하는 사전연명 의향서 작성(10.08%), 죽음 준비교육 수강(3.76%), 장기 기증(4.43%) 등은 비빈곤노인과 비교하여 각각 1.26%p 낮게, 0.41%p 낮게, 0.1%p 낮게 나타나서 그 차이가 다소 미미함을 알 수 있다.

〈표 10-8〉 빈곤, 비빈곤노인의 죽음 준비

구분	죽음준비 교육수강	가족과 상속처리 장례의향 논의	장례상담 및 상조회 가입	유서작성	사전연명 의료의향서 작성	장기 등 기증서약	장지	수의 또는 영정사진	명
전체	4.11%	10.28%	16.75%	4.51%	10.87%	4.41%	20.37%	28.70%	9,955
빈곤노인	3.86%	9.79%	12.15%	4.24%	10.08%	4.43%	21.75%	33.71%	3,722
비빈곤노인	4.27%	10.61%	19.37%	4.51%	11.34%	4.33%	19.76%	25.81%	6,233
차	-0.41%	-0.82%	-7.22%	-0.28%	-1.26%	0.10%	1.99%	7.90%	

출처: 2023년 노인실태보고서, 한국보건사회연구원

2-5. 장애노인 현황

2023년 기준 장애인의 장애 발생 원인 중 출산 시 1.1%, 선천성 4.4%, 후천성 원인이 88.1%로 대부분의 장애가 후천적인 질환 또는 사고를 원인으로 발생하며, 〈표 12〉에서 보는 바와 같이 장애 발생 연령(2023년 기준)은 50대 16.1%, 60대 15.2%, 70대 이상 13.2%로 50대 이상의 중·노년층에서 많이 발생하고, 이들 장애인의 연령분포는 65세 이상의 노인이 54.3%(2023년 기준)로 전체 장애인 인구의 과반수가 넘는 것을 알 수 있다.

<표 10-9> 장애 발생 원인

(단위: %)

구분	2011년도	2014년도	2017년도	2020년도	2023년도
선천적 원인	4.6	4.7	5.1	7.9	4.4
출산시 원인	0.9	1.3	1.4	1.4	1.1
후천적 원인	90.5	88.9	88.1	80.0	88.1
(질환)	(55.1)	(56.2)	(56.0)	(43.6)	(58.1)
(사고)	(35.4)	(32.7)	(32.1)	(36.4)	(29.9)
원인불명	4.0	5.1	5.4	10.7	6.4
계	100.0	100.0	100.0	100.0	100.0

출처: 2023년 장애인 실태조사, 보건복지부 보도자료(2024.04.30.)

<표 10-10> 장애 발생 연령

(단위: %)

구분	2011년도	2014년도	2017년도	2020년도	2023년도
5세 이하	14.1	15.3	14.7	16.2	12.9
6-10세	4.4	5.0	5.1	4.4	4.8
11-19세	6.4	6.0	6.0	5.7	5.1
20-29세	10.3	9.7	7.9	8.7	8.5
30-39세	10.5	9.7	9.8	9.8	9.6
40-49세	15.2	14.4	14.6	13.2	14.7
50-59세	15.4	15.9	17.7	17.0	16.1
60-69세	15.1	15.6	15.9	14.5	15.2
70세 이상	8.6	8.4	8.2	10.6	13.2
계	100.0	100.0	100.0	100.0	100.0

출처: 2023년 장애인 실태조사, 보건복지부 보도자료(2024.04.30.)

<표 10-11> 장애인의 연령분포

(단위: %)

구분		2011년도	2014년도	2017년도	2020년도	2023년도
0-17세		3.5	2.7	3.3	3.0	3.1
18-29세		4.2	4.1	4.6	4.2	3.9
30-39세		7.2	6.7	4.8	4.8	4.0
40-49세		14.2	12.5	10.4	9.5	8.0
50-64세		32.1	30.7	30.3	28.7	26.8
65세 이상		38.8	43.3	46.6	49.9	54.3
	65-74세	23.8	23.5	23.5	22.0	23.1
	75세 이상	15.0	19.8	23.1	27.9	31.2
계		100.0	100.0	100.0	100.0	100.0

출처: 2023년 장애인 실태조사, 보건복지부 보도자료(2024.04.30.)

2-6. 장애노인의 삶과 죽음 준비

장애노인의 노화는 비장애노인에 비해 신체적, 정신적, 사회적 측면에서 더욱 심각하게 체험되는 경향이 있다. 이들 장애노인은 장애로 인한 합병증, 통증, 기능 저하 등은 노화로 인한 어려움을 가중시키며, 이로 인해 정신적 고립과 사회적 관계의 단절이 심화되는 특징을 보인다. 그러나 노화의 경험은 개인의 상황에 따라 다양하게 나타났다. 장애를 얻게 된 시기, 함께 생활하는 가족의 유무, 경제적 여건, 돌봄 지원 체계의 수준 등이 중요한 차이를 만들고, 경제적 여건이 안정적이고 장애를 일찍 수용했으며 가족의 지원을 받거나 충분한 돌봄 체계를 활용할 수 있는 경우, 삶의 의지가 강하고 미래에 대한 기대도 높은 경향이 있다고 한다.

장애의 환경적 요인과 강도에 따라 이들의 노화 경험이 좌우되며, 이들과 가까운 가족, 이웃 및 지인 등의 지지가 중요한 역할을 하며(강민희, 2019), 웰다잉 교육은 장애노인들의 정서적 불안감을 줄여 주며, 자유로운 토론을 통해 죽음에 대한 긍정적인 태도 및 연명치료 지양 등 죽음에 능동적으로 대응하는 모습을 보여 주고, 남겨질 가족에 대한 염려로 자신의 삶을 아름답게 마무리하는 것을 중요하게 생각하는 데 기여한다(길태영, 2016).

또한 가족과 함께 생활하는 참여자들은 배우자나 자녀, 가까운 지인들에게 마지막만큼은 부담을 주지 않으려는 의지를 강하게 표현한다. 즉, 장애노인들에게 좋은 죽음이란 고통 없는 상태에서, 가족과 자신에 대한 배려를 담아 삶을 아름답게 정리하여 자신의 존엄과 의미를 인정받으려 한다(강민희, 2019).

2-7. 인지장애노인 현황

2023년 노인실태조사에 의하면 조사대상 노인의 약 24.6%가 인지 저하자에 해당되고, 여성 (26.4%)이 남성(22.3%)보다 4.1%p 많으며, 독거노인의 경우는 약 27.7%, 빈곤노인은 26.9%, 기능상태 제한 노인은 35.8%로 나타나는 등 취약 계층 노인의 인지저하자 점유율이 조사대상 전체 노인의 인지저하자 점유율보다 높은 비중을 차지한다.

〈표 10-12〉 K-MMSE-2 진단검사 결과

구분	평균점수**	변환점수평균***	인지저하자****	계
전체*	24.6	42.7	24.6%	100.0%
남자	25.5	43.6	22.3%	100.0%
여자	23.9	42	26.4%	100.0%
독거노인	23.6	41.3	27.7%	100.0%
빈곤노인	23.4	41.2	26.9%	100.0%
기능상태 제한 노인	25.2	43.9	35.8%	100.0%

* 본인응답자를 대상으로 한 분석결과임

** 응답자의 연령과 교육수준을 반영하지 않은 원점수

***응답자의 연령과 교육수준을 보정하여 변환된 T점수

****한국판 간이정신상태검사 2판(K-MMSE-2) 표준형을 사용하여 연령과 교육수준에 따라
　　보정된 변환점수를 기준으로 일정점수 미만인 경우에 치매로 의심되는 '인지저하자'로 판정

출처: 2023년 노인실태조사, 한국보건사회연구원

2-8. 인지장애노인의 삶과 죽음준비

위와 같은 인지저하는 병이 악화되어 인지장애를 두려워하는 노인들에게 많은 걱정을 안겨 주는 수치임에 틀림이 없으며, 어떻게 이들이 삶의 질을 유지하는 생활여건을 조성하는 것이 중요한지 정부와 사회의 책임이 중대하다는 것을 시사한다.

또한 인지저하는 경도인지장애(MCI)와 밀접히 연관되어 있다. 경도인지장애는 정상 노화와 치매 사이의 상태로, 기억력과 문제 해결 능력 등의 저하를 동반하며, 노인의 약 10~15%가 1년 이내에 치매로 진행할 가능성이 있다고 한다. 이러한 인지증(치매)은 알츠하이머병 등 다양한 원인으로 발생하며, 기억력 저하뿐 아니라 사고 및 판단력 등 인지 기능 전반에 영향을 미친다.

영국의 란셋 연구소(2017)는 인지증(치매)이 생명을 단축시키고, 집단 간에 차이가 발생하여 남성보다는 여성과 말기 인지증 환자보다는 조기에 치매 증세가 있는 환자들이 치매의 진행속도가

빠르게 진행되고, 다른 연구소의 논문[*]을 인용하여 인지증 진단을 받은 경우 사망까지의 생존기간의 중위값이 4.1년으로 나타났고, 또 다른 연구소[**]에서는 60~69세에 진단을 받은 환자는 6.7년, 90세 이상의 노인의 경우에는 1.9년의 잔여 생존기간을 보여 준다고 한다(Livingston G et el, 2017).

인지증(치매) 환자의 경우 가장 큰 어려움 중의 하나는 의사결정 능력 상실이다. 이는 간병인 또는 보호자의 책임 증가, 연명치료 중단 시기 결정 및 죽음 전후로 발생하는 다양한 문제를 야기할 수 있기 때문이다(Dax Volle, 2023).

또한 좋은 죽음은 '고통 없는 죽음', '원하는 환경에서의 죽음', '상실에 대한 가족들의 대응', '정상적인 일상생활', '존엄을 갖는 삶','죽음에 대한 사전 준비' 등을 구성요소로 가질 수 있으나, 이들 각 요소들은 서로 연결되어 있다.

'고통 없는 죽음', '원하는 환경에서의 죽음'은 신체적인 건강 상태와 연관되어 있다. 인지증(치매) 환자는 집에서의 죽음을 선호할 수 있지만 건강이 악화되면 수시로 의료진의 도움이 필요하여 요양시설 또는 병원에 입원하여 죽음을 맞이할 수 있기 때문이다. 또한 가족과 함께 집에서의 죽음을 맞이하는 것과 같은 '원하는 환경에서의 죽음'은 가족 또는 간병인의 도움이 있어야만 집에서 '정상적인 일상생활'이 가능하여 가족들에게 부담이 되지 않는 '존엄을 갖는 삶'을 꾸려 갈 수 있고, '죽음에 대한 사전 준비'가 가능하기 때문이다(Mamun et el, 2023).

□ 영국 란셋연구소의 인지증(치매) 위험을 줄이기 위한 14가지 권고사항[***]

① 양질의 교육을 모든 사람이 받을 수 있도록 한다.

② 중년에 인지적으로 자극적인 활동을 장려하여 인지를 보호한다.

③ 청력 상실이 있는 사람이 보청기를 사용할 수 있도록 하고 해로운 소음 노출을 줄여 청력 상실을 줄인다.

....

[*] Xie J, Brayne C, Matthews FE, and the Medical Research Council,Cognitive Function and Ageing Study collaborators. Survival times in people with dementia: analysis from population based cohort study with 14 year follow-up. BMJ 2008; 336: 258-62.

[**] Rait G, Walters K, Bottomley C, Petersen I, Iliffe S, Nazareth I, Survival of people with clinical diagnosis of dementia in primary care: cohort study. BMJ 2010; 341: c3584.

[***] Livingston G, Sommerlad A, Orgeta V, Costafreda SG, Huntley J, Ames D,Ballard C, Banerjee S, Burns A, Cohen-Mansfield J, Cooper C, Fox N, GitlinLN, Howard R, Kales HC, Larson EB, Ritchie K, Rockwood K, Sampson EL,Samus Q, Schneider LS, Selbæk G, Teri L, Mukadam N. Dementia prevention,intervention, and care. Lancet. 2017 Dec 16;390(10113):2673-2734.

④ 우울증을 효과적으로 치료한다.

⑤ 신체 접촉 스포츠와 자전거 타기 시 헬멧과 머리 보호구 사용을 장려한다.

⑥ 스포츠와 운동에 참여하는 사람은 치매가 발생할 가능성이 낮으므로 운동을 장려한다.

⑦ 교육, 공공장소에서의 흡연 금지를 통해 담배 흡연을 줄이고 금연 조언을 받을 수 있도록 한다.

⑧ 고혈압을 예방하거나 줄이고 40세부터 수축기 혈압을 130mmHg 이하로 유지한다.

⑨ 중년기부터 높은 LDL 콜레스테롤을 감지하고 치료한다.

⑩ 적정 체중을 유지하고 조기에 비만을 치료하여 당뇨병을 예방한다.

⑪ 과도한 알코올 소비를 줄인다.

⑫ 연령 친화적이고 지지적인 지역 사회 환경과 주택을 우선시하고 활동 참여를 촉진하고 다른 사람과 함께 생활함으로써 사회적 고립을 줄인다.

⑬ 시력 상실에 대한 검진 및 치료를 한다.

⑭ 대기 오염 노출을 줄인다.

3 취약계층 노인의 의사결정 및 관련 제도

3-1. 자율권과 자기결정권

인간의 자율권은 자신의 가치와 신념에 따라 전반적인 삶의 독립성과 방향성에 대하여 스스로 행동할 권리이다. 이는 개인의 중요한 결정을 내릴 수 있는 자기결정권과 선택의 결과를 의무로 받아들이는 책임, 외부의 간섭 없이 자신의 의지에 따라 행동할 자유 등으로 구성되어 있다.

특히, 자율권의 구성요소 중 하나인 자기결정권이란 개인이 자신의 인격을 표현하고 발전시키는 데 있어 공권력의 간섭 없이 스스로 선택하고 결정할 권리를 가지며, 사적인 영역에서 국가나 사회의 간섭 없이 자유롭게 자신의 삶을 형성할 수 있는 권리를 보장받고, 자신의 자유 의지를 바탕으로 자신의 운명을 스스로 결정할 수 있는 권리를 의미한다(이봉숙, 2024).

모든 사람이 평등하게 자기결정권을 갖지만 실행 능력에는 차이가 있으며, 만성질환이나 고령으로 타인에게 의존 상황이 필요한 자율성이 약화된 경우 이를 지원할 법적, 제도적 지원이 요구된다.

웰다잉과 연관된 노인의 자기결정권 행사와 관련된 연명치료 중단에 관한 자기결정권[*]에 대하여 헌법재판소는 아래와 같이 명시하고 있다. "죽음에 임박한 환자는 전적으로 기계적인 장치에 의존하여 연명할 수밖에 없고, 전혀 회복가능성이 없는 상태에서 결국 신체의 다른 기능까지 상실되어 기계적인 장치에 의하여서도 연명할 수 없는 상태에 이르기를 기다리고 있을 뿐이므로, '죽음에 임박한 환자'에 대한 연명치료는 의학적인 의미에서 치료의 목적을 상실한 신체침해 행위가 계속적으로 이루어지는 것이라 할 수 있다. 또한 이는 죽음의 과정이 시작되는 것을 막는 것이 아니라 자연적으로는 이미 시작된 죽음의 과정에서의 종기를 인위적으로 연장시키는 것으로 볼 수 있

....

[*] 헌재 2009.11.26. 2008헌마 385

다. 그러므로 비록 연명치료 중단에 관한 결정 및 그 실행이 환자의 생명단축을 초래한다 하더라도 이를 생명에 대한 임의적 처분으로서 자살이라고 평가할 수 없고, 오히려 인위적인 신체침해 행위에서 벗어나서 자신의 생명을 자연적인 상태에 맡기고자 하는 것으로서 인간의 존엄과 가치에 부합한다 할 것이다."

3-2. 성년후견제도 및 그 한계

성년후견제도는 노령, 장애, 질병 등으로 인해 자신의 일을 계속 처리하기 어려운 사람을 위한 것으로, 이 신청은 본인, 배우자, 가까운 친척(4촌 이내), 후견인, 후견감독인, 검사, 또는 지방자치단체의 장이 할 수 있으며, 이는 해당 사람의 권익을 보호하고 일상생활을 지원하기 위한 제도이다.

민법 제947조에 따르면 후견 심판을 받으면 피후견인은 자신의 일을 스스로 결정하는 데 제약이 생길 수 있다. 하지만 후견인은 피후견인의 재산관리와 신상보호에 있어서 피후견인의 이익과 행복을 우선해야 하며, 가능한 한 피후견인의 의견을 존중해야 한다고 명시하고 있다.

이와 같이 성년후견제도는 피후견인의 자기결정권을 강조하며, 민법 제947조의 2에 따라 피후견인이 자신의 신상에 대해 가능한 범위에서 스스로 결정할 수 있도록 보장하며, 성년후견인이 피후견인을 "정신병원이나 그 밖의 다른 장소"로 격리하려면 가정법원의 허가를 받아야 한다는 규정을 통해 피후견인의 자기결정권을 최대한 존중한다.

또한 민법 제947조의 2의 2항에 의하면 피성년후견인이 자신의 건강과 관련된 의료행위에 뜻을 같이할 수 없는 경우, 성년후견인이 대신하여 동의할 수 있으나, 의료행위로 인해 피성년후견인이 사망할 위험이 있거나 큰 장애를 입을 가능성이 있다면, 성년후견인은 가정법원의 허가를 받아야 한다. 다만, 응급 상황에서는 즉시 의료행위를 할 수 있으며, 이후에 법원의 허가를 받을 수 있다고 표현되어 있다.

성년후견제도는 후견개시 조건에 따라 법정후견의 형태는 성년후견, 한정후견, 특정후견으로, 임의후견은 후견계약으로 분류되어 있다.

한정후견개시는 피후견인이 정신적 제약으로 인해 일상 업무능력이 "부족한" 상태일 때 적용되며, 이는 성년후견 대상자보다 인지능력 결여 정도가 경미한 경우를 의미한다. 민법 제12조 제1항에 따르면, 가정법원은 정신적 제약으로 사무 처리 능력이 부족한 사람에 대해 본인, 가족, 후견인 등 여러 이해관계자의 청구로 한정후견개시를 심판할 수 있도록 규정하고 있다.

특정후견개시는 피후견인이 정신적 제약으로 "일시적 후원"이나 "특정한 사무"에 대한 후원이 필요할 때 적용되며, 이는 한정후견 대상자보다 경미한 인지능력 결여 상태를 대상으로 한다. 특정후견은 후견의 "기간 또는 사무의 범위"가 명확히 정해져야 한다. 또한, 특정후견인은 대리권을 행사하려면 가정법원의 심판과 후견감독인의 동의가 필요하며, 이는 인지 기능이 경미하게 결여된 피특정후견인을 보호하기 위한 조치이다.

위와 같은 법정후견과 다르게 후견계약은 질병, 장애, 노령 등으로 인해 자신의 일을 처리하기 어려워질 상황을 대비해 미리 재산 관리와 신상보호를 다른 사람에게 맡기는 제도이다. 이를 통해 본인은 특정 업무를 대신 처리할 사람(임의후견인)을 지정하고, 필요한 권한을 위임하여 본인을 보호할 수 있다.

후견계약은 반드시 공정증서로 작성해야 법적 효력을 가지며, 공정증서는 법적 서류로 공증인을 통해 작성되므로 안전하며 신뢰할 수 있고, 계약이 체결되더라도 즉시 효력이 발생하지 않고, 가정법원이 임의후견감독인을 지정해야 효력이 발생한다.

또한 가정법원, 임의후견인, 임의후견감독인은 계약을 이행할 때 본인의 의견과 의사를 최대한 존중해야 한다.

가정법원은 후견계약이 공식적으로 등기되고, 본인이 스스로 업무를 처리하기 어려운 상황이라고 판단되면, 임의후견감독인을 지정할 수 있다. 이는 본인뿐 아니라 배우자, 4촌 이내 친척, 임의후견인, 검사 또는 지방자치단체의 장도 청구에 의하여 선임할 수 있다. 본인이 직접 신청하지 않는 경우라도 가정법원이 임의후견감독인을 지정하려면 본인의 동의를 받아야 하나, 본인이 의사를 표현할 수 없는 상태라면 동의가 필요하지 않다. 또한 임의후견감독인이 없어지거나 새로 지정해야 할 필요가 있으면 가정법원은 직권으로 또는 신청을 받아 새로운 감독인을 선임할 수 있다.

임의후견감독인의 업무는 임의후견인의 업무가 제대로 이루어지는지를 관리하고 가정법원에 정기적으로 업무 상황을 보고해야 한다. 가정법원은 필요하면 임의후견감독인에게 추가 보고를 요구할 수 있으며, 본인의 재산 상황이나 임의후견인의 업무를 조사할 수 있다. 또한 법원은 문제가 있는 경우 임의후견감독인에게 적절한 조치를 지시할 수 있다.

<표 10-13> 성년후견제도 요약

유형		후견개시 요건	개시 절차		후견 감독인	후견사무	
			청구권자	본인 동의		범위	내용
법정 후견 (현재형)	성년 후견	정신적 제약으로 사무 처리능력이 지속적으로 결여된 경우	본인, 배우자, 4촌 이내의 친족, 미성년후견인, 미성년후견감독인, 성년후견인, 성년후견감독인, 특정후견인, 특정후견감독인, 검사 또는 지방자치단체의 장	본인 의사 고려	임의적	포괄 지속	신상보호 · 재산관리
	한정 후견	정신적 제약으로 사무 처리능력이 부족한 경우		본인 의사 고려		한정 지속	
	특정 후견	정신적 제약으로 일시적 후원 또는 특정한 사무에 관한 후원이 필요한 경우		본인의 의사에 반하여 불가능		한정 일시	
임의 후견 (미래형)	후견 계약	정신적 제약으로 사무를 처리할 능력이 부족하게 된 상황에 대비하여 후견사무의 전부 또는 일부를 위탁, 대리권 수여의 계약 체결	공정증서 체결 임의후견감독인 선임		필수적	당사자 의 의사	

출처: 노인의 의사결정 지원에 관한 법제적 연구, 이봉숙(2024)

그러나 성년후견제도는 유엔 장애인 권리협약의 요구와 부합하지 않아 비판을 받고 있다. 이는 유엔 장애인 권리협약은 의사결정능력 장애인을 대신하여 후견인이 결정하는 대행형 제도가 아닌, 의사결정을 지원하는 지원형 제도를 요구하지만, 우리나라 민법은 이를 따르지 않고 있으며, 민법의 규정 체계상 후견인이 본인 의사와 무관하게 계약을 취소할 수 있는 구조는 과도하게 피후견인을 제한하고 있다고 비판받고 있으며, 노인복지법 등 사회보장 법제와의 부조화로 인해 고령자와 장애인의 현실적 필요를 반영하지 못하고 있다. 또한 현재까지도 후견제도의 이용 실태 또한 저조하다(윤태영, 2022).

특히, 노인의 경우 의사결정능력에 장애가 생긴 경우, 가장 필요한 것은 요양 등의 지원이지만, 성년후견제도는 법에 열거된 사람들이 성년후견인 심판을 청구하여 비교적 간단한 절차로 성년후견개시의 심판을 받을 수 있으나, 실질적 도움을 주지 못하여 요양보호사와 혼동되는 경우도 있다. 또한 임의후견계약은 본인에게 별다른 이익을 주지 못하고 번거롭게 여겨지며 의사결정 능력 장애가 발생하면 법정후견을 이용할 수 있다는 점에서 사전에 위임인을 선정할 필요성을 느끼지 못하는 경우가 많다고 한다(윤태영, 2022 & 조성혜, 2016).

3-3. 공공후견제도

　치매로 의사결정 능력이 저하된 저소득 노인이 스스로 후견인을 선임하기 어려운 경우, 지방자치단체의 장이 후견심판을 청구하고 후견 활동을 지원하는 것이 공공후견제도이다. 이 제도는 "자기결정 지원과 잔존능력의 최대 활용"을 중심 가치로 삼아, 치매 진행 중에도 노인의 존엄성을 보장하는 것을 목표로 한다.

　지원대상은 만 60세 이상의 치매 진단을 받은 저소득층(기초생활수급자, 차상위자), 가족이 없거나 의사결정 지원이 필요한 경우, 지자체장이 후견이 필요하다고 판단한 경우 예외적으로 지원하고 있으며, 지원 내용은 후견심판청구비용: 1인당 최대 50만 원 지원, 공공후견인 활동비: 월 20만 원(최대 월 40만 원)이고, 원칙적으로 특정후견 방식이 적용된다. 또한 공공후견인 자격은 민법상 결격 사유가 없고, 치매공공후견인 양성교육을 이수한 자이다. (대한치매학회 홈페이지)

　공공후견제도는 치매 환자의 권리를 보호하고 적절한 의사결정을 지원하기 위해 마련된 제도로 이용 절차는 다음과 같다.

　먼저, 공공후견서비스 신청단계에서는 주민센터나 요양시설 등에서 치매 환자를 발견하고 치매안심센터에 서비스를 신청하며, 다음으로 후견대상자 선정단계에서는 치매안심센터가 사례 회의를 통해 환자가 공공후견 지원을 받을 수 있는지를 판단한다. 지원이 필요하다고 결정되면, 광역치매센터에 적합한 후견인 후보자 추천을 요청한다.

　후견심판청구 준비단계에서는 치매안심센터가 필요한 서류를 준비하고, 중앙치매센터 소속 변호사가 이를 검토해 후견심판청구서를 작성한 후, 후견심판 청구단계에서 중앙치매센터 소속 변호사가 지자체장의 위임을 받아 환자의 주소지를 관할하는 (가정)법원에 후견심판청구서를 제출한다. 후견심판결정단계에서는 (가정)법원이 청구 내용을 검토한 후 특별한 문제가 없으면 후견인을 선임하는 결정을 한다.

　마지막으로, 후견활동 시작단계에서는 선정된 공공후견인이 후견등기사항증명서를 발급받고 공식적으로 활동을 시작하며, 이 과정은 치매안심센터와 법원의 관리·감독 아래 이루어진다.

　공공후견제도에 의해 선정된 치매공공후견인은 노인장기요양보험 등과 같은 사회복지서비스, 의료서비스(침습적 의료행위 제외), 거소 및 일상생활비 관리 등에 관한 사무지원 등 법원의 결정에 따라 부여된 업무를 수행한다.

[그림 10-2] 공공후견제도 이용절차

01 공공후견서비스 신청
주민센터, 요양시설 등에서 치매환자를 발굴하여 치매안심센터로 신청합니다.

02 후견대상자 선정
치매안심센터는 사례회의를 통해 치매공공후견 지원여부를 결정하고 광역
치매센터에 적합한 후견인 후보자 추천을 요청합니다.

03 후견심판청구 준비
치매안심센터는 후견심판청구에 필요한 서류를 준비하고, 중앙치매센터 소속
변호사는 관련자료 검토 후 청구서를 작성합니다.

04 후견심판청구
중앙치매센터 소속변호사는 지자체 장으로부터 위임받아 치매노인 주소지
(가정)법원에 후견심판청구서를 접수합니다.

05 후견심판결정
(가정)법원은 후견심판청구를 심리하면서 특별한 사유가 없으면 후견인을
선임하는 결정을 내립니다.

06 후견활동 시작
공공후견인은 후견등기사항증명서를 발급받아 활동하며, 치매안심센터 및
법원의 관리감독을 받습니다.

출처: 치매공공후견 사례집, 중앙치매센터(2020)

□ 치매노인의 자기결정권을 보장하기 위한 해외 사례

가. 영국의 의사결정능력법(Mental Capacity Act)

- 의사결정능력법 2005는 16세 이상의 취약 계층을 의사 결정에 있어 보호하는 법률로 이 법률
  은 다음과 같이 명시하고 있다.

  모든 성인은 장애가 무엇이든 가능한 한 스스로 결정을 내릴 권리가 있다.

  사람들은 가능하다면 항상 다른 사람이 스스로 결정을 내릴 수 있도록 지원해야 한다. 이는 그

들이 이해할 수 있는 형식으로 정보를 제공하는 것(예: 학습 장애가 있는 사람을 위한 읽기 쉬운 정보)이나 다른 방식으로 설명하는 것을 의미할 수 있다.

하지만 적절한 정보와 지원이 있어도 사람이 내리기에는 너무 광범위하거나 복잡한 결정이라면, 그들을 지원하는 사람들이 그들을 대신하여 '최상의 이익' 고려하여 결정을 내려야 한다.

- 의사결정 능력법의 5가지 주요 원칙

① 사람이 결정을 내릴 수 없다는 증거가 있을 때까지 항상 사람이 결정을 내릴 수 있다고 가정한다.

② 사람이 스스로 결정을 내릴 수 있도록 지원하기 위해 가능한 모든 것을 시도 한다.

③ 사람이 현명하지 못하거나 잘못된 결정을 내렸다고 해서 그 사람이 결정을 내릴 능력이 없다고 가정하지 않는다.

④ 스스로 결정을 내릴 수 없는 사람을 대신하여 결정을 내리는 경우, 그 결정은 항상 그 사람의 최선의 이익이 되어야 한다.

⑤ 능력이 부족한 사람을 위한 모든 결정, 치료 또는 보살핌은 항상 그 사람의 기본적 권리와 자유를 가장 적게 제한하는 경로를 따라야 한다.

또한 어떤 사람은 어떤 결정에는 능력이 있지만 다른 결정에는 능력이 없거나, 현재는 능력이 없지만 추후에 지원을 받으면 다시 능력이 생길 수 있다는 점을 기억하는 것이 중요하다. 즉, 모든 능력 결정은 여전히 그 사람의 결정 능력을 반영하는지 확인하기 위해 정기적으로 검토해야 한다. (출처: 영국 Mencap 홈페이지)

나. 미국의 의사결정 지원제도 (Supported Decision Making Law)

- 의사결정지원법(SDM)은 장애인이 자신이 선택한 사람들로 구성된 팀의 지원을 받아 자신의 삶에 대한 선택을 할 수 있도록 하며, 장애인은 자신이 알고 신뢰하는 사람들을 선택하여 의사결정을 지원하는 네트워크에 참여시키고, 의사결정 지원은 보호자 제도의 대안이다. 여기서 보호자가 장애인을 대신하여 결정을 내리는 대신 지원 의사결정은 장애인이 스스로 결정을 내릴 수 있도록 하는 제도이다.

또한 의사결정 지원의 과정은 첫째, 건강 관리, 취업, 재정 등 개인이 필요한 지원 분야와 유형을 파악하고, 둘째, 믿고 신뢰할 수 있는 지지자를 선택하며, 셋째, 지지자는 개인이 스스로 결정을 내릴 수 있도록 정보를 제공하고, 개인의 결정을 존중하며, 개인과 지지자가 지원 의사결정 계약을 체결하면서 의사결정 지원제도가 성립된다. (출처: 미국 Center for Public Repretation 홈페이지)

4   취약계층을 위한 장례지원제도

보건복지부는 가족관계 단절, 인구 고령화, 1인 가구 증가 등으로 무연고 사망자가 증가하고 있어, 지자체가 공영장례 지원을 위해 법적 근거 마련과 예산 확보의 필요로 무연고 사망자와 국민기초생활 보장법에 따른 장제급여 수급자 중 연고자가 미성년, 중증장애인, 75세 이상 고령자로 장례를 치르기 어려운 취약계층을 위한 '무연고 사망자 공영장례 표준조례안'을 지방자치단체에 배포했다.[*]

"무연고 사망자 공영장례에 관한 포준 조례(안)"의 주요 내용은 다음과 같다.

① 목적
- 단순한 시신 처리가 아닌 사망자의 최소한의 존엄성 보장
- 지방자치단체별 장례지원 편차 해소
② 지원 대상
- 무연고(연고자가 없거나 알 수 없는) 사망자
- 취약계층(국민기초생활 보장법에 따른 장제급여 수급자 중 연고자가 미성년, 중증장애인, 75
  세 이상 고령자로 장례를 치르기 어려운 경우 등)
③ 지원 신청
- 시장 등에게 연고자 등이 신청
④ 지원 내용
- 시신 운반비, 입관, 운구, 제물상 차림, 빈소 설치, 화장비용, 조문 및 헌화 등 장례의식에 소요
  되는 비용

....
* 보건복지부, 보도자료(2024.02.07.), 무연고 사망자 공영장례 표준조례(안)

⑤ 지원한도

- '국민기초생활법'에 따른 관련비용의 200% 이내

⑥ 제도 시행 현황

- 2024년 1월 기준, 177개 시·군·구(78.3%)와 시·도(88.2%)에 공영장례 지원조례를 제정

- 2023년 기준으로 191개 시·군·구(43.7억 원) 및 8개 시·도(34억 원)의 예산을 편성 운영 중.

5 무연고 사망자의
유류품 처리 절차

무연고 사망자의 유류품 처리는 사망자의 존엄성을 지키고 잔여 재산을 적절히 처리하기 위한 중요한 절차로 유류품은 사회복지사업법[*]에서 정한 재산의 가치(500만원)에 따라 민법^{**} 및 노인복지법^{***}에 따라 다르게 적용된다.

5-1. 500만 원을 초과하는 재산의 경우

이해관계인 또는 검사의 청구에 의하여 상속재산관리인을 선임하고 지체 없이 공고하며, 공고가 있는 날로부터 3월 내에 상속인의 존부를 알 수 없는 경우에는 지체 없이 일반 상속채권자와 유증 받은 자에 대하여 2월 이상 채권 또는 수증을 신고할 것을 공고하여야 한다.

신고 기간이 경과하여도 상속인의 존부를 알 수 없는 때에는 법원은 관리인의 청구에 의하여 상속인이 있으면 1년 이상 그 권리를 주장할 것을 공고하며, 상속권을 주장하는 자가 없으면 공고 완료 후 2월 이내에 법원은 특별연고자인 피상속인의 요양간호를 한 자, 피상속인과 생계를 같이 하고 있던 자 및 기타 피상속인과 특별한 연고가 있던 자의 청구에 의하여 상속재산의 전부 또는 일부를 분여할 수 있으며, 권리주장자가 없으면 국가에 귀속된다.

5-2. 500만 원 이하 재산

재산의 가치가 500만 원 이하인 경우에는 사회복지사업법의 특례가 적용되어 절차가 간소화된

....
* 사회복지사업법 제45조의2제1항
** 민법 제1053조, 제1056조, 제1057조, 제1058조
*** 노인복지법 제48조, 시행규칙 제34조의2

다. 먼저 피상속인의 재산 목록을 작성하여 관할 시장·군수·구청장에게 보고하고, 보고를 받은 지방자치단체장은 상속인, 일반상속채권자, 유증받은 자, 기타 상속재산에 대하여 권리를 주장하려는 자가 있으면 3월 이상 6월 이내에 그 권리를 주장할 것을 공고하고, 상속재산에 대하여 권리를 주장하는 자가 있는 때에는 시장·군수·구청장이 신고한 채권자들 간에 배당하여 변제하나, 권리 주장자가 없을 경우에는 해당 재산은 국가에 귀속된다.

◆ 추천 글: 쪽방촌 식구들의 나 홀로 삶과 죽음

어느 노인학과 학생의 쪽방촌 방문기

2000년대 초반 딸아이가 안국역과 종로3가역 근처의 초등학교를 다녔기 때문에 삼청동과 원서동에서 7~8년을 거주한 나에게 돈의문 쪽방촌은 나름 익숙한 지역이다. 지금도 변화 없이 그 거리는 오래된 떡 가게와 아귀찜 가게 등 먹거리로 인근 주민들에게 인기 있는 장소가 많고, 근처 탑골공원과 실버극장 및 저렴한 가격의 음식점들이 많은 '송해거리'가 있어 나이 지긋한 어르신들로 늘 붐비는 곳이다.

그러나 종로3가역을 뒤로하고 조금 더 길을 따라서 안으로 들어가면, 갑자기 이상하게 허름한 골목이 시작되고, 대낮부터 치아가 하나둘 보이지 않는 50~60대의 내 또래 사람들이 삼삼오오 모여서 종이컵에 막걸리를 기울이며, 이 모습이 그들에게는 늘 그래온 일상처럼 하루를 보내는 사람들을 쉽게 볼 수 있다. 이곳이 우리가 쪽방촌이라 불리는 곳의 초입 골목길의 모습이다.

여행을 좋아하는 나 같은 사람에게 이렇게 이질적인 거리 풍경이 보이는 곳을 다니면서 거리를 왕래하는 다양한 사람들의 모습을 보는 것은 번화한 시청역 근처의 높은 빌딩 숲속에서 컴퓨터만 바라보고 온종일 시간을 보내는 일상과는 대조적으로 서울이라는 같은 공간 아래 동시대를 살아가고 있는 그들의 삶에 대한 궁금증을 야기한다. 이런 생각을 머릿속에만 입력하고 부채로만 안고 있었는데 직장을 그만두고 진학한 정책대학원 노인학과의 웰다잉 수업의 과제로 죽음과 관련된 사람들에 대한 인터뷰 과제가 주어졌다.

여러 고민을 하다가 나처럼 평범하게 태어나서 유치원부터 대학교 졸업까지 27년, 직장 생활 30년 등 안정된 노선을 걸어 온 사람과는 다르게 삶을 살아왔을 그들의 삶과 죽음에 대하여 생각하게 되었고, 우연히 대학원 수업 시간에 돈의동 쪽방촌에서 사회복지사로 일하시는 학생을 알게 되어 그곳을 방문하여 인터뷰를 요청하였다.

복지사 님의 허락으로 미팅이 이루어졌고, 미팅을 준비하기 위하여 미팅 당일 약속시간보다 1시간 먼저 쪽방촌 인근 지역을 돌아다니면서 기억 속에만 남아 있었던 20년 전의 거리 풍경과 비교해 보며 그 거리 뒤에 살고 있는 그들의 삶과 죽음에 대하여 생각해 보았다.

건축잡지인 월간건축사에 연재된 글을 보면, 원래 돈의동 쪽방촌은 구한말 공터였으나, 1920년 대 시탄 시장이 들어섰고, 1936년 시장 폐쇄 후 사창이 형성되며 집단화되었고, 1947년 공창 폐지 후 풍선효과로 종로3가 사창가로 성장했으나, 1968년 이른바 '나비 작전'으로 쇠퇴하며, 1970년대 빈집이 쪽방으로 전환되어 현재까지 이어지고 있다고 한다. 그래서 방과 방 사이가 촘촘하게 붙어 있고 방 안으로 들어가면 한 사람만 간신히 누워서 잠을 잘 수 있는 밀 매춘의 방 구조가 쪽방으로 기능을 바꾼 것이라 한다.

쪽방촌이 서울에는 서울역, 남대문, 영등포, 창신동, 돈의동 등 5개 지역에 약 2,800여 명이 거주 한다고 하며, 내가 방문한 돈의동은 총 530여 명으로 서울에서는 두 번째로 전국에서는 3번째로 큰 지역이다.

이들의 인구구성을 보면 40대 이하가 약 12%, 50~60대 64%, 70대 이상이 24%를 차지하며, 월세 가 27만 원, 일세 8~9천원(2023년 기준)으로 도시에 거주하는 빈곤한 사람들도 쉽게 잠자리를 청 하고 하루하루의 삶을 꾸려 갈 수 있는 거주공간이다.

이렇게 구석진 골목 속에 혼자서만 살아가는 절반 이상이 넘는 사람들의 연령은 50~60대가 대 부분이고, 이들 중 약 1/4에 해당하는 25% 정도가 우울증을 앓고 있으며, 알코올 중독 등 정신질환 을 앓고 계신 분들 또한 많다고 한다.

서울 시내 쪽방촌 사람들의 경우 약 28.4%가 병원에 가지 못하는데 그 대부분의 이유가 경제적 어려움 때문이라고 한다, 이는 경제적 자원의 부족이 질병을 방치하여 만성질환을 가져오거나 다 른 합병증을 가져오는 위험을 야기할 수 있음을 보여 준다.

문제는 응급상황이나 생명에 지대한 영향을 주는 사고가 발생할 경우 이들의 선택은 무엇일까? 개인적, 사회적으로 공인된 안전지대에 살고 있는 쪽방촌 바깥에 살고 있는 우리들과는 많이 다를 것이다.

"내일 없이 하루하루 그때그때 사람들과 어울리며 술 마시는 것이 그들 삶의 유일한 기쁨이며 생 활이니 간섭하지 말라고 이곳 주민들은 말합니다."라고 사회복지사는 그들의 생각을 보여 주었다.

옳고 그른 것, 바른 행동이 무엇인가가 아니라 그들의 눈높이에서 그들을 생각해 본다면 어느 정도 이해는 할 수 있다. 그래도 인간의 동점심 때문인지 그 말에 왠지 모르게 마음이 울적해졌다.

나중에 알게 된 쪽방촌 사람들의 약 66%는 어려움과 힘듦 그리고 기쁨과 슬픔을 나눌 수 있는 연락할 가족이 없다는 사실이 그들의 힘겨운 삶만큼 죽음에 대해서도 무덤덤하다는 것을 추측할 수 있다. 그들에게 좋은 삶만큼 중요한 것이 좋은 죽음, 즉 웰다잉이라 얘기하고 사전연명제도에 대하여 설명하려고 하면, 그들은 "사회복지사님들이 사전연명제도에 대하여 여러 번 설명해 주셔서 그 내용을 알고는 있으나, 그것이 지금의 나를 위로해 주는 것도 아니고, 우리 같이 미래가 없는 사람에게는 아무 상관이 없으며 당신들 같이 배부르고 많이 배운 사람들이나 사치스럽게 걱정할 일인 것 같다. 더운 여름날 같이 술 마시다 죽는 이곳 사람들을 보면 오히려 그렇게 죽는 것이 나에게는 웰다잉이지 무엇을 바라겠느냐."고 답변을 한다.

아마 그들에게 좋은 죽음이란 "본인이 죽음을 맞이하고 사체로 남겨졌을 때, 지금처럼 쪽방촌에서 같이 살아왔던 사람들이 사무실에서 모여 술 한잔 따르며, 죽어서는 좋은 세상에서 행복하게 살라고 한마디 위로해 주는 그것이 나에게는 더 이상 바랄 것이 없는 희망이다."고 한다.

내가 가진 잣대로 그들을 평가하고 판단할 수는 없지만, 최소한 사회나 정부가 그들이 죽음을 맞이했을 때 그들의 죽음을 알릴 수 있는 연락처나 그들을 위한 공동장례만큼은 어느 정도 위로가 될 수 있도록 제도적 뒷받침이 있었으면 하는 아쉬움이 남는다.

참고문헌

강민희. (2019). 재가 장애노인의 품위 있는 노화와 좋은 죽음 인식에 대한 질적사례연구. 한국장애인복지학, 46(46), 141-168.

길태영. (2019). 한국노인의 좋은 죽음에 대한 인식 : 질적 해석적 메타통합의 적용. 노인복지연구, 74(2), 193-218.

법제처, 국가법령지원센터, 민법, 노인복지법, 사회복지사업법

https://www.law.go.kr/lsSc.do?section=&menuId=1&subMenuId=15&tabMenuId=81&eventGubun=060101&query=%EB%AF%BC%EB%B2%95#undefined

보건복지부(2024), 2023년 노인실태조사

보건복지부, 보도자료(2024.02.07.), 무연고 사망자 공영장례 표준조례(안).

보건복지부, 보도자료(2024.04.30.), 2023년 장애인실태조사 참고자료

보건복지부. 보도자료(2024.10.17.) 2024년 고독사 사망자 실태조사 결과발표

윤태영. (2022). 성년후견 및 제한능력자 제도의 문제점에 대한 관견(管見). 아주법학, 15(4), 55-75.

이봉숙. (2024). 노인의 의사결정 지원에 관한 법제적 연구 [박사학위, 순천대학교 대학원]. RISS.

조성혜. (2016). 인지장애노인의 국제인권법적 지위와 성년후견제도 - 자기결정권을 중심으로 -. 사회법연구, 30, 87-134.

중앙치매센터(2020), 치매공공후견 사례집

진세림. (2022). 독거노인 죽음준비가 생활만족도에 미치는 영향 (석사학위, 동서대학교 대학원). RISS.

통계청, 독거노인가구비율, 2024. 11. 22. 07:52 검색, https://kosis.kr/visual/eRegionJipyo/themaJipyo/eRegionJipyoThemaJipyoView.do?themaId=A_01_02&menuThemaId=A_01_02_02&jipyoId=5440_6763&jipyoNm=&graphTypeGbn=THEMA&statId=&regionChkVal=00%40&chartGbn=DTypeChart&selectPrdDe=&themaGbn=subjectJipyo&detailJipyoId=&themaGbnMenu=subjectJipyo&chooseYm=&jipyo1PrdDe=04bcd4bcd&AreaChoiceCombo=A_01_02

한국보건복지연구원(2024), 2023년 노인실태조사

한국치매학회, https://www.dementia.or.kr/general/bbs/index.php?code=news&category=&gubun=&page=1&number=1129&mode=view&keyfield=all&key=. 2024. 11. 20. 17:30 검색

헌법재판소, 분야별 주요판례,

https://www.ccourt.go.kr/site/kor/ex/bbs/View.do?cbIdx=1106&bcIdx=941539

Livingston G, Sommerlad A, Orgeta V, Costafreda SG, Huntley J, Ames D,Ballard C, Banerjee S, Burns A, Cohen-Mansfield J, Cooper C, Fox N, GitlinLN, Howard R, Kales HC, Larson EB, Ritchie K, Rockwood K, Sampson EL,Samus Q, Schneider LS, Selbæk G, Teri L, Mukadam N. Dementia prevention,intervention, and care. Lancet. 2017 Dec 16;390(10113):2673-2734. doi: 10.1016/S0140-6736(17)31363-6. Epub 2017 Jul 20. PMID: 28735855.

Livingston, G., Huntley, J., Liu, K. Y., Costafreda, S. G., Selbæk, G., Alladi, S., ... & Mukadam, N. (2024). Dementia prevention, intervention, and care: 2024 report of the Lancet standing Commission. The Lancet, 404(10452), 572-628.

Mamun MR, Hirakawa Y, Saif-Ur-Rahman KM, Hong YJ, Song Z, Yoshida Y, Yatsuya H. Good death for people living with dementia: a qualitative study.

BMC Geriatr. 2023 Oct 16;23(1):665. doi: 10.1186/s12877-023-04395-y. PMID: 37845634; PMCID: PMC10580641.

Rait G, Walters K, Bottomley C, Petersen I, Iliffe S, Nazareth I, Survival of people with clinical diagnosis of dementia in primary care: cohort study. BMJ 2010; 341: c3584.

Volle D. Dementia Care at the End of Life: A Clinically Focused Review. Am J Geriatr Psychiatry. 2023 Apr;31(4):291-303. doi: 10.1016/j.jagp.2022.11.006. Epub 2022 Nov 12. PMID: 36456444.

Xie J, Brayne C, Matthews FE, and the Medical Research Council,Cognitive Function and Ageing Study collaborators. Survival timesin people with dementia: analysis from population based cohort study with 14 year follow-up. BMJ 2008; 336: 258-62.

Mancap Homepage, https://supporteddecisions.org/ 2024.11.20. 15:30 검색

Center for Public Repetation Homepage, https://www.mencap.org.uk/ 2024.11.01. 15:00 검색

제11장

웰다잉 산업과 디지털을
활용한 기술산업

———

송상수

스마트 기술, 로봇, AI의 도입은 웰다잉을 더욱 효과적으로 지원할 수 있다. 스마트 기술은 건강 모니터링, 일상생활 지원, 긴급 상황에서의 신속한 대응을 가능하게 하며 로봇은 돌봄 서비스 제공, 정서적 지지, 육체적 부담을 줄이는 역할을 한다. AI는 개인 맞춤형 건강 관리, 정서적 지원, 생애 기록 및 디지털 아카이빙 등 다양한 측면에서 웰다잉을 지원한다.

웰다잉을 지원하는 기술을 이분하여 본다면 Gerontech와 Calmtech로 나눌 수 있다. Gerongtech는 그리스어에서 노인을 뜻하는 Geron과 Technology 의 합성어로 노년층의 삶의 질 향상을 위해 개발, 활용되는 기술 전반을 일컫는 말이며 Calmtech는 사용자에게 스트레스를 주지 않고 편안하게 사용될 수 있도록 설계된 기술을 의미한다. Calmtech는 전 연령대에 초점을 맞추고 있는 것이 다른 점이나 Gerontech에서 기술이 자연스럽게 사용될 수 있도록 보완하는 역할을 하고 있다.

이번 장에서는 웰다잉을 돕는 AI, 스마트, 로봇 기술을 중심으로 내가 살고 있는 곳과 요양시설에서 삶의 질 향상, 웰다잉을 준비하고 삶을 정리할 수 있도록 돕는 기술과 실제 사례 등을 소개하며 이러한 기술들이 어떻게 웰다잉의 핵심 목표인 존엄성 유지와 삶의 질 향상 추구, 마지막 순간까지 자율성과 독립성을 유지할 수 있도록 도와주고 있는지 이해하고자 한다.

정주를 지원하는 기술

1

정주는 고령자가 마지막 순간까지 자율성과 존엄성을 유지하며 편안하고 안정된 환경에서 삶을 이어가는 것을 의미한다. 낯선 환경에서 스트레스를 받지 않고 익숙한 공간에서 사회적 연결을 유지하며 자신이 원하는 방식으로 마지막까지 시간을 보낼 수 있는 것을 주된 목표로 하고 있다.

1-1. 생체 신호 모니터링

- 웨어러블 기기, 바이오 센서를 통해 심박수, 혈압, 혈당 등의 생체 신호를 실시간으로 모니터링 하여 건상 상태를 파악하고 이상 징후를 조기에 감지하여 조치를 취할 수 있도록 돕거나 운동량, 수면 모니터링을 통해 건강한 생활을 유지하도록 돕는 기술이다.

〈표 11-1〉 생체신호 모니터링 기기 예시

제품군	대표적인 제품명	주요 기능
스마트 워치	삼성 갤럭시 워치, 애플 워치	심박수, 혈압, 혈중 산소 포화도, 수면 패턴, 스트레스 지수 측정, 운동량 측정, 알림 기능
피트니스 트래커	Fitbit, Garmin, Xiaomi Mi Band	걸음 수, 칼로리 소모량, 운동 강도 측정, 수면 패턴 분석
스마트 링	Oura Ring, Motiv Ring, 삼성 갤럭시 링	심박수 변동성, 체온, 수면 단계 분석, 활동량 측정
체성분 분석기	인바디, 탠타, OMRON	체지방률, 근육량, 체수분, 기초대사량 측정
혈압 측정기	OMRON, A&D, 유한양행	혈압, 맥박 측정, 부정맥 감지
혈당 측정기	Abbott FreeStyle Libre, OneTouch Verio Flex	혈당 수치 측정, 혈당 변화 추이 분석
수면 추적기	Sleep Number, Eight Sleep	수면 자세, 호흡, 코골이 측정, 수면 환경 분석
뇌파 측정기	Muse, Emotiv EPOC Flex	뇌파 측정, 집중력, 이완 상태 분석, 명상 가이드

□ 생체 Lidar

기존 카메라로 사용자를 관찰할 경우 프라이버시 침해 등의 문제점으로 사용을 꺼렸으나 무선 기술을 활용하여 이 문제점을 해결하고 사용자의 심박수와 호흡수를 일정 거리에서 모니터링하여 응급상황이나 고독사를 대응할 수 있다.

□ 한국의 사례) 맥케어

벽, 천장, 침대 앞, 거실, 주방 등에 제품을 설치하여 활용하며 가족 구성원이 기기에 연결하여 실시간으로 모니터링하거나 이상 상황 발생 시 보호자에게 연락이 되도록 한다.

[그림 11-1] 맥케어 제품 및 사용 예시[1)]

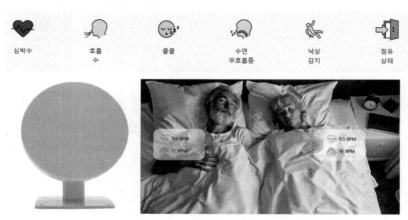

1-2. 원격 진료 플랫폼

- 고령자가 집에서 원격으로 의사와 상담하고 건강 데이터를 공유할 수 있는 플랫폼이다.
- 한국의 사례 : 위버케어
● 블록체인 기술을 기반으로 개인의 건강 데이터를 안전하게 관리하고 이를 활용하여 다양한 건강 관리 서비스를 제공하는 플랫폼으로 특히 고령자를 위한 원격 진료 서비스를 제공하여 집에서 편리하게 의사와 상담하고 건강 관리를 받을 수 있다. 생체 신호 모니터링이 가능한 웨어러블 기기를 통해 건강 상태를 실시간으로 모니터링하고 이상 징후 발생 시 의료진에게

알림을 보내어 조치를 받을 수 있도록 안내한다.

● 삼성 서울병원 원격 진료 시스템 : 스마트폰 앱을 통해 개인 정보를 등록하고 진료를 예약한 뒤 예약된 시간에 스마트폰 앱을 통해 의료진과 화상 상담을 진행한다. 의료진은 증상과 검사 결과를 바탕으로 진단을 내리고 필요한 경우 처방전을 발급한다. 건강 데이터는 클라우드 서버에 안전하게 저장되며 AI 분석을 통해 질병 예측과 건강 관리에 활용된다.

1-3. 스마트 의약품 관리 시스템

- 복약 관리, 재고관리, 위조품 방지, 환자 안전 확보를 목적으로 활용되는 시스템이며 그 중 복약 관리는 스마트폰 앱이나 스마트 기기를 통해 복약 시간 알림, 복약 일지 관리, 복용 중인 약물간의 상호작용을 확인하여 부작용을 예방하는 데 활용되고 있다.

〈표 11-2〉 한국의 스마트 약통 사례

제품명	주요 특징
필고(Pillgo)	다양한 알림 기능, 알레르기 정보, 약물 상호작용 확인
드리미(Dreamy)	자동 약 분배 기능, 복약 누락 방지
바쉔(Baswen)	다양한 크기의 약 수납 가능, 맞춤형 알림 설정
가시안 스마트 약통	블루투스 연동, 중복 섭취 방지

〈표 11-3〉 미국의 스마트 약통 사례

제품명	주요 특징	기능
PillPack	맞춤형 약 포장, 약사 관리	복약 알림, 약물 상호작용 확인, 맞춤형 포장
AdhereTech	알약 부착형 센서, 복약 데이터 수집	복약 여부 확인, 데이터 분석, 의료진 공유
GlowCap	약병 뚜껑형 센서, 간편한 사용	복약 시간 기록, 알림, 다양한 약병 호환
Medly	처방약 배송, 스마트 약통 제공	복약 알림, 약물 상호작용 확인, 맞춤형 포장

1-4. 비약물적 통증 완화 기술

- 전기 자극, 웨어러블 디바이스, VR 기기 등을 통해 통증을 완화한다.

- 미국의 사례) EaseVrx 기기

● 성인 만성요통 통증 완화기기로 FDA 승인을 받은 제품이며 VR을 통해 사고 패턴과 감정을 인식하고 인지행동 요법의 원리로 통증 완화를 유도한다.

● Quell 웨어러블 디바이스 : 피부에 패치를 부착하여 미세한 전기 자극을 신경에 전달하고 이 자극이 통증 신호가 뇌로 전달되는 것을 방해하여 통증을 완화하는 원리로 신경통 외에 근육통, 관절염 등 다양한 만성 통증에 효과를 볼 수 있어 불면증 개선에도 도움을 준다. 만성통증, 수술 후 통증, 스포츠 부상 등에 활용되고 있으며 APP과 연동하여 치료 이력 기록, 통증 수준 기록, 수면 패턴 분석, 활동량을 분석하여 개인에 상태에 맞는 최적의 치료를 제공한다.

〈EaseVrx〉[2]   〈Quell〉[3]

1-5. 헬스케어 플랫폼

- 건강 데이터, 스마트 웨어러블 기기와의 연동, 다양한 센서 데이터를 활용하며 스마트폰 앱을 통해 개인 맞춤 관리, 가족, 의료진에게 실시간 알림 서비스를 제공한다.

앱 이름	주요 기능	장점
케어링	개인 맞춤형 건강 관리 계획 제공, 건강 코치 상담	정확한 데이터 분석 기반 맞춤형 관리, 전문가 상담 가능
웰니스케어	스마트 워치 연동, 건강 목표 달성 프로그램 제공	실시간 건강 데이터 확인, 다양한 운동 프로그램 제공
U-헬스케어	가정 내 건강 모니터링, 긴급 상황 알림	안전 확보, 가족과의 연계 가능
Silver Sneakers	운동 프로그램 제공, 시설 검색	다양한 운동 프로그램, 오프라인 시설 연계
GrandPad	간편한 인터페이스, 소셜 기능 제공	사용이 쉽고 간편, 가족과의 소통 가능
Lifeline Response	긴급 상황 시 도움 요청	신속한 응급 상황 대처

- 케어링: 다양한 건강 데이터를 기반으로 개인 맞춤형 건강 관리 서비스를 제공한다. 혈압, 혈당 등 건강 데이터를 입력하고, 건강 목표를 설정하면 AI가 분석하여 맞춤형 건강 관리 계획을 제시한다. 또한, 건강 코치와의 상담을 통해 건강 관리에 대한 동기를 부여받을 수 있다.

- 웰니스케어: 스마트 워치와 연동하여 건강 상태를 모니터링하고, 건강 코칭 서비스를 제공한다. 걸음 수, 심박수 등을 실시간으로 확인하고, 건강 목표 달성을 위한 다양한 프로그램에 참여할 수 있다.

- U-헬스케어: 다양한 센서를 활용하여 가정 내에서 건강 상태를 모니터링하고, 비상 상황 발생 시 신속하게 대응한다. 낙상 감지 센서, 가스 센서 등을 통해 안전을 확보하고, 가족과 의료진에게 실시간으로 알림을 보낸다.

- Silver Sneakers (실버스니커즈): 미국 최대의 시니어 피트니스 프로그램으로, 다양한 운동 프로그램과 건강 정보를 제공한다. 스마트폰 앱을 통해 가까운 운동 시설을 검색하고, 운동 프로그램에 참여할 수 있다.

- Lifeline Response: 긴급 상황 발생 시 도움을 요청할 수 있는 서비스. 목걸이형 버튼이나 팔찌형 버튼을 누르면 콜센터에 연결되어 응급 상황에 대처할 수 있다.

1-6. 인공지능 기반 질병 예측 및 관리

- 인공지능을 통해 질병을 조기 진단하여 예방 조치를 강화하며 진단 정확도를 향상시켜 맞춤형 치료 계획을 수립하도록 돕는다. 진료 시간 단축과 의료비용 절감으로 의료 효율성을 증대시키고 의료 사각지대 해소와 원격 진료 활성화로 의료 접근성을 향상시키는 목적이 있다.

□ 한국의 사례
● 루닛: 폐암, 유방암 등 다양한 암종의 조기 진단을 위한 의료 영상 분석 솔루션을 개발하여 국

내외 병원에 공급하고 있다.

- 뷰노: 흉부 X-ray, CT 등을 분석하여 질병을 진단하고, 심혈관 질환 위험도를 예측하는 솔루션을 개발하였다.

- 일라이틀: 당뇨병 환자의 혈당 관리를 위한 모바일 앱을 개발하여 환자 스스로 건강 관리를 할 수 있도록 지원한다.

- 웨이슨: 만성 질환 환자를 위한 맞춤형 건강 관리 프로그램을 제공하여 질병 악화를 예방하고 있다.

- 3KBICAS : 뇌경색 환자의 다양한 임상 정보를 분석하여 뇌출혈로 변환될 가능성을 예측하는 뇌경색-뇌출혈 변환 예측 솔루션을 개발하였다.

1-7. 정주의 범위를 넓혀 줄 웨어러블 로봇

- 고령자뿐만 아니라 일반인들까지 웨어러블 로봇으로 신체 능력을 개선하고자 하는 기술이 등장하고 있다. 한국의 WIRobotics의 웨어러블 로봇인 WIM은 보행 나이를 젊게 만들고 보행 인자인 속도, 균형, 안정성, 근력, 민첩성 등의 정보를 App으로 알려 준다. 걷기, 계단 오르내리기, 하체 근력 강화를 통해 아웃도어까지 생활의 영역을 넓혀 줄 수 있는 로봇으로 하지재활 로봇에 비해 훨씬 경제적인 가격으로 시장성까지 갖추고 있다.

[그림 11-2] WIR Robotics WIM[4)]

1-8. 정주를 지원하는 스마트 주택, 타운

- 스마트 주택

● 자동화된 조명, 온도 조절, 안전 시스템 등의 스마트 홈 기능과 건강 모니터링, 응급 상황 대응, 원격 돌봄, 스마트 약 복용 등의 기술을 통해 고령자의 생활을 편리하고 안전하게 지원한다.

건설사	시스템 명칭	주요 기능	고령자 특화 기능
삼성물산	홈닉	음성인식, 에너지 관리, 보안 등	낙상 감지, 건강 상태 모니터링, 비상 호출 기능
포스코건설	아이큐텍	스마트폰 연동, 가전 제어, 보안	시각/청각 장애인을 위한 특화 기능(점자, 음성 지원), 긴급 상황 자동 알림
현대건설	하이오티	음성인식, 조명/난방 제어, 스마트 가전 연동	고령자 맞춤형 패키지 제공, 건강 관리 기능 연동

- 예시) 포스코 건설: 아이큐텍[5]

● 카카오. 포스코 ICT, 삼성전자 등과 연계하여 음성인식기술과 사물인터넷 기술을 활용하여 편리 기술, 안전 기술, 건강 기술 적용되었다.

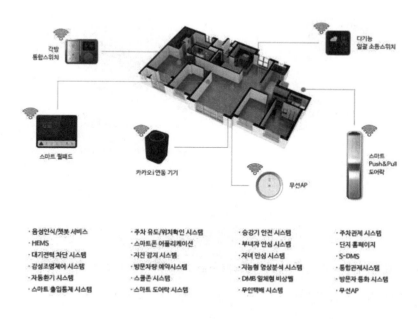

- 음성인식/챗봇 서비스
- HEMS
- 대기전력 차단 시스템
- 감성조명제어 시스템
- 자동환기 시스템
- 스마트 출입통제 시스템

- 주차 유도/위치확인 시스템
- 스마트폰 어플리케이션
- 지진 감지 시스템
- 방문차량 예약시스템
- 스쿨존 시스템
- 스마트 도어락 시스템

- 승강기 안전 시스템
- 부녀자 안심 시스템
- 자녀 안심 시스템
- 지능형 영상분석 시스템
- DMB 일체형 비상벨
- 무인택배 시스템

- 주차관제 시스템
- 단지 홈페이지
- S-DMS
- 통합관제시스템
- 방문자 통화 시스템
- 무선AP

- 스마트 타운 : 2021년 행정안전부의 지원사업으로 김해시에서 진행된 사업으로 노령인구비율 (36.8%)이 높고, 지방소멸이 가장 위험한 지역(지방소멸 위험지수 0.148)인 대동면을 대상으로 스마트케어로 상생하는 스마트타운이 조성되었다. IoT 헬스케어 기기 설치, 보건의와의 비대면 상담, 생활 환경 개선, 스마트 스토어와도 연동되어 있다.

[그림 11-3] 2021 스마트타운 조성사업[6]

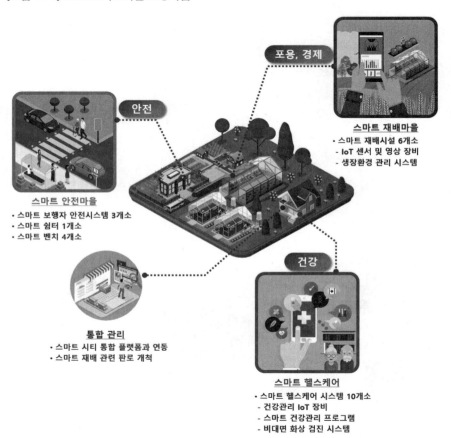

- 스마트 타운 일본 사례) : 후지사와 FSST(Fujisawa Sustainable Smart Town)
● 파나소닉이 주도하여 만들어진 스마트타운으로 2014년 첫 입주를 시작으로 2022년 기준 600세대가 거주하고 있으며 에너지, 보안, 이동, 건강 등에 스마트 기술 적용. 고령자를 위한 원격건강관리 및 응급상황 대응 시스템과 커뮤니티 플랫폼이 포함되어 있다.

[그림 11-4] Fujisawa 스마트타운[7]

1-9. CalmTech와의 융합 : 정서적 지원 및 심리적 안정 기술

- 사용자의 생활 패턴을 인식해 실내 온도나 조명을 조절하거나 자율주행 자동차, 스마트 오피스 등 전 연령대에 적용될 수 있는 기술임과 동시에 웰다잉 관점에서는 심리적 안정과 편안한 삶을 도모할 수 있도록 돕는 역할을 하고 있다. 스트레스 관리, 수면 개선 솔루션, 영양 관리, 사회적 연결 도모, 유언장 작성 지원, 추모 공간 구축 등이 이 기술의 범주 안에 들어간다.

예시) Philips 스마트 조명 Hue[8]
- 잠자리에 들기 전 책을 보고 잠에 들고 아침에 깨는 생활 습관에 따라 조명의 분위기나 밝기가 조정되며 App을 통해 조절할 수 있다.

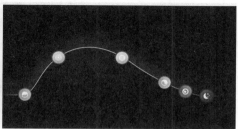

2 요양시설에서의 삶을 지원하는 기술

- 정주를 돕는 많은 기술들이 있으나 상시 케어를 받아야 하는 상황이 된다면 요양시설로 삶을 옮겨 보다 전문적인 기술을 접목하는 것이 삶의 질을 올릴 수 있는 방법이다.

2-1. 스마트요양 시스템

- 여러 센서와 IoT, AI 기술을 활용해 실시간 건강 모니터링(낙상, 행동/자세, 맥박, 체온, 호흡수, 활동량, 수면사이클, 배변), 개인 맞춤형 케어 제공, 신속한 응급 상황 대응, 의료진과 요양보호사의 업무 효율성 증대, 데이터를 기반으로 예방적 관리를 하는 것이 목적이다.

  □ 국내 사례: 아르고스 케어
● 스마트 안심요양 서비스를 플랫폼화하여 시장에 요양시설에 공급 중이다.

[그림 11-5] 아르고스 케어 서비스 개념도[9]

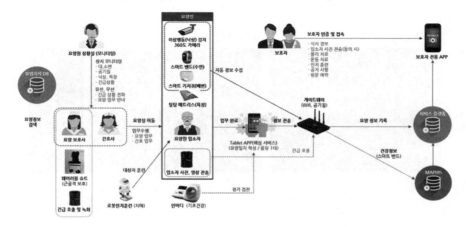

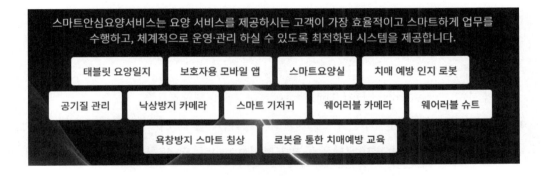

스마트안심요양서비스는 요양 서비스를 제공하시는 고객이 가장 효율적이고 스마트하게 업무를 수행하고, 체계적으로 운영·관리 하실 수 있도록 최적화된 시스템을 제공합니다.

| 태블릿 요양일지 | 보호자용 모바일 앱 | 스마트요양실 | 치매 예방 인지 로봇 |

| 공기질 관리 | 낙상방지 카메라 | 스마트 기저귀 | 웨어러블 카메라 | 웨어러블 슈트 |

| 욕창방지 스마트 침상 | 로봇을 통한 치매예방 교육 |

- 한국 사례: 메디엔비테크 - 스마트 배변처리기(스마트비데)

● 와상환자를 위해 매트와 직접 연결된 배변처리기로 냄새를 제거, 원격모니터링, 체온감지, 배변량 측정 Data 관리가 가능하다. 집에서도 사용이 가능하며 요양시설이나 병원에서는 네트워크를 통해 많은 대수를 관리할 수 있다.

- 일본 사례 : 케어센스

● 친모의 고독사를 겪은 것을 바탕으로 와이파이 센싱과 AI만을 활용해 만들어진 돌봄 케어 시스템으로 사람의 움직임, 호흡 유무, 호흡수, 거실 유무, 화장실 사용횟수, 방에 머무는 시간, 수면상태 등을 감지하고 인터넷을 통해 자가 모니터링 할 수 있다. 23년 현재 일본의 80여 개 요양원에 사용 중이며 여러 개를 설치하면 사각지대 없이 전체를 모니터링 할 수 있다.

[그림 11-6] 스마트 비데[10), 케어센스[11)

2-2. 재활로봇

- 재활치료를 돕는 로봇으로, 사용자의 운동 능력을 개선한다.
- 일본의 사례) Cyberdyne 社 HAL(Hybrid Assistive Limb) 재활로봇[12]
● 피부에 붙인 센서가 뇌에서 근육으로 전달되는 미약한 신호를 읽어 모터로 다리 동작을 보조하는 기술을 활용하며 상지 재활을 돕거나 하지 마비 또는 관절 문제로 보행이 고령자의 재활을 돕는 로봇이다. 2020년 FDA 승인을 획득하였다.

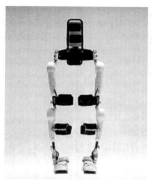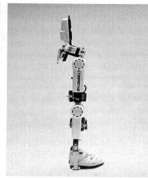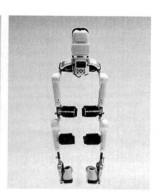

2-3. 배회 감지 시스템

돌봄서비스 공백이 발생할 수 있는 심야 시간의 위험, 상태정보 감지 후 관리자에게 알람을 보내 돌봄 사각지대를 최소화하는 기술이다.
● 침대 이탈 모션, 시설 복도에서 배회하는 움직임, 생활실에 출입하는 인원 등을 감지하여 실시간으로 관리자에게 전달한다.

[그림 11-7] 침대 이탈, 배회 감지 서비스

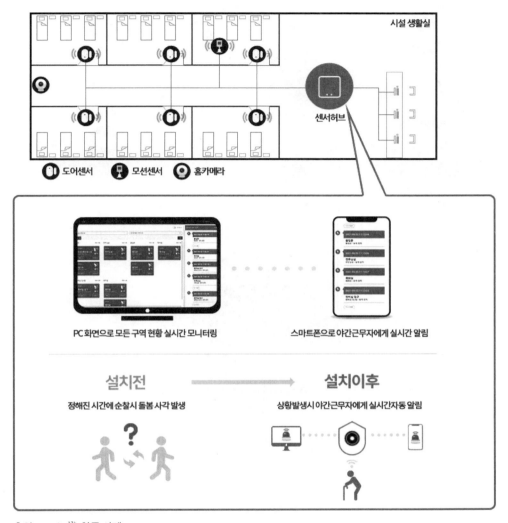

출처: carefor[13]_한국 사례

2-4. 인지 기능 유지/정서 지원

로봇을 활용해 사용자의 개별적인 인지 능력 수준에 맞춰 콘텐츠, 대화 등을 제공하며 노인복지
관, 주간보호센터, 보건소등에서도 활용 중이다.

[그림 11-8] AI 로봇 앵무새 피오[14]_한국 사례

[그림 11-9] Robocare 의 보미[15]_한국 사례

- 안면인식 활용 건강 측정
- ChatGPT 활용 대화
- 인지기능 유지 훈련 콘텐츠
- 여가활동 콘텐츠
- 응급상황 감지 및 대응 서비스

3 병원 시설의 스마트 기술

병원의 스마트화는 환자 평안하고 존엄하게 삶을 보낼 수 있도록 돕는 곳으로 환자만이 아닌 가족들도 함께 지원을 받으며 신체적, 정신적, 사회적, 영적 고통을 완화하는 데 중점을 두고 있다.

3-1. 스마트 병원

최신 디지털 기술을 의료 환경에 도입하여 환자 치료의 효율성을 높이고 의료 서비스의 질을 향상하는 것을 목표로 한다.

- 예) 삼성 서울병원 로봇기반 첨단 지능형 병원

5G 네트워크를 활용해 원격 수술 지원, 고해상도 의료 전송등 대용량 의료 데이터를 초고속으로 전송, 분석하여 신속한 진단과 협진이 가능하다.

인공지능 기반 모니터링 시스템은 환자의 생체 신호를 실시간으로 분석하여 의료진에게 제공함으로써 예방적 조치를 취할 수 있도록 돕는다. 욕창 부위를 찍으면 어떻게 진료해야 하는지 가이드를 제공하기도 하는 등 7만5천 건 이상의 데이터를 기반으로 스마트폰으로 영상을 찍으면 진료 가이드가 제시된다.

병동 전체에 로봇을 투입해 물류에 활용함으로써 병동에 필요한 의료 자재를 공급하거나 수술 도구를 배송하여 감염위험을 줄이고 비대면 회진에도 활용하고 있다.

[그림 11-10] 서울 삼성병원 스마트병원 개념도[16]

3-2. 닥터 앤서(Dr. Answer) 플랫폼

"Ai network, software, er"의 합성어로 의료 빅데이터를 통해 의사의 진료·진단을 지원하는 AI 의사 프로그램이다. 과기정통부 주관으로 2018년부터 1.0 버전을 시작으로 21년~24년까지 2.0 버전을 개발하였다.

국내 25개 병원과 19개 ICT 기업이 참여해 진단 정보, 의료 영상, 유전체 정보, 생활 패턴 등 다양한 의료 데이터를 연계·분석해 개인 특성에 맞는 질병을 예측하고, 진단, 치료를 지원하는 시스템을 개발하였다.

24년 기준 뇌경색부터 간암, 폐암, 위암, 갑상선암, 우울증 등 총 12개 질환에 대한 AI 기반 학습 데이터 구축과 24종의 AI 의료 소프트웨어가 개발되어 일반 병원까지 활용될 예정이다.

[그림 11-11] 닥터 앤서 연구개발과제 성과목표[17]

3-3. 가상현실을 활용한 통증 완화 프로그램

- 미국의 사례) 세다스-시나이 병원

● 2015년부터 VR 헤드셋을 사용하여 환자들에게 가상 여행을 하게 하거나 자연속에 있는 듯한
평화로운 가상 환경을 제공함으로써 통증과 불안을 완화하는 프로그램을 운영하고 있으며
심장 박동 안정, 동공이 작아지고 이완되는 등의 효과가 있는 것으로 증명되고 있다.

4 임종 후를 돕는 기술

4-1. 유언장 작성 및 관리 플랫폼
- 유언장을 쉽게 작성하고 관리할 수 있는 플랫폼이다
- 한국 사례) "엔딩 노트 앱"
  ● 장례식부터 장지까지 맞춤형 장례식을 계획할 수 있으며 전문가의 도움을 받아 절세를 감안한 상속 계획 수립, 유언장과 장기 기증, 유품 정리, 디지털 클린, 펫 신탁 등을 계획할 수 있다.

4-2. 온라인 추모

〈카카오톡 추모 프로필〉[18]   〈WEEAN 채비〉[19]

출처: 홈페이지

비대면으로 고인을 추모할 수 있는 공간을 제공하는 것으로 생전에 자신이 직접 만들 수도 있다.

- 한국 사례) 카카오톡 추모 프로필

● 고인의 이름 옆에 국화로 표시되며 직계가족이라는 증명을 거쳐 최대 10년까지 유지할 수 있으며 1:1 채팅방에서 메시지를 보낼 수도 있다.

- 한국 사례) WEEAN - 채비

● 메타버스형 온라인 장례식장과 메모리얼 파크를 생성할 수 있으며 메모리얼 파크에서는 인생 다큐, 가족 쪽지, 타임캡슐, 엔딩 노트 등을 관리 할 수 있다.

- 미국 사례) 게더링어스의 온라인 장례

● 줌을 활용해 고인의 묘지 안장을 실시간 온라인 중계로 지켜보며 화상 채팅을 통해 고인을 추억하는 온라인 형태의 장례이며 우리나라에도 계속 늘어나고 있다.

4-3. VR을 활용한 디지털 아카이빙 기술

: 세상을 떠난 고인의 음성, 모션 등을 기술로 구현하여 VR로 재회하도록 만들었다.

- 한국 사례) VR 휴먼다큐멘터리 - "너를 만났다"

2020년~2024년에 걸쳐 시즌 4까지 방영된 심리치유 다큐멘터리로 여러 가지 사연들로 사랑하는 사람을 하늘로 떠나보낸 사람들의 재회가 그려졌다.

첫 편은 무려 3,600만 회라는 경이적인 조회 수를 기록할 만큼 많은 관심을 나타냈다.

[그림 11-12] 다큐멘터리 - 너를 만났다[20]

5 　　　　웰다잉에 융합될 기술의 미래

　현재 웰다잉에 활용되기 시작한 기술은 AI, IoT, 로봇 등을 활용한 스마트 기술이다. 스마트 홈을 중심으로 내가 사는 곳에서 정주를 지원하는 기술과 간병을 돕는 로봇 기술은 더욱 발전할 것으로 전망되며 생명 연장을 위해 노화의 원인을 규명하고 노화를 늦추거나 되돌리는 기술, 인공장기를 개발하고 장기 이식을 고도화하는 기술은 새로운 기술로 추가될 것이다. 그러나 고가의 비용에 따른 사회적 불평등 심화, 또 다른 디지털 격차, VR 기술이 불러올 역효과, 불치병 또는 존엄사와 관련된 윤리적 문제 등은 적절한 사회적 합의를 거치면서 발전해 가야 할 것이다.

◆ 추천 영화: 바이올렛 에버가든(Violet Evergarden)

　"바이올렛 에버가든(Violet Evergarden)"이라는 애니메이션에 등장하는 주인공인 바이올렛은 전쟁용 로봇으로 만들어졌지만 전쟁 후 다른 사람의 편지를 적어 주는 수기로봇으로 등장한다. 이 이야기의 한 스토리인 "앤 매그노리아(An Magunoria)" 편을 보면 임종을 앞둔 어머니인 클라라가 주인공에게 편지를 의뢰하는 장면으로 시작한다. 어렴풋이나마 엄마의 임종을 느끼고 있던 딸은 바이올렛과 엄마가 함께 있는 시간에는 절대로 방해하지 말라는 말에 많은 서운함을 느낀다.

　그리고 엄마가 세상을 떠난 후 첫째 해인 8살에 엄마의 편지를 받게 된다. 그 후 이 편지는 매 해마다 보내져 사랑하는 사람을 만나고 결혼하여 딸을 낳고 50년의 긴 세월이 흘러도 하루도 늦지 않고 어김없이 보내진다.

　딸이 기쁘거나 힘들 때마다 늘 꺼내 보았던 편지- 위로와 감사와 희망과 사랑이 담겨있는 이 편지를 보며 딸은 그리움과 감사함에 눈물을 흘린다.

　이 애니메이션에서 죽음을 준비하는 과정, 딸과의 사회적 연결을 원했던 마음, 인생의 마지막까지 의미 있는 일을 하려는 모습, 자율성과 존엄을 지키려는 의지, 그리고 이를 통해 자신과 딸의 삶의 질까지 높이는 모습 등이 겹쳐 보였다.

　생각지도 못한 애니메이션에서 웰다잉을 위한 노력은 나를 위한, 그리고 가족과 나를 사랑하는 사람을 위한 일임을 배우게 된다.

참고문헌

1) 제이씨에프 테크놀로지 맥케어 (http://www.jcft.co.kr/en/sub/products/mckare_new.php)
2) RelieVRx 홈페이지 (https://www.relievrx.com/)
3) Quell 홈페이지(https://support.quellrelief.com/hc/en-us)
4) WIRobotics 홈페이지 (https://www.wirobotics.com/main)
5) 전기신문 (https://www.electimes.com/news/articleView.html?idxno=197377)

6) 김해시보 스마트타운 조성사업 (https://www.gimhae.go.kr/00001.web?amode=view&sno=811&cno=2
3057&syear=2021)

7) Fujisawa 스마트타운 홈페이지 (https://news.panasonic.com/global/stories/1025)

8) 필립스 Hue 홈페이지 (https://www.philips-hue.com/ko-kr)

9) 아르고스케어 홈페이지 (http://www.esct.co.kr/)

10) 메디엔비테크 홈페이지 (http://m.medienvitech.co.kr/)

11) 일본 시큐어링크 홈페이지 (https://securelink-inc.co.jp/)

12) 일본 사이버다인 홈페이지 (https://www.cyberdyne.jp/)

13) 케어포 홈페이지 (https://www.carefor.co.kr/)

14) 와이닷츠 홈페이지 (https://www.whydots.com/robot-pio)

15) 로보케어 홈페이지 (https://www.robocare.co.kr/main/)

16) 후생신보 기사 (https://www.whosaeng.com/136379)

17) 디지털타임즈 기사 (https://www.dt.co.kr/contents.html?article_no=2023032102101831650001)

18) 카카오톡 뉴스 (https://www.kakaocorp.com/page/detail/9873)

19) WEEAN 홈페이지 (https://chaebi.weean.co.kr/index.jnc)

20) MBC 인터넷페이지 (https://program.imbc.com/meetyou)

제12장

웰다잉의 마지막 고민: 존엄사법(의사조력사망법)

———

한수연

1 낯선 '죽음 이야기', 존엄사

병원에서 임종하는 환자가 많아지면서 중환자실의 환자와 가족은 연명의료를 결정해야 하는 상황에 놓이기 쉽지만, 환자 본인의 의사를 반영하여 연명의료를 결정하는 일은 매우 어렵다. 그 이유는 환자 대부분이 장기 부전 상태이거나 혹은 임종기 환자여서 본인의 의사를 표현할 수 없거나 혹은 전문 의료지식이 부족하여 의료진과 소통하는 일이 어렵기 때문이다. 한국에서 처음으로 환자의 존엄한 죽음을 논의하기 시작한 시점은 2008년 연세대학교 세브란스 병원의 '김할머니 사건'이었다. 이후 사회적으로 환자의 자기결정권이 중요하다는 합의가 이루어지기 시작하였으며, 헌법재판소에서도 권고안을 발표하게 되어 19대 국회는 2016년 『호스피스·완화의료 및 임종과정에 있는 환자의 연명의료결정에 관한 법률』(이후 연명의료결정법)을 제정하게 되었다. 하지만 제정 초기에는 이 법을 '소극적 안락사법'이라고 비난하였다.

21대 국회에서 안규백의원은 '조력존엄사'로 불리는 연명의료결정법 개정안을 발의하였으며(2022), '존엄사'에 대한 논쟁은 다시 뜨거워졌다.[1] 개정 발의안의 취지는 말기 환자도 연명의료를 결정할 수 있어야 하며, 연명의료는 물론 의사조력사망도 결정할 수 있어야 한다는 내용이었다. 발의안 제2조 10호에서는 '조력존엄사대상자'를 임종 환자가 아닌 말기 환자로, 11호에서는 '조력존엄사'를 담당 의사의 조력을 통해 환자 본인이 직접 삶을 종결하는 것으로 정의하였으며, 제20조 2호, 3호에서는 '조력존엄사심사위원회'를 신설하여 대상자를 심의하고 결정하도록 하였다.[2]

의료계와 학계, 종교계를 중심으로 존엄사에 대한 찬반 논쟁이 다시 거세졌으며 언론과 미디어는 존엄사보다는 '안락사', '의사조력자살', '죽음을 선택할 수 있는 권리' 등 자극적 용어를 사용하여 논쟁을 부추겼다. 일반인의 관심도 매우 높아 한국리서치(2022) 조사 결과, 응답자의 80% 이상은 존엄사법이 제정되어야 한다고 하였으며, 60대에서도 86%가 존엄사법을 찬성하였다.[3] 찬반 논쟁의 한 축을 대표하는 그룹은 대한의사협회,[4] 호스피스·완화의료학회,[5] 가톨릭 생명윤리연구소이며[6] 이들은 성명서를 통해 '의사조력존엄사'는 안락사이며 생명 존중 가치를 훼손할 수 있다고 주장하면서 강하게 반대하였다(본 장에서 인용되는 '의사조력존엄사', '조력자살', '의사조력자살' 등은 안락사와 비슷한 의미로 사용되고 있는 용어임). 또한 전문 의료인이나 학계, 시민단체의 의견도 대부분 대동소이하여 존엄사를 허용하기 전에 현행 연명의료결정법의 문제점을 개선하는 일이 우선되어야 한다고 주장하였다(생명의료윤리학회).[7] 하지만 무조건 반대하기보다는 오히려 찬·반 논쟁을 통해 환자가 제도적으로 본인의 죽음도 결정할 수 있어야 한다는 의견도 확인되었다(국회법제처).[8]

22대 국회에서 안규백 의원은 21대 국회에서 폐기된 연명의료결정법 개정안을 조력존엄사 법안으로 다시 발의하였다(2024). 법률 발의안 제1조, 법의 목적은 회복 가능성이 없는 환자가 죽음과 관련한 자기결정을 할 수 있도록 하여 인간으로서의 존엄과 가치를 보호하여야 한다고 정의하였다.[9] 새로운 법을 발의하면서 존엄사, 의사조력사망, 조력존엄사에 대한 논의가 다시 시작되었다. 그러므로 이 장에서는 비록 불편하고 낯선 주제이지만 존엄사법을 이해하기 위하여 존엄사법을 시행하고 있는 미국 오리건주의 『존엄사법』과 네덜란드의 『안락사법』을 소개하고자 한다. 구체적으로 '의사 조력의 범위'나 '의사의 설명의무와 환자의 조건'을 분석하여, 존엄사법에서의 '환자의 고민과 어려움'에 대한 이야기를 나누고자 한다.

p.s. 이 장은 '웰다잉 동향'(2023)에서 저자가 쓴 글을 재정리한 내용이다.

2   '의사 조력'의 범위

2-1. 소극적 의사 조력, 미국 오리건주 존엄사법

　오리건주는 1994년 1차 주민투표를 통해 미국에서 처음으로 『존엄사법(Death with Dignity Act)』을 제정하였지만, 1997년 2차 투표를 거치고 나서야 시행할 수 있었다. 하지만 연방정부의 기소로 존엄사법 폐기 위기도 있었지만, 2006년 대법원에서 승소하면서 법을 유지할 수 있었다. 시행 초기에는 존엄사와 안락사를 병행하여 사용하였으며[10] 1차 개정(2019)에서는 숙려기간 단축을, 2차 개정(2021)에서는 거주 규정에 대한 삭제를 가능하게 하여 타 주에서도 신청할 수 있게 되었다.[11]

　오리건주의 존엄사법에서는 의사 조력의 범위를 약을 처방하는 것으로 제한하고 있다. 법은 총 6장이며 제1장과 제2장은 환자의 조건 및 요청, 이행 절차에 관한 규정이다. 존엄사를 신청할 수 있는 환자의 조건은 18세 이상이어야 하며, 법에서 규정하는 환자 조건을 갖추어야 한다. 또한 환자는 두 차례 구두 요청과 서면 요청과 의사의 처방 약을 직접 먹는 이행 절차를 거쳐야 한다. 제3장은 의사의 역할과 의무에 관한 조항으로 의사는 환자의 조건을 확인하고, 이행 절차를 설명하여야 하며, 약물 처방 후 환자의 사망까지 모든 과정을 심의위원회에 보고하도록 규정하였다. 제4장, 제5장, 제6장에서는 의사의 형사처벌 면제 규정과 요청 양식을 규정하였다.[12]

　오리건주 심의위원회 20주년 보고서(2022)에 의하면 존엄사로 사망한 환자 수는 총 1,662명이며, 65세 이상(81%), 백인(95%), 대학졸업자(46%)였다. 사망자의 95%는 집에서 임종하였으며, 98%는 사망 시 호스피스 서비스를 받았다. 환자의 99%는 의료보험 소지자이며, 주요 사망원인 질

환으로는 암(75%), 신경성 질환(11.2%), 심장 및 호흡기성 질환(10%)이었다. [13]

미국은 오리건주를 포함한 9개 주와 워싱톤 D.C.가 존엄사법을 제정하였으며,[14] 몬타나주는 존엄사법을 제정하지 않았지만, 의사의 형사처벌을 면제하였다. 각 주의 존엄사법과 목적, 원칙, 이행 절차는 오리건주와 비슷하지만, 법률명은 조금씩 다르며, 〈표 12-1〉은 각 주의 법 이름과 제정 연도, 특이사항을 간략하게 소개하고 있다(주별 법의 특성을 이해하기 쉽게 법 이름에 영어명을 병기함).

〈표 12-1〉 미국 존엄사법 제정 현황

순서	주 이름	법 명(영어명)	제정 연도	기타
1	오리건	존엄사법 (Death with Dignity Act)	1994	-2회 투표 -2차 개정
2	워싱턴	환자의 생애말기 선택과 조정법 (Patient Choice and Control at End of Life Act)	2013	
3	버몬트	생애말기선택법(End of Life Options Act)	2015	
4	캘리포니아	생애말기선택법(End of Life Options Act)	2015	-개정
5	콜로라도	생애말기선택법(End of Life Options Act)	2016	-투표
6	워싱톤D.C.	존엄사법(Death with Dignity Act)	2017	
7	하와이	우리의 돌봄 우리의 선택법(Our Care Our Choice Act)	2018	-개정
8	뉴저지	말기의 의료조력 죽음에 관한 법 (Medical Aid in Dying for the Terminally Ill Act)	2019	
9	메인	존엄사법(Death with Dignity)	2019	
10	뉴멕시코	생애말기선택법(End of Life Options Act)	2021	

2-2. 의사가 적극적으로 조력을 제공하는 유럽과 네덜란드의 안락사법

네덜란드는 2001년 국민 투표를 통해 『요청에 의한 삶의 종결 및 조력자살법(Termination of Life on Request and Assisted Suicide Act)』을 제정하였으며,[15] 의사는 약을 처방하고 직접 개입하여 조력을 제공하도록 하였다. 의사협회에서도[16] 의사 조력의 범위를 환자에게 직접 약물을 주입하거나 약을 건네주고, 먹는 모습을 확인하는 행위로 정의하였다. 환자의 사망진단서에는 사망원인을 자연사로 표기할 수 있으며 의사도 형사처벌을 면제받을 수 있다. 법은 총 3장으로, 제1장과 제2장은 용어 정의, 안락사 이행 조건 및 절차에 관한 규정이며, 제3장은 심의위원회, 제3장 A는 법 적용의 범위를 네덜란드령 카리브로 확장한다는 내용이다.

네덜란드 안락사 심의위원회 20주년 보고서(2021)에 의하면 총 사망자의 수가 2012년(4,000명)에서 2021년(7,666명)으로 증가하였으며, 사망 장소는 집(6,224명), 호스피스 기관(511명)이라고 하였다. 사망 질환의 원인은 주요 질환 외에 치매(118명), 정신질환을 앓고 있는 환자(98명), 말기 노인성질환(307명) 등도 포함하고 있다. [17]

3 의사의 설명의무와
환자의 자기결정 조건

3-1. 의사의 설명의무

오리건주 존엄사법 제3장에서는 의사의 의무로 환자에게 병명과 병세, 대안 치료 방법 여부, 처방 약의 위험성 및 복용 후 예상되는 결과(죽음, 고통 가능성, 다시 깨어남 등)에 대한 설명과 호스피스, 생애말기돌봄, 완화의료를 권유하도록 규정하고 있다. 또한 의사는 환자에게 언제라도 결정을 중단하거나 철회할 수 있음을 공지하여야 하며 가족이나 친지, 지인에게 결정 내용을 공유할 것을 권유하도록 규정하였다.

네덜란드 안락사법 제2장에서도 의사는 6가지 의료행위로 우선 상담을 통해 환자의 결정이 자발적이며 숙고를 거쳤는지, 고통 조절 및 회복 가능성에 대하여 설명하였는지, 병명과 병세는 물론 안락사 이외의 대안 여부가 있는지 확인하도록 규정하였다. 또한 최소 1명 이상 다른 의사의 진료와 연계하고, 진료 결과를 공유하여야 하며, 직접 개입하여 안락사를 이행하거나 혹은 환자에게 복용 방법을 설명하도록 규정하였다.

3-2. 환자 조건의 엄격성

오리건주 존엄사법, 제1장에서는 환자의 조건을 18세 이상 성인으로 법원, 의사, 자문의, 정신과 의사, 심리학자로부터 의사결정능력이 있음을 확인받아야 한다고 규정하고 있다. 환자의 의사결정능력이란 의사와 자문의사의 진단을 통해 치매 등 인지기능 장애가 없으며, 약물을 인지하고 처방전에 따라 직접 약을 먹을 수 있으며, 의사 앞에서 신청서에 직접 서명할 수 있는 능력이다.

네덜란드 안락사법에서도 환자의 조건으로 연령과 의사결정 능력 보유 여부에 관하여 규정하고 있다. 우선 환자의 연령이 12~16세인 경우 부모나 가디언의 동의로, 16~18세인 경우 부모나 가디언과의 논의만으로 신청할 수 있다고 규정하였다. 또한 16세 이상인 환자가 자발적으로 의사결정을 할 수 없어도 의사결정이 가능했던 시점에 서면으로 본인의 의사를 밝히는 경우 신청이 가능하다. 의사도 치매로 의사를 표현하고 결정을 내릴 수 없는 환자인 경우 사전지시서가 있는지, 참을 수 없을 정도의 고통이 있는지, 안락사를 원하지 않는다는 명백한 의사가 있는지 확인하여야 하며, 이 분야 전문의의 자문을 받아 진행하여야 한다. 또한 정신질환을 앓고 있는 환자에게도 정신질환으로 인한 증상의 일부분인지, 고통을 줄일 수 있는 대안은 없는지 확인하고, 정신과 의사의 자문을 받아 신청 여부를 결정하도록 규정하고 있다.

4 　존엄사법 논의에서 우선되어야 하는 환자의 고민과 어려움

존엄사에 관한 우리의 관심은 환자의 고민과 어려움을 이해하는 것으로부터 시작되어야 한다. 환자가 왜 존엄사를 선택하였는지, 법으로 정한 환자 조건은 적합한지, 언제 결정하는 것이 가장 좋은지, 이행 절차를 거치면서 의사에게 요구할 수 있는 내용은 무엇인지, 어떤 종류의 의료보험이 필요한지, 처방 약을 받고 복용하는 장소는 어디로 정할지, 마지막 임종 시점에 함께 있어 달라고 부탁할 수 있는 사람이 있는지, 복용 과정에서 문제가 발생하면 어떻게 처리해야 할지에 관심을 가져야 한다. 그러므로 삶의 마지막 순간, 말기 환자가 힘들고 지친 기억으로 떠나지 않도록 다음과 같은 몇 가지 고민을 함께 나누고 싶다.

고민 1. 존엄사를 선택하면 모두 편안한 죽음을 보장받을 수 있는가!

존엄사를 선택한 환자에게 투약하는 처방 약은 편안한 죽음을 보장하는 유일한 도구로 환자의 반응에 민감한 약물 조합 연구와 개발이 우선되어야 한다. 오리건주는 안락사 처방 약은 독성이 강한 일반 약물이 아니라 의약품이어야 한다고 규정하였다. 하지만 평균적으로 환자가 약을 먹고 의식을 잃기까지 걸리는 시간은 약 5분, 사망에 이르기까지 걸리는 시간은 약 30분이지만 환자에 따라 104시간이 걸린 사례도 보고되었으며 약물 복용 후 다시 의식을 찾은 사례도 9건이나 되었다. 또한 환자가 직접 복용하도록 하고 있어서 약을 삼키기 어려운 환자, 복용 중에 토하여 실패한 환자도 있으며, 보고되지 않은 문제 사례도 약 50%나 되었다.

존엄사를 선택한 환자가 편안하게 임종하기 위하여 호스피스는 매우 중요한 서비스이다. 다행히 집에서 호스피스 서비스를 받으며 사망하는 환자 비율이 점차 증가하고 있으며, 네덜란드(95%), 미국 오리건주(98%), 캐나다(88%)로 매우 높았다.

고민 2. 존엄사를 선택하면 모두 의사의 도움을 받을 수 있는가!

최근 네덜란드에서 치매 노인의 안락사를 도운 의사는 오랜 법정 싸움 끝에 무죄판결을 받았지만 치매 질환을 앓고 있는 환자를 도우려는 의사는 많지 않다.[18] 실제로 의사뿐만 아니라 전문간호사, 심리전문가 등 생애말기코디네이터로 확대해야 한다는 의견도 있지만, 의료윤리적 문제를 쉽게 해결하지 못하고 있다. 지역적으로 의사가 부족한 미국의 하와이주와 캐나다는 전문간호사의 참여를 허용하고 있다.

법에서 규정하는 의사의 조력 범위에 따라 의료인의 도움 정도가 다르며 의사의 조력 범위가 넓을수록 환자에게 더 많은 도움을 줄 수 있다. 오리건주 존엄사법은 의사의 감독 없이도 환자가 직접 처방 약을 먹을 수 있도록 하여 마지막 순간에 누구와 함께하였는지 알 수 없는 사례가 40%나 되었다. 그러므로 의료인이 아닌 가족이나 자원봉사자 등 비의료인에게도 전문 교육이 필요하다.

고민 3. 존엄사를 선택하면 누구나 환자 조건이나 이행 절차에서 평등한가!

존엄사를 선택하는 환자의 80% 이상이 65세 이상이지만, 80세 이상 노인의 치매 진단 비율은 매우 높으며 인지기능이 저하된 노인은 의사결정 능력을 갖추어야하는 환자 조건을 충족할 수 없다. 네덜란드에서는 치매 노인의 문제점을 반영하여 의사소통이 어렵거나 스스로 의사결정을 내리지 못하는 70세 이상 노인은 사전지시서를 작성하여 가족이나 대리인이 대신 안락사를 요청할 수 있다는 법을 발의하였지만 노인 인권침해 우려로 폐기되었다.[19]

임종이 임박한 환자에게 숙려기간을 두는 절차도 비합리적이다. 환자의 구두 요청 후 이행까지 최소 1개월에서 길게는 3개월이 걸려, 임종이 임박한 환자는 처방 약을 받고도, 먹지 못하고 사망하기 쉽다. 오리건주의 경우 의사의 처방을 받은 환자 3,280명 중, 2,159명만이(66%) 약을 먹고 사망하였다. 다행히 2019년 개정으로 숙려기간을 단축하게 되어 환자의 구두 요청과 서면 요청 사이 15일 숙려기간, 서면 요청 후 약 처방까지의 48시간으로 단축되었다. 하와이 주도 20일에서 15일로 숙려기간을 단축하였으며, 임종이 임박한 환자에게는 의사의 재량으로 숙려기간을 조정할 수 있도록 하였다. 캘리포니아주도(2022) 숙려기간을 15일에서 48시간으로 줄였으며, 모든 의료기관 홈페이지에 병원의 존엄사 정책을 게시하도록 하였다.

◆ 추천 책: 집에서 혼자 죽기를 권하다

이웃 일본에서는 안락사, 존엄사에 대한 새로운 논의가 시작되었다. 이 책의 저자인 우에노 지즈코씨는 토쿄 대학교 사회학 교수로 재직하였으며, 은퇴 후, Women's Action Network(WAN, 비영리법인)를 설립하고 활동하고 있다. WAN의 중요한 캠페인은 '건강하게 살다 가장 편안하게 죽는 법'을 알리고 만들어 가는 일이다. 이 책은 그녀의 '싱글의 노후' 시리즈 종결판으로 집에서 혼자 죽는 것을 '고독사'라 말하며 공포를 조장하는 미디어에 대항하여 어떻게 죽는 것이 가장 행복하고 평화로운지에 대한 새로운 화두를 던지고 있다.

그녀는 제2장, '자녀가 없는 노후는 정말로 비참한가?'에서 나이 들수록 혼자 지내는 사람이 편안하다면, 왜 왕래가 적었던 가족들이 죽을 때가 되어서 모두 모여야 할까라고 질문하였다. 또한 노인은 혼자 죽지 못하고 위급한 상태가 되면 반드시 119를 불러야 하는지 질문하였다. 그녀는 일본에서 1976년 '재택사'와 병원사의 통계가 역전되기 시작하였지만, 아직도 죽음이 다가온 고령자의 임종 순간 119를 부르며, 심지어 사망한 후에도 119를 부르는 게 상식이라고 하였다. 노인이 무엇을 선호하는지와 상관없이 일단 119를 부르면 연명 치료나 심폐소생술로 연결되고, 자동적으로 병원에서 사망하게 된다는 사실에도 불구하고… 하지만 그녀는 현재 일본에서 증가하는 죽음의 '탈병원화' 현상은 이미 '병원화'가 한 바퀴 돌고 난 후의 새로운 의미의 '재택사'이며, 정부와 지역에서 의료와 간병 자원을 충실하게 준비한 결과라고 하면서 다시 병원화로 돌아가기는 어렵다고 하였다.

또한 제4장, '중요한 것은 살아 있을 때 고립되지 않는 것이다.' 에서 그녀는 "혼자서 죽는 게 뭐가 나쁘죠?"라고 질문한다. 그녀는 혼자 살던 노인이 혼자서 사망하는 것은 '고독사'가 아니라 '재택사'라고 명명하면서, 사후에 빨리 발견할 수 있는 고독사 정책을 비판하였다. 혼자 사망하는 노인에게 진짜 중요한 정책은 생전에 고립되지 않고 살아갈 수 있도록 사회서비스를 구축하는 것이 중요하다고 하였다.

마지막 제8장, '집에서 혼자 죽을 수 있습니까?'라는 질문에 그녀는 간병 보험의 사회화가 이루어져야 가능하다고 하였다. 일본은 더이상 '가족간병제'로 돌아갈 수 없는 상황이므로 노인이 집에서 혼자 죽을 수 있으려면 정부는 간병보험 제도를 건강보험 제도의 전철을 밟게 해서는 안 된다고 문제점을 제기하였으며, 서비스의 질을 유지하기 위하여 간병 보수를 삭감해서도 안 된다고 강하게 주장하였다. 그녀는 노인, 가족, 정부의 협업이 무엇보다 중요하며, 특히 노인의 강한 문제 인식과 노력이 필요하다고 하였다.

참고문헌

1) 안규백의원 대표발의 일부개정법률안, http://likms.assembly.go.kr/bill/billDetail.do?billId=PRC_D2T2G0V5I2T6C1U1L3E1I2D8W5Y4Z2&ageFrom=21&ageTo=21

2) 안규백의원, 조력존엄사 토론회, https://www.medifonews.com/mobile/article.html?no=169460

3) 한국리서치 주간리포트(제188-2호), 품위있는 죽음을 선택할 권리, 존엄사 입법화 및 지원에 대한 국민여론, https://hrcopinion.co.kr/wp-content/uploads/2022/07/188-2

4) 대한의사협회, http://www.newsthevoice.com/news/articleView.html?idxno=27846

5) 한국호스피스완화의료학회, 존엄한 죽음을 위해서는 질 높은 생애말기돌봄이 선행되어야한다. https://www.hospicecare.or.kr/board/list.html?code=conference&num=1114

6) 가톨릭 생명윤리연구소, 의사조력존엄사 법안에 관한 한국천주교주교회의 생명윤리위원회 성명서, https://www.cdcj.or.kr/helper/lesson/723

7) 허대석, 조력존엄사는 현대판 고려장, https://www.medigatenews.com/news/3017168916

8) 국회입법조사처 보도자료, '조력존엄사' 논의의 쟁점과 과제, https://www.assembly.go.kr/portal/prevew/docsPreview/previewDocs.do?atchFileId=7866e57685ce40c29934da339e703b0f&fileSn=3&viewType=CONTBODY

9) 안규백 의원 대표발의 법률안

10) A year of dignified death, US%20act/Oregon_DWDA/one%20year%20after%20Act.pdf

11) 오리건주 안락사법, https://www.compassionandchoices.org/in-your-state/oregon

12) 오리건주 안락사법, http://www.US%20act/Oregon_DWDA/Oregon%20death%20w%20dignity%20act.pdf

13) 2021 Oregon Death with Dignity Act, Data Summary https://www.oregon.gov/oha/PH/PROVIDERPARTNERRESOURCES/EVALUATIONRESEARCH/DEATHWITHDIGNITYACT/Documents/year24.pdf

14) Death with Dignity, In your States, https://deathwithdignity.org/

15) 네덜란드 안락사법, Netherlands, Termination of Life on Request & Assisted Suicide Act, https://www.euthanasiecommissie.nl/

16) Euthanasia code 2018 | Regional Euthanasia Review Committees (euthanasiecommissie.nl)

17) FCEE Report Euthanasie 2022, https://overlegorganen.gezondheid.belgie.be/nl/documenten/fcee-verslag-euthanasie-2022

18) Asscher & Vathorst(2022) First prosecution of a Dutch doctor since the Euthanasia Act of 2002, https://jme.bmj.com/content/46/2/71

19) T. J. Holzman The final act, https://bioethicalinquiry.com/the-final-act-an-ethical-analysis-of-pia-dijkstras-euthanasia-for-a-completed-life/

■ 의료법 시행규칙 [별지 제6호서식] <개정 2021. 6. 30.>

사망진단서(시체검안서)

※ [　]에는 해당되는 곳에 "✔"표시를 합니다.

등록번호		연번호		원본 대조필인	
① 성　　　명				② 성 별	[　]남[　]여
③ 주민등록번호	－	④ 실제생년월일	년　월　일	⑤ 직업	
⑥ 주　　　소					
⑦ 발 병 일 시	년　월　일　시　분(24시간제에 따름)				
⑧ 사 망 일 시	년　월　일　시　분(24시간제에 따름)				

⑨ 사 망 장 소	주소	
	장소	[　] 주택　　　　　[　]의료기관　　　　[　] 사회복지시설(양로원, 보육원 등) [　] 공공시설(학교, 운동장 등)　　　[　] 도로 [　] 상업·서비스시설(상점, 호텔 등)　　[　] 산업장 [　] 농장(논밭, 축사, 양식장 등)　　　[　] 병원 이송 중 사망　[　] 기타(　　　　)

⑩ 사망의 원인	(가)	직접 사인		발병부터 사망까지의 기간	
※ (나)(다)(라)에는 (가)와 직접 의학적 인과관계가 명확한 것만을 적습니다.	(나)	(가)의 원인			
	(다)	(나)의 원인			
	(라)	(다)의 원인			
		(가)부터 (라)까지와 관계없는 그 밖의 신체상황			
		수술의사의 주요소견		수술 연월일	년　월　일
		해부의사의 주요소견			

⑪ 사망의 종류	[　] 병사　　　　[　] 외인사　　　[　] 기타 및 불상			

⑫ 외인사 사항	사고 종류	[　] 운수(교통) [　] 중독 [　] 추락 [　] 익사　　　[　] 화재 [　] 기타(　　　)	의도성 여부	[　] 비의도적 사고　[　] 자살 [　] 타살　　　　　[　] 미상
	사고발생 일시	년　월　일　시　분(24시간제에 따름)		
	사고발생 장소	주소		
		장소	[　] 주택　　　　[　]의료기관　　　　[　] 사회복지시설(양로원, 보육원 등) [　] 공공시설(학교, 운동장 등)　　[　] 도로 [　] 상업·서비스시설(상점, 호텔 등)　[　] 산업장 [　] 농장(논밭, 축사, 양식장 등)　　[　] 기타(　　　　)	

「의료법」 제17조 및 같은 법 시행규칙 제10조에 따라 위와 같이 진단(검안)합니다.

년　월　일

의료기관 명칭 :
　　　주소 :

의사, 치과의사, 한의사 면허번호 제　　　호

성 명 :　　　　　　　　(서명 또는 인)

유 의 사 항

사망신고는 1개월 이내에 관할 구청·시청 또는 읍·면·동사무소에 신고하여야 하며, 지연 신고 및 미신고 시 과태료가 부과됩니다.

210㎜×297㎜[백상지 80g/㎡(재활용품)]

출처: 법제처 국가법령정보센터, https://www.law.go.kr/lsBylSc.do?menuId=9&subMenuId=55&tabMenuId=261&eventGubun=060118#AJAX

출처: 綾瀬市(아야세 시), https://www.city.ayase.kanagawa.jp/material/files/group/19/shibou.pdf

부록 1 **사망진단서(미국)**

U.S. STANDARD CERTIFICATE OF DEATH

LOCAL FILE NO.   STATE FILE NO.

1. DECEDENT'S LEGAL NAME (Include AKA's if any) (First, Middle, Last) | 2. SEX | 3. SOCIAL SECURITY NUMBER

4a. AGE–Last Birthday (Years) | 4b. UNDER 1 YEAR (Months / Days) | 4c. UNDER 1 DAY (Hours / Minutes) | 5. DATE OF BIRTH (Mo/Day/Yr) | 6. BIRTHPLACE (City and State or Foreign Country)

7a. RESIDENCE-STATE | 7b. COUNTY | 7c. CITY OR TOWN

7d. STREET AND NUMBER | 7e. APT. NO. | 7f. ZIP CODE | 7g. INSIDE CITY LIMITS? □ Yes □ No

8. EVER IN US ARMED FORCES? □ Yes □ No | 9. MARITAL STATUS AT TIME OF DEATH □ Married □ Married, but separated □ Widowed □ Divorced □ Never Married □ Unknown | 10. SURVIVING SPOUSE'S NAME (If wife, give name prior to first marriage)

11. FATHER'S NAME (First, Middle, Last) | 12. MOTHER'S NAME PRIOR TO FIRST MARRIAGE (First, Middle, Last)

13a. INFORMANT'S NAME | 13b. RELATIONSHIP TO DECEDENT | 13c. MAILING ADDRESS (Street and Number, City, State, Zip Code)

14. PLACE OF DEATH (Check only one: see instructions)
IF DEATH OCCURRED IN A HOSPITAL: □ Inpatient □ Emergency Room/Outpatient □ Dead on Arrival
IF DEATH OCCURRED SOMEWHERE OTHER THAN A HOSPITAL: □ Hospice facility □ Nursing home/Long term care facility □ Decedent's home □ Other (Specify):

15. FACILITY NAME (If not institution, give street & number) | 16. CITY OR TOWN, STATE, AND ZIP CODE | 17. COUNTY OF DEATH

18. METHOD OF DISPOSITION: □ Burial □ Cremation □ Donation □ Entombment □ Removal from State □ Other (Specify): | 19. PLACE OF DISPOSITION (Name of cemetery, crematory, other place)

20. LOCATION-CITY, TOWN, AND STATE | 21. NAME AND COMPLETE ADDRESS OF FUNERAL FACILITY

22. SIGNATURE OF FUNERAL SERVICE LICENSEE OR OTHER AGENT | 23. LICENSE NUMBER (Of Licensee)

ITEMS 24-28 MUST BE COMPLETED BY PERSON WHO PRONOUNCES OR CERTIFIES DEATH | 24. DATE PRONOUNCED DEAD (Mo/Day/Yr) | 25. TIME PRONOUNCED DEAD

26. SIGNATURE OF PERSON PRONOUNCING DEATH (Only when applicable) | 27. LICENSE NUMBER | 28. DATE SIGNED (Mo/Day/Yr)

29. ACTUAL OR PRESUMED DATE OF DEATH (Mo/Day/Yr) (Spell Month) | 30. ACTUAL OR PRESUMED TIME OF DEATH | 31. WAS MEDICAL EXAMINER OR CORONER CONTACTED? □ Yes □ No

CAUSE OF DEATH (See instructions and examples) | Approximate Interval: Onset to death

32. PART I. Enter the chain of events—diseases, injuries, or complications—that directly caused the death. DO NOT enter terminal events such as cardiac arrest, respiratory arrest, or ventricular fibrillation without showing the etiology. DO NOT ABBREVIATE. Enter only one cause on a line. Add additional lines if necessary.

IMMEDIATE CAUSE (Final disease or condition resulting in death) → a. _____ Due to (or as a consequence of):

Sequentially list conditions, if any, leading to the cause listed on line a. Enter the UNDERLYING CAUSE (disease or injury that initiated the events resulting in death) LAST
b. _____ Due to (or as a consequence of):
c. _____ Due to (or as a consequence of):
d. _____

PART II. Enter other significant conditions contributing to death but not resulting in the underlying cause given in PART I | 33. WAS AN AUTOPSY PERFORMED? □ Yes □ No | 34. WERE AUTOPSY FINDINGS AVAILABLE TO COMPLETE THE CAUSE OF DEATH? □ Yes □ No

35. DID TOBACCO USE CONTRIBUTE TO DEATH? □ Yes □ Probably □ No □ Unknown | 36. IF FEMALE: □ Not pregnant within past year □ Pregnant at time of death □ Not pregnant, but pregnant within 42 days of death □ Not pregnant, but pregnant 43 days to 1 year before death □ Unknown if pregnant within the past year | 37. MANNER OF DEATH □ Natural □ Homicide □ Accident □ Pending Investigation □ Suicide □ Could not be determined

38. DATE OF INJURY (Mo/Day/Yr) (Spell Month) | 39. TIME OF INJURY | 40. PLACE OF INJURY (e.g., Decedent's home; construction site; restaurant; wooded area) | 41. INJURY AT WORK? □ Yes □ No

42. LOCATION OF INJURY: State: City or Town:
Street & Number: Apartment No.:   Zip Code:

43. DESCRIBE HOW INJURY OCCURRED: | 44. IF TRANSPORTATION INJURY, SPECIFY: □ Driver/Operator □ Passenger □ Pedestrian □ Other (Specify)

45. CERTIFIER (Check only one):
□ Certifying physician-To the best of my knowledge, death occurred due to the cause(s) and manner stated.
□ Pronouncing & Certifying physician-To the best of my knowledge, death occurred at the time, date, and place, and due to the cause(s) and manner stated.
□ Medical Examiner/Coroner-On the basis of examination, and/or investigation, in my opinion, death occurred at the time, date, and place, and due to the cause(s) and manner stated.
Signature of certifier: _____

46. NAME, ADDRESS, AND ZIP CODE OF PERSON COMPLETING CAUSE OF DEATH (Item 32)

47. TITLE OF CERTIFIER | 48. LICENSE NUMBER | 49. DATE CERTIFIED (Mo/Day/Yr) | 50. FOR REGISTRAR ONLY- DATE FILED (Mo/Day/Yr)

51. DECEDENT'S EDUCATION-Check the box that best describes the highest degree or level of school completed at the time of death.
□ 8th grade or less
□ 9th - 12th grade; no diploma
□ High school graduate or GED completed
□ Some college credit, but no degree
□ Associate degree (e.g., AA, AS)
□ Bachelor's degree (e.g., BA, AB, BS)
□ Master's degree (e.g., MA, MS, MEng, MEd, MSW, MBA)
□ Doctorate (e.g., PhD, EdD) or Professional degree (e.g., MD, DDS, DVM, LLB, JD)

52. DECEDENT OF HISPANIC ORIGIN? Check the box that best describes whether the decedent is Spanish/Hispanic/Latino. Check the "No" box if decedent is not Spanish/Hispanic/Latino.
□ No, not Spanish/Hispanic/Latino
□ Yes, Mexican, Mexican American, Chicano
□ Yes, Puerto Rican
□ Yes, Cuban
□ Yes, other Spanish/Hispanic/Latino (Specify) _____

53. DECEDENT'S RACE (Check one or more races to indicate what the decedent considered himself or herself to be)
□ White
□ Black or African American
□ American Indian or Alaska Native (Name of the enrolled or principal tribe) _____
□ Asian Indian
□ Chinese
□ Filipino
□ Japanese
□ Korean
□ Vietnamese
□ Other Asian (Specify) _____
□ Native Hawaiian
□ Guamanian or Chamorro
□ Samoan
□ Other Pacific Islander (Specify) _____
□ Other (Specify) _____

54. DECEDENT'S USUAL OCCUPATION (Indicate type of work done during most of working life. DO NOT USE RETIRED).

55. KIND OF BUSINESS/INDUSTRY

REV. 11/2003

(왼쪽 세로 표기) NAME OF DECEDENT — For use by physician or institution / To Be Completed/ Verified By: FUNERAL DIRECTOR / To Be Completed By: MEDICAL CERTIFIER / To Be Completed By: FUNERAL DIRECTOR

출처: researchgate(리서치게이트), https://www.researchgate.net/profile/Kurt-Reed/publication/280117336/figure/fig4/AS:668517850423305@1536398484465/US-Standard-Certificate-of-Death.ppm

삶의 의미를 찾고 **아름다운 마무리**를 준비하는 여정

사전돌봄계획
작성을 위한 안내서

Guidebook for Advance Care Planning

국립암센터
NATIONAL CANCER CENTER

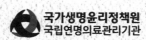

국가생명윤리정책원
국립연명의료관리기관

01 나는 누구인가요?

이 름	
생년월일	
사는 곳	

• 나의 건강 상태는 어떠한가요?

진단명	
진단받은 시기	년 월
병기(혹은 진행 상태)	
치료받은 내용	☐ 수술 ☐ 항암(약물)치료 ☐ 방사선치료 ☐ 완화의료 ☐ 기타(_____)
앞으로의 치료 예정	

• 내 곁에는 누가 있나요?

함께 사는 가족	
치료 시 보호자	

• 나를 설명할 수 있는 다른 말은 무엇인가요? (별명, 직업 등)

06 삶의 의미를 찾고 아름다운 마무리를 준비하는 여정

02 내 삶의 의미는 무엇일까요?

• **인생을 돌아보며, 나에게 영향을 준 좋은 사람, 긍정적인 사건은 무엇인가요? 나는 무엇을 느꼈나요?**

아래의 표에 자유롭게 그 내용을 적어보세요.

시간	중요한 사람	중요한 사건	느낀 점
어린 시절			
10대			
20대			
30대			

- **내 인생에서 감사하게 생각하는 것은 무엇인가요?**

> **TIP** 나 스스로에게, 다른 누군가(가족/친구/동료)에게,
> 또는 다른 무언가에게 고마움을 느끼는 것이 있다면 자유롭게 적어주세요.

- **사람들이 나에게 고마워하는 것은 무엇인가요?**

- **살면서 내린 결정 중, 가장 잘했다고 생각하는 것은 무엇인가요?**

08 삶의 의미를 찾고 아름다운 마무리를 준비하는 여정

- **일상에서 나에게 의미를 주는 것들을 떠올려 보세요.
무엇이 지금 나의 하루하루를 의미 있게 만드나요?**

아래의 내용 중 해당하는 것이 있다면 ☑칸에 체크 후 그 내용을 적어보세요.

■ **사람들과의 관계 속 의미 있는 것**

☐ 사랑하는 사람들(친구들)과의 만남 : _____

☐ 사랑하는 사람들과의 활동 : _____

☐ 누군가를 보살피는 것 : _____

☐ 기타 : _____

■ **나의 일상 속 의미를 주는 것**

☐ 취미 생활 : _____   ☐ 잘하는 것 : _____

☐ 좋아하는 음식 : _____   ☐ 좋아하는 장소 : _____

☐ 기타 : _____

■ **신앙/영성과 관련한 삶의 의미**

☐ 기도 내용 : _____

☐ 종교 활동(예배, 미사 등) : _____

☐ 혼자만의 명상 시간 : _____

☐ 누군가를 돕는 것 : _____

☐ 기타 : _____

■ **이 외에 나의 하루를 의미 있게 만들어주는 것은 무엇인가요?**

✖ **위에서 작성한 것들 중에서 어떤 것이 나에게 가장 의미 있나요?
그 이유는 무엇인가요?**

- **'의미 있는 삶'을 위해 내가 중요하게 생각하는 것은 무엇인가요?**

  아래의 내용 중 해당하는 것이 있다면 ☑칸에 체크 후 그 내용을 적어보세요.

  ■ **신체적 조건**

  ☐ 혼자 걷고 움직일 수 있는 것

  ☐ 스스로 먹고 목욕하고 옷을 입을 수 있는 것

  ☐ 사람들과 대화를 하고 가까이 지낼 수 있는 것

  ☐ 기타 : _____

  ■ **정신적 조건**

  ☐ 스스로 의사결정 할 수 있는 것

  ☐ 사람들과 대화하고 그 내용을 이해할 수 있는 것

  ☐ 내가 누구인지, 어디에 있는지를 인식할 수 있는 것

  ☐ 기타 : _____

  ■ **정서적 조건**

  ☐ 사회에 기여할 수 있는 것

  ☐ 의미 있는 삶을 살아가는 것

  ☐ 다른 사람들의 사랑과 관심을 받는 것

  ☐ 기타 : _____

  ■ **이 외에 '의미 있는 삶'을 위해 중요하게 생각하는 것은 무엇인가요?**

  ✖ **위에서 작성한 것들 중에서 어떤 것이 나에게 가장 중요한가요? 그 이유는 무엇인가요?**

10 삶의 의미를 찾고 아름다운 마무리를 준비하는 여정

- **중요한 결정을 해야 할 때, 누가/무엇이 나를 도와주나요?**

아래의 내용 중 해당하는 것이 있다면 ☑칸에 체크 후 그 내용을 적어보세요.

- **주변의 사람들**

  ☐ 가족 : _____

  ☐ 친구들 : _____

  ☐ 동료 : _____

  ☐ 기타(사랑하는 누군가) : _____

- **내가 힘을 얻는 나만의 활동**

  ☐ 즐기는 활동(_____)을 하는 것

  ☐ 좋아하는 모임(_____)에 참여하는 것

  ☐ 혼자 조용히 시간을 보내는 것

  ☐ 기타 : _____

- **신앙/영적인 도움**

  ☐ 종교 활동(_____)에 참여하는 것

  ☐ 내면의 평화를 위한 명상

  ☐ 누군가(_____)가 나를 위해 해주는 기도

  ☐ 기타 : _____

- **이 외에 나를 돕는 것은 무엇인가요?**

- ✱ **위에서 작성한 것들 중에서 누가/무엇이 나를 가장 도와주나요?**
  그 이유는 무엇인가요?

- ## 앞으로 내가 해야 하거나, 하고 싶은 일은 무엇인가요?

  아래의 내용 중 해당하는 것이 있다면 ☑칸에 체크 후 그 내용을 적어보세요.

  - **사람들과의 관계 속에서 원하는 것**
    - ☐ 사랑하는 사람들과의 활동 : _____
    - ☐ 누군가를 보살피는(돕는) 것 : _____
    - ☐ 누군가를 용서하는 것 : _____
    - ☐ 기타 : _____

  - **나의 일상 속에서 원하는 것**
    - ☐ 해보고 싶은 것 : _____
    - ☐ 잘하고 싶은 것 : _____
    - ☐ 가고 싶은 장소 : _____
    - ☐ 먹고 싶은 음식 : _____
    - ☐ 기타 : _____

  - **신앙 생활/영적인 활동**
    - ☐ 종교를 가지는 것
    - ☐ 종교 활동(예배, 미사 등) : _____
    - ☐ 앞으로의 기도 제목 : _____
    - ☐ 기타 : _____

  - **이 외에 나에게 남아있는 과업은 무엇인가요?**
    - ☐ 이루고 싶은 꿈 : _____
    - ☐ 법적/제도적인 것 : _____
    - ☐ 기타 : _____

> **지금까지 내 삶의 의미와 원하는 것을 생각해 보았습니다.**
> **이제는, 만약 내가 더 이상 위와 같은 것들을 할 수 없게 된다면**
> **어떻게 돌봄을 받고 싶은지 고민해보아야 합니다.**

12 삶의 의미를 찾고 아름다운 마무리를 준비하는 여정

03 나는 어떻게 돌봄 받기를 원하나요?

- **치료에 대한 나의 가장 큰 두려움과 걱정은 무엇인가요?**

  ☐ 통증이나 치료와 관련한 부작용

  ☐ 나를 돌봐주는 사람이 없는 것

  ☐ 가족에게 걱정을 끼치는 것

  ☐ 치료, 생활에 대한 재정적인 부담

  ☐ 내가 스스로 움직일 수 없게 되는 것

  ☐ 내가 원하는 것을 자유롭게 할 수 없는 것

  ☐ 기타 : _____

- **가까운 사람(가족, 친구, 동료 등)의 죽음과 관련한 경험을 한 적이 있나요? 그 경험에서 무엇을 느꼈나요?**

  > **TIP** 개인적인 경험이 없어도 괜찮습니다.
  > 간접적인 경험(뉴스나 신문 기사, TV 프로그램, 책)에서 느낀 것이 있다면
  > 자유롭게 적어주세요.

- ## 아래와 같은 상황을 상상했을 때, 나의 생각은 어떠한가요? 옳고 그른 답은 없으며, 마음이 바뀌면 언제든 다시 할 수 있습니다.

  - ■ 만약 나의 상태가 아주 위중해져서 말을 할 수도, 걸을 수도, **스스로 의사결정을 내릴 수 없게 된다면...**

나의 가족 / 의료진이 생각했을 때 가장 좋다고 생각하는 대로 결정해주면 좋겠다.		⬅ ➡		나의 가족 / 의료진은 나를 대신해서 어떤 결정을 내리기 전에, 내가 무엇을 원하는지 생각해 주어야 한다.
매우 그렇다	그렇다	모르겠다	그렇다	매우 그렇다

  - ■ 만약 의료진이 내가 회복할 가능성이 낮다고 판단하게 된다면...

가능한 오래 살고 싶다. 회복 가능성이 낮더라도 모든 치료를 계속 하고싶다.		⬅ ➡		때가 되면 평화롭고 자연스럽게 가고 싶다. 생존을 위한 기계적인 치료는 하고 싶지 않다.
매우 그렇다	그렇다	모르겠다	그렇다	매우 그렇다

  - ■ 내가 스스로 할 수 있는 일상적인 활동(목욕, 식사, 움직임 등)은...

그다지 중요하지 않다. 내가 더 오래 살 수 있다면 나는 다른 사람들에게 의존하는 것도 괜찮다.		⬅ ➡		아주 중요하다. 짧은 생을 살더라도 나는 독립적으로 살고 싶다.
매우 그렇다	그렇다	모르겠다	그렇다	매우 그렇다

  ✖ **위와 같이 생각한 이유는 무엇인가요?**

  14 삶의 의미를 찾고 아름다운 마무리를 준비하는 여정

- **혹시 내가 많이 아프게 된다면, 또는 임종을 맞이하게 된다면 곁에 두고 싶은 사람이나 물건은 무엇인가요?**

  아래의 내용 중 해당하는 것이 있다면 ☑칸에 체크 후 그 내용을 적어보세요.

  ■ **나에게 소중한 사람**

  ☐ 가족 : _____

  ☐ 친구 : _____

  ☐ 애완동물 : _____

  ☐ 기타 : _____

  ■ **내가 좋아하는 것**

  ☐ 음식 : _____

  ☐ 책 : _____

  ☐ 음악 : _____

  ☐ 기타 : _____

  ■ **내가 지내는 환경**

  ☐ 방(병실) : _____

  ☐ 집 : _____

  ☐ 필요한 물건 : _____

  ☐ 기타 : _____

  ■ **이 외에 곁에 두고 싶은 것은 무엇인가요? 이것들은 나에게 왜 중요한가요?**

01 누구와 대화할 수 있을까요?

- **아래와 같은 질문에 대한 나의 생각은 어떠한가요?
  옳고 그른 답은 없으며, 마음이 바뀌면 언제든 다시 할 수 있습니다.**

■ 내 주변의 사랑하는 사람들(가족, 친구 등)은 내 치료, 건강 상태에 대해
  얼마나 알고 있는 것이 좋을까요?

나 혼자만 알고 싶다. 나는 사람들이 내 상태를 최대한 몰랐으면 좋겠다.	⬅➡	사람들이 내 치료와 돌봄에 관여할 수 있도록 모든 것을 알았으면 좋겠다.

매우 그렇다	그렇다	모르겠다	그렇다	매우 그렇다

■ 만약 내가 너무 아프고, 임종이 가까워진다면...

혼자 있는 것이 좋다.	⬅➡	사랑하는 사람들에게 둘러싸여 함께 있고 싶다.

매우 그렇다	그렇다	모르겠다	그렇다	매우 그렇다

✱ **위와 같이 생각한 이유는 무엇인가요?**

18 삶의 의미를 찾고 아름다운 마무리를 준비하는 여정

- ## 나는 돌봄에 대한 희망 사항을 누구와 나누고 싶은가요? 내가 많이 힘들 때, 나를 대신해서 내 생각을 말해줄 수 있는 믿을만한 사람은 누구일까요?

아래의 내용 중 해당하는 사람이 있다면 ☑칸에 체크 후 그 이름을 적어보세요.

> **TIP** 아래에서 선택한 사람은 나의 희망과 계획을 잘 알고 있는 사람이면 좋습니다.

☐ 배우자 : _____

☐ 자녀 : _____

☐ 부모 : _____

☐ 돌봄제공자(간병인) : _____

☐ 의료진 : _____

☐ 종교 지도자 : _____

☐ 친구 : _____

☐ 동료 : _____

☐ 기타 : _____

✱ 위에서 선택한 사람에게 내가 보내고 싶은 메시지는 무엇인가요?

O2 어떻게 말해야 할까요?

"사람들에게 어떻게 나의 돌봄에 대한 희망과 계획을 말해줄 수 있을까요?
이런 대화가 혹시나 사람들을 부담스럽게 하지는 않을까요?"

> **TIP** 대화의 시작이 어렵게 느껴진다면, 아래의 내용을 참고하여
> 어떻게 말할 수 있을지 계획을 세워보는 것이 좋습니다!

편안한 대화의 환경을 준비하세요.

사전돌봄계획과 관련한 대화는 언제든, 어디에서든 할 수 있지만, **상대방이 편안한 환경에서 대화를 시작**한다면 더욱 자연스럽게 받아들일 수 있습니다.

친숙한 주제부터 시작하세요.

과거의 경험, 상대방과의 만남 등의 과정에서 **내가 보거나 느낀 것을 공유하는 것에서부터 대화를 시작**한다면 서로 편안할 것입니다.
예를 들어, 가족 · 친구 · 동료 등 주변인과의 사별 경험, 나의 치료 경험, TV · 뉴스 · 책 등에서 보았던 것, 종교적인 가르침이나 신앙 등의 주제로 이야기를 시작해 보세요.

천천히 마음을 열어주세요.

앞으로의 돌봄 계획을 말하는 것은 의도치 않게 상대방에게 걱정을 끼치거나, 상대방이 나의 생각에 동의하지 않을지도 모른다는 생각 때문에 어려울 수 있습니다.
하지만 중요한 건, **이러한 대화를 조금이라도 더 일찍 시작하는 것**입니다.
인내심을 가지고 나와 상대방 모두가 대화를 받아들일 수 있는 시간을 충분히 가지세요.

01 '연명의료'에 대한 결정이 필요합니다.

• **'연명의료'는 무엇인가요?**

연명의료란, 임종과정에 있는 환자에게 ① 심폐소생술, ② 혈액투석, ③ 항암제 투여, ④ 인공호흡기 착용, ⑤ 체외생명유지술(ECLS), ⑥ 수혈, ⑦ 혈압상승제 투여 및 그 밖에 담당의사가 환자의 최선의 이익을 보장하기 위해 시행하지 않거나 중단할 필요가 있다고 의학적으로 판단하는 시술로서 치료 효과 없이 임종과정의 기간만을 연장하는 것을 의미합니다.
(연명의료결정법 제2조4항)

• **연명의료를 원치 않는다면 언제, 어떻게 중단할 수 있나요?**

임종과정에 대한 의학적 판단	환자 또는 가족의 결정 확인	연명의료의 유보 또는 중단
담당 의사+전문의 1인은 해당 환자가 '의학적으로 회생 가능성이 없고, 치료에도 회복이 불가하며, 급속도로 악화되어 사망에 임박한 상태'인지를 판단	**사전연명의료의향서** 확인되지 않으면 **연명의료계획서** 확인되지 않으면 **환자가족 2인 이상의 동일한 진술** 확인되지 않으면 **환자가족 전원 합의**	

02 '호스피스·완화의료'에 대한 결정이 필요합니다.

● **'호스피스·완화의료'는 무엇인가요?**

의사, 간호사, 사회복지사 등으로 이루어진 호스피스·완화의료 전문팀이 말기 환자의 통증과 증상을 적극적으로 조절하고, 환자와 가족의 심리적·사회적·영적 고통을 줄여 삶의 질을 향상시키는 것을 목표로 하는 의료입니다.

● **'호스피스·완화의료'를 통해 어떤 도움을 받을 수 있나요?**

- 통증, 호흡곤란, 섬망 등 증상조절 및 신체증상 완화
- 환자, 가족 교육(돌봄 방법, 증상조절 등)
- 환자, 가족에 대한 심리적·사회적·영적 돌봄
- 사회복지 정보 및 돌봄 서비스 제공(자원봉사, 요법 등)
- 임종 돌봄, 사별가족 돌봄 등

● **언제, 어떻게 이용할 수 있나요?**

담당 의사의 말기 진단	호스피스·완화의료팀 연계
담당 의사와의 치료 계획 논의 후 말기 진단 시 담당 의사를 통해 호스피스·완화의료 팀으로 의뢰	호스피스·완화의료팀과의 상담을 통해 환자와 가족 모두 호스피스·완화의료 이용에 동의 후 동의서 작성

03 '연명의료 중단'과 '호스피스·완화의료'에 대한 의향을 미리 결정할 수 있나요?

네. 연명의료결정법에 따라 사전연명의료의향서를 통해 나의 의향을 미리 밝혀둘 수 있습니다.

• 사전연명의료의향서란

사전연명의료의향서란, 연명의료에 관한 의사를 내가 직접 미리 작성해두는 법적 서식입니다.

사전연명의료의향서는 19세 이상의 성인이라면 누구나 작성 가능하며, 보건복지부가 지정한 등록기관에서 신분증을 통한 본인 확인 후 상담사와의 1:1 상담을 통해 작성할 수 있습니다.

사전연명의료의향서를 작성한 후에도 마음이 바뀌면 언제든 변경 및 철회가 가능하며, 국립연명의료관리기관 홈페이지에서 내가 작성한 사전연명의료의향서를 조회할 수 있습니다.

사전연명의료의향서를 작성한 사람이 향후 의료기관 윤리위원회가 설치된 의료기관에서 '임종과정에 있는 환자'라는 의사의 의학적 판단을 받는 경우, 담당 의사와 전문의는 환자가 작성한 사전연명의료의향서를 확인함을 통해 환자의 의사를 존중할 수 있습니다.

사전연명의료의향서를 통해 누구나 아름다운 삶의 마무리를 준비할 수 있습니다.

24 삶의 의미를 찾고 아름다운 마무리를 준비하는 여정

_____

- **임종이 가까웠을 때, '연명의료 중단'에 대해서...**

  ☐ **연명의료는 하고 싶지 않아요.**
  그 이유는, _____

  ☐ **연명의료를 해서라도 오래 살아있고 싶어요.**
  그 이유는, _____

  ☐ **조금 더 고민이 필요해요.**
  그 이유는, _____

- **적극적인 치료가 어려워진 말기 상태가 된다면, '호스피스·완화의료'에 대해서...**

  ☐ **이용하고 싶어요.**
  그 이유는, _____

  ☐ **이용하고 싶지 않아요.**
  그 이유는, _____

  ☐ **조금 더 고민이 필요해요.**
  그 이유는, _____

- **나의 마지막 순간을 어떻게 맞이하고 싶은가요?**

누구와 함께	어디에서	어떻게

하고 싶은 말

26 삶의 의미를 찾고 아름다운 마무리를 준비하는 여정

- **'사전연명의료의향서'를 작성했나요?**

언 제		어디에서	
등록번호			
등록 카드 부착			

- **나의 치료와 돌봄에 대해 추가적으로 원하는 것이 있나요?**

- **위와 같은 나의 생각이나 계획들은 누가 알고 있나요?**

이 름	관 계	연락처	공유한 날짜

기억해주세요.

사전돌봄계획은 나, 그리고 사랑하는 사람들과의
열린 대화로 만들어가는 평생의 여정입니다.
사전돌봄계획은 살아가는 동안 계속해서 진행하는 것이며,
이 모든 대화의 과정은 한 번에 끝나지 않을 것입니다.

내가 세운 사전돌봄계획에는 옳고 그름이나 정답이 없으며,
마음이 바뀐다면 언제든 수정할 수 있습니다.
이러한 경우 이 책자에 담긴 내용을 새로 작성하고
사랑하는 사람들과 변경된 내용을 다시 공유해 주세요.

더 많은 이야기를 나누고 싶다면,

○ **국립암센터 사회사업팀** ☎ 031-920-1158
  사전돌봄계획 및 사전연명의료의향서 상담이 가능합니다.

○ **국립암센터 공공의료사업팀** ☎ 031-920-0471
  연명의료결정제도 전반에 대한 상담이 가능합니다.

○ **국립연명의료관리기관** ☎ 1855-0075

자료의 출처
이 책자는 싱가포르 국립암센터(National Cancer Centre Singapore)에서 발간한 「My Care Wishes」를
번역, 내용을 발췌하여 구성되었으며, 뉴질랜드 National Advance Care Planning Cooperative의
「Our Voice, Advance Care Planning」과 캐나다 Fraser Health Authority의 안내서를 참고하였습니다.

제작 지원 : (재)국가생명윤리정책원 국립연명의료관리기관

© 2020. 국립암센터 All right reserved.

28 삶의 의미를 찾고 아름다운 마무리를 준비하는 여정

MEMO

■ 호스피스·완화의료 및 임종과정에 있는 환자의 연명의료결정에 관한 법률 시행규칙 [별지 제6호서식] <개정 201

8. 2. 2.>

(앞쪽)

사전연명의료의향서

※ 색상이 어두운 부분은 작성하지 않으며, [ ]에는 해당되는 곳에 √표시를 합니다.

※ 등록번호는 등록기관에서 부여합니다.

등록번호		
작성자	성 명	주민등록번호
	주 소	
	전화번호	
연명의료 중단등결정 (항목별로 선택 합니다)	[ ] 심폐소생술 [ ] 혈액투석	[ ] 인공호흡기 착용 [ ] 항암제 투여
호스피스의 이용 계획	[ ] 이용 의향이 있음	[ ] 이용 의향이 없음
사전연명의료 의향서 등록기 관의 설명사항 확인	설명 사항	[ ] 연명의료의 시행방법 및 연명의료중단등결정에 대한 사항 [ ] 호스피스의 선택 및 이용에 관한 사항 [ ] 사전연명의료의향서의 효력 및 효력 상실에 관한 사항 [ ] 사전연명의료의향서의 작성·등록·보관 및 통보에 관한 사항 [ ] 사전연명의료의향서의 변경·철회 및 그에 따른 조치에 관한 사항 [ ] 등록기관의 폐업·휴업 및 지정 취소에 따른 기록의 이관에 관한 사항
	확인	년 월 일 성명 (서명 또는 인)
환자 사망 전 열람허용 여부	[ ] 열람 가능	[ ] 열람 거부 [ ] 그 밖의 의견
사전연명의료 의향서 보관방법		
사전연명의료 의향서 등록기 관 및 상담자	기관 명칭	소재지
	상담자 성명	전화번호

본인은 「호스피스·완화의료 및 임종과정에 있는 환자의 연명의료결정에 관한 법률」 제12조 및 같은 법 시행규칙 제8조에 따라 위와 같은 내용을 직접 작성하였습니다.

작성일   년   월   일

작성자   (서명 또는 인)

등록일   년   월   일

등록자   (서명 또는 인)

210㎜×297㎜[백상지(80g/㎡) 또는 중질지(80g/㎡)]

유의사항

1. 사전연명의료의향서란「호스피스·완화의료 및 임종과정에 있는 환자의 연명의료결정에 관한 법률」 제12조에 따라 19세 이상인 사람이 자신의 연명의료중단등결정 및 호스피스에 관한 의사를 직접 문서로 작성한 것을 말하며, "호스피스·완화의료"의 신청은 「호스피스·완화의료 및 임종과정에 있는 환자의 연명의료결정에 관한 법률」 제28조에 따른 신청절차를 따라야 합니다.

2. 사전연명의료의향서를 작성하고자 하는 사람은 보건복지부장관이 지정한 사전연명의료의향서 등록기관을 통하여 직접 작성하여야 합니다.

3. 사전연명의료의향서를 작성한 사람은 언제든지 그 의사를 변경하거나 철회할 수 있으며, 이 경우 등록기관의 장은 지체없이 사전연명의료의향서를 변경하거나 등록을 말소하여야 합니다.

4. 사전연명의료의향서는 ① 본인이 직접 작성하지 아니한 경우, ② 본인의 자발적 의사에 따라 작성되지 아니한 경우, ③ 사전연명의료의향서 등록기관으로부터 「호스피스·완화의료 및 임종과정에 있는 환자의 연명의료결정에 관한 법률」 제12조제2항에 따른 설명이 제공되지 아니하거나 작성자의 확인을 받지 아니한 경우, ④ 사전연명의료의향서 작성·등록 후에 연명의료계획서가 다시 작성된 경우에는 효력을 잃습니다.

5. 사전연명의료의향서에 기록된 연명의료중단등결정에 대한 작성자의 의사는 향후 작성자를 진료하게 될 담당의사와 해당 분야의 전문의 1인이 동일하게 작성자를 임종과정에 있는 환자라고 판단한 경우에만 이행될 수 있습니다.

210mm×297mm[백상지(80g/㎡) 또는 중질지(80g/㎡)]

호스피스·완화의료 이용동의서

■ 호스피스·완화의료 및 임종과정에 있는 환자의 연명의료결정에 관한 법률 시행규칙 [별지 제20호서식]

호스피스·완화의료 이용동의서

※ 색상이 어두운 부분은 신청인이 작성하지 않습니다.

접수번호		접수일시	
환자	성 명	주민등록번호	
	주 소		전화번호
대리인 (대리인이 신청하는 경우만 작성합니다)	성 명	주민등록번호	환자와의 관계
	주 소		전화번호

본인은 「호스피스·완화의료 및 임종과정에 있는 환자의 연명의료결정에 관한 법률」 제28조에 따라한 설명을 들었으며, 본인 의사에 따라 호스피스·완화의료 이용에 동의합니다.

년   월   일

신청인   (서명 또는 인)

○○○○ 호스피스전문기관 귀하

제출서류	말기환자등임을 나타내는 의사소견서

유의사항

1. 이 동의서는 「호스피스·완화의료 및 임종과정에 있는 환자의 연명의료결정에 관한 법률」 제28조에 따라 호스피스전문기관의 이용 시 작성하는 동의서이며, "연명의료중단등결정"에 대한 동의서가 아닙니다.
2. 이 동의서는 환자가 직접 작성하는 것이 원칙이며, 환자가 직접 작성할 때에는 대리인란은 작성하지 않습니다.
3. 환자가 의사결정능력이 없을 때에는 환자가 미리 지정한 대리인이 신청할 수 있고, 지정대리인이 없을 경우에는 배우자, 직계비속(19세 이상인 사람만 해당합니다), 직계존속, 형제자매 순으로 대리하여 신청할 수 있습니다.
4. 환자는 언제든지 서면 또는 구두로 호스피스 신청을 철회할 수 있습니다. 다만, 대리인을 통하여 철회하는 경우에는 철회에 관한 서면 및 대리권을 수여하였음을 증명하는 서류를 함께 제출하여야 합니다.
5. 호스피스전문기관의 의료인은 말기환자등이나 그 가족등에게 호스피스·완화의료의 선택과 이용 절차에 관하여 설명하여야하고, 호스피스를 시행하기 전에 치료 방침을 말기환자등이나 그 가족 등에게 설명하여야 하며, 말기환자등이나 그 가족이 질병의 상태에 대하여 알고자 할 때에는 이를 설명하여야 한다.

210mm×297mm[백상지(80g/㎡) 또는 중질지(80g/㎡)]

요양병원 임종실 입원 정액수가 신설 관련 질의·응답

현재 운영 중인 요양병원이라도 병상 수와 상관없이 1인실 임종실을 갖추고, 요양기관 현황 변경신고를 하면 임종실 정액수가를 산정할 수 있다.

1. 요양병원 임종실 입원 정액수가 산정 대상은 담당 의사와 전문의 1인의 의학적 판단에 따라 임종실에 입실 해 사망한 환자이며, 이 경우 임종실 입실판단서를 작성 및 보관해야 한다.

2. 임종실 입실 판단서는 작성 후 신고할 필요는 없지만, 의무기록에 비치해야 하며 심평원에서 요청하면 제출해야 한다. 요양병원 임종실 입원 정액수가를 산정할 때에는 의사 및 간호인력 확보수준에 따른 입원료 차등제, 필요인력 확보에 따른 별도 보상제가 적용된다.

3. 요양병원 임종실 기본 수가는 1일당 약제비 및 치료재료 금액 7,980원을 포함한 19만 1,170원 이다. 여기에다 의사 및 간호인력 확보 수준에 따른 차등제, 필요인력 별도보상, 입원환자 안전 관리료 등을 별도 산정하면 최대 21만여 원이다.

4. 의사 및 간호인력 확보수준에 따른 입원료 차등제, 필요인력 확보에 따른 별도 보상제와 관련 해 입원환자 수와 간호인력 수를 산정할 때는 임종실에 입원한 환자 수를 포함한다.

5. 임종실 입원 정액수가는 환자가 임종실에서 사망한 경우 최대 4일 산정 가능하며, 임종실에 입실했지만, 사망하지 않은 경우 또는 4일을 초과해 임종실에 있으면 일반 병실 정액 수가를 산정하면 된다.

6. 요양병원 임종실 입원 정액수가에는 체감제를 적용하지 않고, 임종실 입원명세서의 경우 환자 평가표 작성 및 제출이 불필요하다.

7. 요양병원 임종실에 임종환자가 아닌 일반 환자 입원실로 사용할 수 없고, 상급 병실료 역시 산정할 수 없다.

8. 요양병원 임종실 입원 정액 수가는 2024.8.1.일 진료 분부터 산정 가능하며 병상의 수에 관계 없이 시설기준에 맞게 임종실을 설치 운영하면 입원 정액수가를 청구할 수 있다.

[보건복지부 고시 제2024-159호('24.8.1. 시행)관련]

※ 산정기준

연번	질의	답변
1	요양병원 임종실 입원 정액수가 산정 대상이 어떻게 되나요?	담당의사와 전문의 1인의 의학적 판단에 따라 임종실에 입실하여 사망한 환자로서 임종실 입실 판단서[별지 제35호 서식]를 작성 및 보관해야 함
2	임종실 입실 판단서 작성 시 전문의 진료과목은 어떻게 되나요?	전문의의 진료과목 제한 없음
3	임종실 입실 판단서는 작성 후 신고하여야 하나요?	신고 불필요함. 단, 의무기록에 비치해야 하며 건강보험심사평가원에서 요청 시 제출해야 함
4	연명의료중단등결정 수가 산정을 위해 연명의료결정법 시행규칙 [별지 제9호 서식] 임종과정에 있는 환자 판단서를 작성한 경우에도 추가적으로 [별지 제35호 서식] 임종실 입실 판단서를 작성하여야 하는지?	연명의료중단 등 결정수가 산정을 위해 연명의료결정법 시행규칙 [별지 제9호 서식] 임종과정에 있는 환자 판단서를 작성한 경우 요양병원 임종실 수가산정을 위한 [별지제35호서식]에 의한 임종실 입실 판단서를 작성한 것으로 갈음함
5	요양병원 임종실 입원 정액수가에 의사 및 간호인력 확보수준에 따른 입원료 차등제, 필요인력 확보에 따른 별도 보상제가 적용되는지?	산정 가능함
6	의사 및 간호인력 확보수준에 따른 입원료 차등제, 필요인력 확보에 따른 별도 보상제 입원환자수와 간호인력 수 산정 시 임종실 입원환자수와 간호인력 수 적용방법은?	요양병원 임종실에 입원한 환자수와 간호인력 수를 포함하여 산정함
7	요양병원 임종실에 입원했으나 사망하지 않은 경우 및 4일 초과 시 수가 산정방법은?	요양병원 임종실 입원 정액수가는 환자가 임종실에서 사망한 경우 최대 4일 산정가능하며, 임종실에 입실하였으나 사망하지 않은 경우 또는 4일을 초과하여 임종실에 있는 경우는 건강보험 행위 급여·비급여 목록표 및 급여 상대가치점수 제3편 요양병원 급여 목록 및 상대가치점수 제2부 제1장에 따른 정액수가(요1·요2·요3·요6·요7) 또는 제3부에 따른 입원료를 산정함 ▶ (예시) '24년 9월 1일부터 9월 6일까지(5박6일간) 임종실에 입실 후 사망한 경우

명세서 구분	요양개시 일자	진료 내역	총투
요양병원입원	20240901	2부1장 또는 3부에 따른 입원료	1
임종실 입원	20240902	임종실 정액 수가	4

8	요양병원 임종실 입원 정액수가의 체감제 적용 방법은?	요양병원 임종실 입원 정액수가에는 체감제 적용 하지 않음
		※ 요양병원 입원료 체감제 적용 기산점은 최초 입원일부터 적용
		▶ (예시) 일반병실(178일) → 임종실(3일) 사망
		    ☞ 임종실 입원 정액 100% × 3일
		       요양병원 입원료 100% × 178일

9	요양병원 임종실 입원명세서의 경우 환자평가표 작성·제출 하여야 하는지?	환자평가표 작성·제출 불필요함
10	제외환자의 요양병원 임종실 입원 시 수가 산정방법은?	제외환자 중 입원 6일 이내에 퇴원한 환자, 한의과 입원환자, 치과 입원환자가 요양병원 임종실에 입원한 경우에는 건강보험 행위 급여·비급여 목록 및 급여 상대가치점수 제3편 제2부 제2장 요양병원 임종실 급여목록·상대가치점수 및 산정지침에 따라 임종실 입원 정액수가로 산정하여야 하며, 제3부의 입원료 등은 중복하여 산정하지 않음 - 또한 제외환자 중 '입원 6일 이내 퇴원한 환자'는 입원시부터 사망시까지의 기간이 6일 이내인 환자임
11	특정기간으로 입원중인 환자의 요양 병원 임종실 입원 시 수가 산정방법은?	특정기간으로 입원 중인 환자가 요양병원 임종실에 입원한 경우에는 건강보험 행위 급여·비급여 목록표 및 급여 상대가치점수 제3편 제2부 제2장 요양병원 임종실 급여목록·상대가치점수 및 산정지침에 따라 임종실 입원 정액수가로 산정 하여야 하며, 제3부의 입원료 등은 중복하여 산정하지 않음
12	임종실에 입실하여 외박 및 위탁진료가 가능한지?	임종환자 특성 상 환자 안전 등 고려하여 외박 및 위탁진료 불가함
13	요양병원 임종실 입원환자를 대상으로 다른 진료과목 의사의 협의진찰 시 요양병원 임종실 입원 정액수가 외 별도 산정 가능한지?	요양병원 임종실 입원 중인 환자의 특별한 문제에 대한 평가 및 관리를 위하여 그 주치의가 아닌 동일기관 내 다른 진료과목 의과·치과·한의과의 견해나 조언을 얻는 경우 발생한 행위·약제·치료재료는 요양병원 임종실 입원 정액수가에 포함되어 별도 산정할 수 없음
14	요양병원 임종실에 임종환자가 아닌 일반 환자가 입원실로 사용 가능한지?	요양병원 임종실은 임종환자를 위해서만 사용하며, 임종실 외 다른 용도의 입원실로 사용 불가함
15	요양병원 임종실 입실 환자에게 상급 병실료 산정 가능한가?	요양병원 임종실 입실환자는 상급병실료 산정 불가함
16	요양병원 임종실 입원 정액수가는 언제부터 산정가능한지?	요양병원 임종실 입원 정액수가는 '24.8.1. 진료분부터 산정가능함 ※ 단, 청구는 '24.8.9.부터 가능

노인과 웰다잉

ⓒ 한수연 외, 2025

초판 1쇄 발행 2025년 3월 14일

지은이   한수연 외
펴낸이   이기봉
편집   좋은땅 편집팀
펴낸곳   도서출판 좋은땅
주소   서울특별시 마포구 양화로12길 26 지월드빌딩 (서교동 395-7)
전화   02)374-8616~7
팩스   02)374-8614
이메일   gworldbook@naver.com
홈페이지   www.g-world.co.kr

ISBN   979-11-388-4068-2 (03330)